庄子传

王新民 ◎ 著

海南出版社
·海口·

图书在版编目（CIP）数据

庄子传 / 王新民著. -- 海口：海南出版社，2025.
5. -- ISBN 978-7-5730-2388-9

Ⅰ. B223.5

中国国家版本馆 CIP 数据核字第 2025ZZ8138 号

庄子传
ZHUANGZI ZHUAN

作　　者：	王新民
责任编辑：	张　雪
策划编辑：	李继勇
责任印制：	郄亚喃
印刷装订：	涿州市荣升新创印刷有限公司
读者服务：	张西贝佳
出版发行：	海南出版社
总社地址：	海口市金盘开发区建设三横路 2 号
邮　　编：	570216
北京地址：	北京市朝阳区黄厂路 3 号院 7 号楼 101 室
电　　话：	0898-66812392　010-87336670
电子邮箱：	hnbook@263.net
经　　销：	全国新华书店
版　　次：	2025 年 5 月第 1 版
印　　次：	2025 年 5 月第 1 次印刷
开　　本：	787mm×1092mm　1/16
印　　张：	20.75
字　　数：	287 千字
书　　号：	ISBN 978-7-5730-2388-9
定　　价：	49.80 元

【版权所有，请勿翻印、转载，违者必究】
如有缺页、破损、倒装等印装质量问题，请寄回本社更换。

目录

序　i

第一章　率性任真　非毁礼法　001

第二章　南游楚越　探访古风　031

第三章　傲视王侯　与天为一　060

第四章　浪迹有终　漆园为吏　092

第五章　退隐江湖　寓言传道　120

第六章　困窘织屦　适意人生　155

第七章　著书七篇　所以穷年　188

第八章　大梦一觉　视死如归　223

后记　251

附录一　《庄子》内篇原文　253

附录二　《庄子》金句　305

附录三　《庄子》外杂篇所记载的庄周故事　311

附录四　《史记·庄子传》　323

序

中国历史上的春秋战国时期，是一个大动乱、大变革的时期，是中国社会由奴隶制到封建制的大转折时期，是各种政治主张、哲学观点、学术思想异常活跃的时期，形成了儒、道、法、墨、名、兵等诸子百家争鸣的局面。

庄子（约前369—前286年），名周，宋国蒙（今河南省商丘市东北）人，是继老子之后，战国时期道家学派的代表人物。他曾做过宋国蒙地方的漆园吏，与梁惠王、齐宣王是同时期的人。相传，庄子自幼聪明好学，与惠施为同学、挚友，曾南游楚越，探访古风，一生率性任真，崇尚自然，非毁礼法，傲视王侯。楚威王曾以厚礼聘其为相，被他拒绝，从此终生不仕，退隐江湖，以编草鞋为生，寓言传道，著书十余万言。

庄子在哲学上，继承并发展了老子的思想，认为"道"是客观真实的存在，把"道"视为宇宙万物的本源。他说："道之真以修身，其绪余以为国家，其土苴以为天下。"（《庄子·让王》）意思是，大道的真髓、精华用以修身，它的余绪用以治理国家，它的糟粕用以教化天下。又说："无以人灭天，无以故灭命，无以得殉名，谨守而勿失，是谓反其真。"（《庄子·秋水》）意思是，不要为了人工而毁灭天然，不要为了世故去毁灭性命，不要为了贪得去身殉名利，谨守天道而不离失，这就是返璞归真。

总之，他继承了老子《道德经》中"人法地，地法天，天法道，道法自然"的精髓，在政治上主张无为而治，在人类生存方式上主张返璞归真。为此，他对世俗社会的礼、法、权、势进行了尖锐的批判，提出了"圣人不死，大盗不止""窃钩者诛，窃国者为诸侯"的精辟见解。在人类生存方式上，他崇尚自然，提倡"天地与我并生，而万物与我为一"的精神境界，并且认为，人生的最高境界是逍遥自得，是绝对的精神自由，而不是物质享受与虚伪的名誉。庄子这些思想和主张，对后世影响深远，是人类思想史上一笔宝贵的精神财富。

庄子对后世的影响，不仅表现在他独特的哲学思想上，而且还表现在文学上。他的政治主张、哲学思想不是干巴巴的说教，相反，都是通过一个个生动形象、幽默机智的寓言故事，通过汪洋恣肆、仪态万方的语言文字，巧妙活泼、引人入胜地表达出来，具有石破天惊、振聋发聩的艺术感染力。如果说，屈原的《离骚》是中国浪漫主义诗歌的鼻祖，那么，庄子的文章，无疑是中国浪漫主义散文的先河。

但是，庄子其人距今已经两千多年，《庄子》一书属于古汉语，文字奇诡古奥，今天的广大读者，特别是青少年，非穷心研读者，难以读懂。为了使庄子的学术思想和绝妙文章为今人所广泛了解，我们请兰州大学的青年讲师王新民先生撰写了这部《庄子传》。

王新民先生，甘肃省民勤县人，在北京大学中文系攻读硕士学位时，曾专门研究过庄子，对庄子的身世、庄子的哲学思想、庄子文章的美学价值等都有精深的研究，因而在1991年、不到一年的时间内完成了这部作品，第一次以传记小说的形式，再现了庄周的身世、人品和学问，以及他所处战国时代的历史风云，将历史性、学术性、文学性有机地融为一体，1992年8月出版后，受到广大读者和专家学者的热烈欢迎和好评。

令人惋惜的是，这样一位有才华的青年讲师，还在他写作《庄子传》一书时，即已发病，后查出为肺癌骨转移，经多方治疗无效，不幸于1992年10月6日去世，也即《庄子传》一书刚刚出版不久，享年仅28岁。

历史人物文学传记《庄子传》一书，从1992年8月第一次出版，到1994年10月，短短两年内，再版了五次，可见其受读者欢迎之程度。1995年，该书还被介绍到韩国，在国外翻译出版。2005年，该书节选《庄子见鲁公》入选全日制普通高级中学高二新《语文读本》。2012年，该书被农家书屋作为重点出版物推荐。2013年又被当年的"小课题"作为名著导读推荐。2016年，《庄子传》荣获国家新闻出版广电总局向全国推荐优秀传统文化读物。2018年，成为海南书香节官方指定赠品。一路走来，这本畅销了二十余年的《庄子传》，收获了无数的荣誉，以至被读者赞誉为了解庄子的必读经典。一切荣誉皆归于作者本人及作品本身，在这里，我也只能写以上聊聊数语，以作简单之序。

张志春

于石家庄

注：该书的韩文版，已于1995年1月由韩国法仁文化社出版。

第一章
率性任真 ꙮ 非毁礼法

一

战国中期，春天的一个早晨。

太阳从蒙泽灰茫茫的水面上悄悄露出了苍白的脸庞。起初，它的形状如士兵们随身携带的弯弓，只是没有搭上那锋利的箭镞。弯弓慢慢地从水平线上浮起，渐渐变成了一个大大的圆球，颜色由苍白转为通红。片片朝霞，簇拥在它的周围，似乎在为这位羞于来到人世的姑娘抹去颊上的红晕。突然，她完全跳出了水面，乘着早晨的微风，慢悠悠地向上飞去，向南飞去。

永远不知忧愁的小鸟们，在熟睡了一个夜晚之后，又开始了叽叽喳喳的鸣叫。它们扑腾扑腾地拍打几下自己的翅膀，准备离开树林，去寻找可以充饥的食物。野鸡们也出动了，它们在水边自由自在地散步，忽而啄一口草丛中随处可见的草籽或小虫，忽而饮一口蒙泽那清凉的水。

小草已经长到一寸多高了，而知名的不知名的各种树木也发出了嫩绿的幼芽。蒙泽周围，一片盈绿。大自然在冬眠了数月之后，又生发出无限春意。

在蒙泽的东边，有一座小山名叫蒙山，从山上到山下的村落，有一条弯弯曲曲的小道沿湖而过。太阳差不多有一竿高了，一位穿着粗褐外衣的青年走出山下的村庄，往山上赶来。这位青年，脑袋显得比常人大，鼻子微微上翘，而且有些驼背，看起来其貌不扬，甚至可以说丑。可是他的一双眼睛却如蒙泽的水那样清澈、深邃、明亮。透过这双眼睛，我们也可以看到青年的心地，就像倒映在蒙泽中的蓝天一样广阔，云朵一样洁白，飞鸟一样轻灵。

青年一边赶路，一边贪婪地欣赏着早晨的风景。

太阳将它的光芒洒向大地，蒙泽周围的雾气逐渐散去。路边的野草尽情享受着温暖的阳光，在微风中摆动。青年深深地吸了一口新鲜的空气，自言自语地说："春气萌动，万物复苏，真妙不可言！"

"咕咚！咕咚！"水面上一阵响动。

青年循声望去，从清澈见底的湖水中可以看见一群鱼儿游了过来。它们你追我赶，嬉戏玩耍，时而跃出水面，好奇地张望一下湖水外面的世界，将平静的湖面掀起一朵朵小小的浪花。

"鱼儿，鱼儿，你们是多么快乐啊！"

青年这么说着，情不自禁地蹲在水边，随手采了一朵野花，想逗鱼儿玩耍。可是，鱼群一听见人的声音，晃动着尾巴，很快潜入水的深处去了。水面上又是一片寂静。

青年呆呆地等了一会，鱼群再也没有出现。他悻悻地离开湖边，又踏上了通往对面山上的小路。他真想变成一条小鱼，整天自由自在地在水中游玩。而现在，他还要去上学，去读那些满纸仁义礼智的圣人之书。人为什么要读那么多书呢？而且非读这些充满了虚伪说教的诗书礼乐经典不可呢？那些所谓的士，确实是满腹经纶，开口孔丘墨翟，闭口尧舜文武，可是他们当了官以后，哪个不是与那些昏庸残暴的国君们同流合污的呢？仁义礼智对广大的百姓没有一点好处，完全是无耻的士们巴结权贵的手段。

青年的双眉逐渐攒了起来，心头涌上一股愤怒的激情。他将手中的野花狠狠地摔在路边的草丛中，大踏步地向山上走来。

在蒙山的半山腰，有一座院落，院子里有几间瓦房，这是村子里一位博学多闻的章老先生开办的一所私学。自从孔丘开创私人办学的风气以来，各诸侯国都有人办了些规模不同的学校。章老先生的这所私学是宋国比较有名的一所学校，它为宋国培养了许多知书达理的人才，好多毕业于这所学校的士已经在宋国当了官，有的还在国外当了官。在这样一个战火连天、民不聊生的时代，求学当官是最好的出路。因此，很多家长都将子弟送到章老先生的门下，希望将来捞个一官半职。

学校里传出了琅琅的读书声。青年听见这些声音，脑袋就嗡嗡作响。他从十五岁就进入这所学校，至今已经五年了。章老先生教的书，他大多能倒背如流，但是，章老先生讲的那些意思，他越来越觉得风马牛不相及。他每每提出疑问，章老先生总回答说，自孔子以来，学者都是这么解释的；要怀疑这些解释，就是怀疑孔子，怀疑孔子，就是怀疑圣人，而怀疑圣人是大逆不道的。

青年推开门，走进教室。读书声戛然而止。章老先生缓缓睁开他那似睡非睡的眼睛，瞪着走进门的青年，厉声道：

"庄周！你今天又迟到了！"

"是的，先生。"这位被称作庄周的青年回答了一声，同时向先生鞠了一躬，抬脚向自己的座位走去。

"慢！"章老先生叫道，"庄周，你迟到已经不是一次两次了，而且前天下午还逃学。像你这样吊儿郎当的样子，怎样去做王者的臣子呢？老实说，你是不是又跑到湖边玩儿去了？"

"是的。"庄周回答说。

"嘻……"学生们叽叽咕咕地笑了起来。

"都二十岁了，已经是举行过冠礼的人了，应该成为一个有礼有节、堂堂正正的男子汉。而你，整天迷醉于湖边，与鱼呀鸟呀玩耍，像个童子似的。庄周，你什么时候才能长成一个大人？"章老先生问道。

庄周说："先生，你想让我说真话吗？"

章老先生说："当然让你说真话。"

庄周说："既然先生让我说真话，我就索性当着师兄师弟们的面说一说我的看法。我认为人还是永远不要长大的好。"

"先生，这种说法是完全错误的。"从席地而坐的学生里站起一位年岁跟庄周差不多的少年，大声嚷道。

章老先生说："惠施，发言必须经过先生的允许，我已向你警告过多次了。不过，我平时总是告诫你们除了读书习礼之外，还要锻炼自己辩论的才能，因为当今天下，辩论已成为一种普遍的风气，甚至成为一位士能否胜任一国内政外交的重要的衡量标准。庄周的说法固然是偏离圣人遗说的，惠施，你认为他的说法是错误的，那错在什么地方呢？你不妨将自己的看法说出来，同时要驳倒庄周的邪说，这也算是你们锻炼言谈辩说的一个机会吧！"

名叫惠施的少年接着说："人怎么能不长大呢？人既然吃了五谷，就要长大，不长大就成怪物了。而且，如果天下的人永远都是童子，那由谁来种地，由谁来织布呢？天下的人类不都饿死冻死了吗？"

庄周回答说："儿童时代是人的黄金时代。他们的心地就像湖水那样清亮，没有杂质的污染。他们没有任何忧虑，生活得那样自由自在。他们不懂得什么叫道德，但是具备高尚的道德。他们想哭就哭，想笑就笑，饿了就要吃，困了就要睡觉。他们的一切行为都是按照自然的本性而来。等到长大了，父母与先生教给他们仁义礼智，他们的行动就受到各种各样的束缚。他们首先是为父母而活着，然后是为了国君而活着，然后是为了社会上各种各样的条条框框而活着。他们学会了巴结权势，学会了尔虞我诈。他们学会了一切，同时，也失掉了童心、失掉了自我。他们整天忙忙碌碌地应酬着周围的人与事，没有一点闲暇去想一想：这一切，是为了什么？如果说人的长大就意味着失掉儿童时代的纯真与幸福，我认为人还是不要长大的好。"

惠施说:"庄周,你的这些高论说起来当然动听,但是,这完全是无用的幼稚之见。诚然,当今天下,人与人之间缺少温暖的爱,国与国之间缺乏真诚的信任。圣人所说的仁义礼智在这个时代大多数人的心目中已经不是高尚的品质,而成为捞取名声的诱饵。但是,我们的任务在于投身到天下之中去,改造这个天下,创造一个充满爱的美好世界。而不是像你所说的那样,幻想自己永远作为一个童子,逃避这个世界。"

庄周说:"惠施,你的这种抱负固然远大,但是,在这样一个诸侯纷争、兵连祸结的动乱时代,要保住个人的生命安全已经十分困难,还谈什么改造天下!当然,永远当一个儿童是不可能的,我只不过是从内心呼唤一种具备童心的人类天性。人不要一长大就变得那么庸俗,那么无耻。永远保持儿童时代的天真,人与人之间才能充满爱……"

"好了,好了,"章老先生打断庄周的话,"你们二位的发言到此为止。曹商,我一向是很器重你的。你今天也谈谈自己的看法,庄周与惠施的观点哪个对,哪个错?"

曹商一听章老先生叫他的名字,马上恭敬地站了起来,并微笑着盯住章老先生,好像要从那布满皱纹的脸上寻找到什么信息。刚才二人一往一来辩论的时候,他就在心里暗暗地嘲笑着庄周的幼稚与惠施的迂腐。现在轮到他说话了。这位一向以章老先生第一大弟子自居的曹商,平素就看不惯庄周的随便与惠施的急躁。但是,庄周与惠施是十分聪明的学生,他们对先生教的书很快就能记诵,而且思想十分敏锐,口才也是所有同门学子中最好的。在平时的辩论中,曹商总是输给他们。"真是老天有眼,今天可是我报一箭之仇的时候了。"这么一想,曹商不由地高兴起来。他清了清嗓子,谦虚地看了看章老先生,又得意地扫了一眼其他学生,然后幸灾乐祸地瞪了一下庄周,最后眼光又回到章老先生脸上:

"先生,我认为他们的说法都是错误的。"

"嗯。"

"庄周的说法是不攻自破的。他这么说,是为自己不守礼法的行为辩护。这是一种彻头彻尾的懒汉思想。一个人不想扎扎实实地去读圣贤之书，不想任劳任怨地为国君贡献自己的力量，他们当然幻想自己永远当一个无所事事的童子。这是违背圣人遗训的异端邪说，如果让国君听见了——"

说到这里，曹商停顿了一下，瞥了庄周一眼，继续说：

"你的前途可就会受到影响。至于惠施的观点，表面上看起来挺有道理的，但是，也不符合圣人的学说。我们要治理一个国家，首先要从'仁'字开始，所谓仁就是'亲亲'，首先要爱自己的父亲，才会去爱别人的父亲，而惠施却大讲特讲无差等的天下之爱，这不是墨子所讲的'兼爱'是什么？"

"好！好！曹商，你没有辜负我的一片厚望。继续深造，将来肯定能成为侯王之佐。弟子们，你们应该以曹商为榜样，仔细研读圣人的经典，尤其是孔夫子的言论，而不能像庄周与惠施那样整天胡思乱想，怀疑圣教。好吧，时间不早了，今天的授课就到此为止。曹商留一下，别人可以回家了。"

二

一走出学校的门，庄周就对惠施说：

"曹商也真够无耻的！你看看他那副嘴脸，再听听他说的那一套大道理，真让人恶心至极。"说着，飞起一脚，将路中间的一块小石子踢到山坡下的草丛中去了。

"小心自己的脚吧，我的庄周先生。不过，你也真够可以的，迟到不说，还发了一通高论，惹得我们俩都受了一肚子气。先生又将曹商留下，不知开什么小灶去了。我们俩鹬蚌相争，倒让曹商那小子占了便宜。"

"算了，不提他了。惠施，陪我到濠水那边玩一会儿吧！"

"真是本性难改。一早上没玩够,还要去濠水那边,我可没那么大劲头跑十多里路陪你去玩。"

"好哥哥,就算我求你。"

"好吧,怎么感谢我?"

"请你吃泥烧喜鹊蛋!"

"哈哈!好小子,真有你的!"惠施的兴头上来了。

"怎么样,难道不相信我的手艺?上一次烤麻雀的美味还没有忘记吧?"

两人会心地相视而笑,一起往山下赶来。

濠水是自南向北流入蒙泽的一条小河,从学校到那边去,要经过几个村庄。庄周与惠施沿着宽敞的黄土官道,一边赶路,一边观看着路边荒芜的土地和破败的村庄。由于各国之间战争频繁,再加上执政者一味追求豪奢的生活,农民们有的被抽去当兵,有的被征去服役,村子里剩下的大多是老人、妇女、儿童,几乎没有壮丁了。春天本是忙碌的季节,大家都下地耕种,熙熙攘攘,热闹非凡。而现在,田野里却冷冷清清,偶尔可见几位年迈体弱的老者,用镢头挖那干瘪的土地。

一位瘦骨伶仃的小姑娘,提着一个瓦罐,摇摇晃晃地走过来。

"小妹妹,你到哪儿去?怎么一个人,不怕大灰狼把你叼去吗?"庄周停下问道。

"我才不怕大灰狼呢!我经常一个人给爷爷送饭。"

"哦,小妹妹还挺勇敢的!我看看,给爷爷送什么好吃的。"说着,庄周掀开盖子,里面盛的是米粥,上面漂着几片野菜。

"父亲三年前到很远很远的地方打仗去了,不知什么时候才能回来。爷爷老了,干活不行了,我们家的地大多数都长满了野草。家里好久没米下锅了,这些米还是借来的。"小姑娘说。

庄周抬起头来,看着小姑娘又瘦又黄的脸颊,一句话也说不出来。

小姑娘又说:"看打扮,二位哥哥是蒙山学校里的学生吧!"

惠施回答说:"是的。我叫惠施,他叫庄周。小妹妹,赶紧去送饭吧,爷爷等着呢，别让饭凉了。"

小姑娘说："你们读书人才好，将来当了官，不用去种地，更不用当兵打仗。二位哥哥谁做了大官，能不能让我父亲回来，不要再去打仗了，我好想他。"

惠施说："我答应你，小妹妹。我如果做了大官，肯定让你父亲回家，再也不去打仗了。"

"你真好！好哥哥，我给你行礼了，"小姑娘说着给惠施行了一个屈膝礼，"我去了，不要忘了我的话。"

她提起小瓦罐，向路边的田野走去了。一边走，一边不断地回头向惠施与庄周招手。

庄周目送小姑娘瘦弱的身影远去，眉头渐渐地拧了起来。他似乎在自言自语：

"此圣人治天下之罪也。"

惠施催促道："别发呆了，赶紧走吧。我的肚子已经咕咕叫了，你的泥烧喜鹊蛋还让不让我吃了？"

"民有常性：织而衣，耕而食。今民之常性已失，天下安将不乱！"庄周只顾自言自语。

"什么？你让我'耕而食'？好！你这个骗子，让你的泥烧喜鹊蛋见鬼去吧！"惠施一把抓住庄周的手，然后猛地一摔，扭头就回。

庄周恍然若醒，赶紧拖住惠施的衣袖，分辩道："不不不。我因刚才小姑娘的一席话想了很多很多。民众们本来过着男耕女织的平静的日子，而那些圣人却打着仁义礼智的幌子来治理他们，结果害得百姓们有田不能种，有家无法回。惠施，你说，这罪过的根源不是圣人是谁呢？"

惠施转过身来，说："你这个呆子。你空发这套议论也无法将小姑娘瓦罐中的野菜变成喷香的肉，更无法停止诸侯国之间的战争而让小姑娘的父亲回到家中。这一切都会好起来的，只要一大批具有高尚品质的士逐渐掌握了各国的政权，一切都会好起来的。走吧，我的呆子先生。"一边说，一边拉着庄周往前赶路。

庄周与惠施一边走，一边谈论着刚才的事。庄周坚持说如果没有圣人，没有国君，天下就会大治；而惠施则认为如果没有圣人，没有国君，天下将更加混乱。正在争得不可开交的时候，忽见迎面吵吵嚷嚷来了一群人，这才打住了他们的话题。

一队身着盔甲、手持长戟的士兵，押着一个罪犯走了过来。

"快走！快走！"为首的士兵一边吆喝，一边用皮鞭抽打着罪犯。罪犯的衣服已被抽得破烂不堪了，他的身上到处是血，衣服碎片与血肉粘在一起，斑斑点点，惨不忍睹。但是，罪犯的眼睛里却露出一股桀骜不驯的光芒。他不时地回头瞪那些张牙舞爪的士兵，拖着沉重的步子，缓缓地走着。

庄周走上前去，揖首问士兵道："请问，这个人犯了什么罪，你们为什么要打他？"

"盗贼！"为首的士兵傲慢地吐出两个字，又扬起皮鞭向罪犯抽去。

"且慢！"庄周一个箭步窜上前去，一把抓住为首士兵的手腕，那悬在空中的鞭子差点落在庄周的肩上，"他也是一个人，你们不要再打他了！"

"什么？"为首的士兵扭过头来，将庄周从头到脚瞪了一遍，"你想造反是不是？"

庄周松开他的手，然后说："非也，我只想知道这个盗贼究竟偷了什么东西？"

为首的士兵说："他偷窃了官家府库里的一钩之金。"

庄周说："他为什么偷窃？"

为首的士兵火了："臭书生，让开路！这不是你管的事情！"

庄周说："这当然不是我所能管得了的事情。我只不过问问，他为什么要偷窃？"

在一旁看着的惠施走过来，向那位为首的士兵揖首道："大人，我的这位朋友一向好奇，爱管闲事，您别与他计较。"说着，拉起庄周就要走。

庄周挣开惠施的手,来到那位罪犯面前,说:

"你的父母从小没有教过你仁义礼智吗?你不知道国君制定的那些刑法吗?你不知道盗窃是所有罪行中最严重的吗?像你这样身强力壮的男子汉干什么不能挣口饭吃呢?为什么非要去盗窃而落到这样的下场呢?"

罪犯看着庄周,他那桀骜不驯的目光变得柔和多了。

"小兄弟,我从来没有见过有人同情一个做盗贼的人,你是第一个。我何尝不想做一个堂堂正正的人,过一种平平静静的生活啊!我是一个木匠,我曾经有过一个温暖的家庭。那一年,我那可爱的儿子还不满半岁,当时,国王正要兴建一座新的行宫,征我去服役两年。我苦苦哀求,等我的儿子长大一点再去,可是官家不允许,说国王的命令比什么都重要。我含泪告别了病弱的妻子,告别了还不会叫一声父亲的儿子,踏上了征途。两年之后,行宫建成了,我匆匆忙忙赶回家,但是找不到我的那几间茅屋。乡亲们指点我,在乱草丛中找到了妻子与儿子合葬的坟墓。乡亲们说,他们是活活饿死的。我在坟上坐了三天,想了许多事情。人们都说,国王是最讲仁义的。但是,我想国王已经有那么多宫殿了,为什么还要盖更多的宫殿?是国王那些多余的宫殿重要,还是我那被饿死的妻子与儿子重要?既然国王是最讲仁义的,为什么不可怜可怜我那病弱的妻儿呢?想来想去,我想通了。人来到这世上无非是追求各种享受。国王用他的权势来追求,老百姓用他们的苦力追求。富人们的那些财物与粮食,还不是我们老百姓生产的吗?我们整天累死累活地劳动,连自己的妻儿都保不住,还不如铤而走险,去当盗贼。大不了是一个死,当盗贼被处死与活活饿死有什么区别?什么仁义礼智,什么圣人国王,都是骗人的东西!"

庄周听了这一席话,心中肃然起敬。他没想到这个罪犯对仁义礼智的看法与自己如此相近。同时,他对这个罪犯的遭遇也产生了深深的同情。好好的一个木匠被逼成了盗贼。国君只说盗贼是社会的公害,要严加惩治,而不承认自己就是天下最大的公害。不去掉这些藏在仁义面纱背后的真正强盗,天下怎能安稳呢?

"唉！圣人不死，大盗不止！"

庄周不禁脱口长叹。

为首的士兵早已不耐烦，正要扬鞭抽打犯人，忽听到庄周此言，惊得脸色都变了。

"好一个狂妄的书生，竟然说出如此大逆不道的狂言。快快，给我拿下！"

后面的士兵们哗啦上来，将庄周围了个水泄不通。

惠施急了，赶紧上去拉住为首的士兵，赔着笑脸求道："大人，饶了他吧！他不懂事。"

为首的士兵说："光天化日之下，阻拦王师，耽误公务，而且为盗贼开脱，甚至诅咒圣人，妖言惑众，其罪不可赦！"

那个罪犯说："要剐要杀，都由我担着，没有这位兄弟的事。"

庄周说："难道我连说话的权利也没有吗？"

惠施急中生智，对为首的士兵说："我们是当今宋国太宰戴荡的师弟，现师事于蒙山的章老先生，请大人高抬贵手。"

"哦，卑职正是戴太宰的下属，且久闻章老先生大名。念你们与戴太宰出于同门，年轻幼稚，免于逮拿。不过，这位小弟可不要随便胡说了，当心你的前途。有机会在戴太宰面前美言几句，切记、切记，卑职姓颜名厚。"

惠施赶紧答应："多谢多谢！好说！好说！"拉住庄周的手就跑。

庄周一边被惠施拖住跑，一边回头大声喊道：

"圣人生而大盗起！抨击圣人，纵舍盗贼，而天下始治矣……"

惠施用另一只手捂住庄周的嘴，一直到离那队士兵很远才松开。两人上气不接下气地坐在路边的石头上，你看着我，我看着你，谁也说不出话。

歇了一会儿，气喘匀了，惠施才说：

"庄周呀庄周，你这个祸根，我跟你交朋友算是倒霉，一日之内，两受气矣！"

"惠施呀惠施，天下之大，连说一句真话的地方都没有，这不太可悲了吗？"

"庄周，真话无用，只能招来杀身之祸！"

"惠施，假话有用，违背自己的本性去奉承别人，自欺欺人，岂非无耻！"

"罢了，罢了，咱俩别抬杠了。你看，濠水已经快到了。"

"还有什么心情游玩，咱们回家吧。"

"怎么，忘了你的诺言了？"

"改日再说吧，今日实在无此雅兴。"

二人闷闷不乐地回头上路，各自想着自己的心事，谁也不愿说话。

这时，一位牧马童子牵着一匹老马走了过来。马的颈项与脊背上让拉套与鞍子磨光了毛，长出一块厚厚的僵疤。为了防止丢失，马的屁股上还用烙铁烙了一些印记。马头上套着嚼子与各种各样的金属装饰品。而且，为了不让它逃走，马的前足与后足之间还绊着羁勒。老马低垂着头，在羁勒的束缚下一步一颠地往前走着。童子嫌马走得太慢了，不时回头去，在马身上抽几鞭子。

庄周走近那匹老马。他出神地注视着老马那忧伤的眼睛。他抱住老马已经没有多少毛、没有多少肉的头颅，用手轻轻抚摸着它颈项上的僵疤。这匹马何尝没有过青春，何尝没有过自由啊。他回过头来，对惠施与牧马童子说：

"马的蹄子可以践霜履雪，马的毛可以挡风御寒。饿了，它就到草地上去吃草；渴了，它就到湖边去饮水。高兴了，就互相交颈而摩；不高兴，则分背相离。这才是马之为马的真性。马，就应该让它过符合马之真性的生活。可是，伯乐却不这样。伯乐虽然在世人眼里是善相马、善治马的智者，我却认为是残害马的罪魁祸首。"

牧马童子好奇地问："伯乐是家喻户晓的相马大师，怎么能成为残害马的罪魁祸首呢？"

庄周说："伯乐所谓的治马，无非是给它套上笼头，用烙铁在它身上烙出许多图案，给它绊上羁勒，将它关在阴湿的马圈里。不让它及时喝水，不让它及时吃草，而且逼迫它整天跑路、载重，甚至用鞭子抽打它。这样一来，许多马都累死了。马失掉了它们的正常生活，忍无可忍，它们就会起来抗争。你们难道没见过吗？有的马会突然瞪起鼓鼓的眼睛，嘴里发出'嘶嘶'的叫声，曲颈弓背，四蹄乱蹬。它们会吐出橛衔、挣脱笼头，然后逃到深山野林中去。温驯的马为什么会变得像强盗一样呢？罪过不在它自己，而在伯乐。"

说到这儿，庄周的脑海里不由得浮现出刚才那位盗贼桀骜不驯的眼光。他接着说：

"让马过符合马之真性的生活还在其次，重要的是要让人过符合人之真性的生活。民众们本来是日出而作，日落而息，不知什么叫帝王。圣人却偏偏要治理他们。他们提倡仁义，大兴礼乐。但是，仁义并不是人人能做到的，礼乐也起不到什么实际作用。仁义礼乐对于民众来说，与这匹老马头上的笼头橛衔有什么区别呢？圣人与伯乐有什么区别呢？圣人出现了，人的真性也就丧失了。他们不仅奴役动物，而且奴役自己的同类。天下大乱的根源在于圣人，而不在于那些打家劫舍的强盗们。他们如果不去当强盗，就只能像这匹老马那样被活活饿死，累死。"

三

自从上次当着章老先生与全体同学的面驳斥了以善辩著称的庄周与惠施之后，曹商越来越骄横了。他在章老先生面前总是做出一副谦恭有礼的样子，而在其他学生面前却摆出唯我独尊的架势，把谁也不放在眼里。他寻找一切机会在章老先生面前告庄周与惠施的状，说他们经常私下读圣人经典以外的书，非毁礼法，居心不良。章老先生以前虽然对庄周与惠施的不拘小节有所不满，但是对他们两位，尤其是庄周的聪明、敏锐还是很赏识的。由于曹商的挑拨，章老先生对庄周也就逐渐淡漠了，认为是朽木不可雕、孺子不可教也。

这天，放学之后，学生们争先恐后地往外面跑。庄周行走急忙，不小心在门口将曹商撞了一下。曹商两眼圆睁，怒气冲冲地说：

"出门让着点。看着我走过来，你就等一下；要不然，你先走，我在旁边等着。"

庄周冷冷地看了曹商一眼，什么话也没有说，径直出门走了。

第二天，冤家路窄，庄周与曹商又同时到了门口。

曹商说："你先出，我就等着；我先出，你就等着。现在我要先出这门，你让在一边！"说着转过身去。抬起一条腿，要跨过门槛。

同时，庄周也抬起一条腿，要跨过门槛。

曹商收回伸出去的脚，站住了。

庄周也收回脚，两眼冷冷地盯住曹商。

曹商说："你听见了没有？你见到我这样品学兼优、即将当上宋国宰相的人也不回避一下吗？想与我并肩出门，你有这种资格吗？"

庄周说："难道说先生门下培养出来的宋国宰相就是你这副德行吗？你看重的是高官厚禄，而我看重的则是人的自尊与人格。在我眼里，我们俩不过是到先生门下求学的两个人而已。我听说过这么两句格言：'铜镜光明则尘垢不能集其上，尘垢集其上则铜镜不明'、'与品德高尚的人待在一起时间长了，就不会犯错误'。像你这样骄横的样子还能称得上品学兼优吗？像你这样无耻的人还能说是先生的得意门生吗？你说出如此不仁不义的话难道不败坏先生的名誉吗？"

曹商强词夺理："像你这样面目丑陋的人还好意思说铜镜吗？赶快撒泡尿照照自己那牛头猪面吧！自己是什么模样都不清楚还来教训德比尧舜的我，怕也太过分了！"

庄周坦然地对道："人长得什么模样，是天地父母赋予的。有人长得美，有人长得丑，这完全是命中注定的，自己毫无责任。人生在世，就像在神射手羿的靶子上游逛，有人被射中了，觉得倒霉；有人没被射中，觉得幸运。幸运的人没资格骄傲，说不定哪天羿的神箭就会插在他的心脏上。人的相貌亦是如此，曹商你今天看起来是完完整整的一个人，说不定明天老虎就会将你的脑袋做晚餐，你还有讥刺别人丑陋的工夫吗？我到先生门下求学已经五年多了，先生与同学没有谁说过我丑陋，因为大家与我游于形骸之内，而你这位经常以未来宋国宰相自居的大弟子却说我丑陋，因为你与我游于形骸之外。如果我身上穿的不是破烂的粗褐衣服，而是华丽的绫罗绸缎，你就不会这样对待我了。"

曹商被驳得无言以对，只得说："跟你这样的人说话等于降低我的身份。"

庄周穷追不舍："跟你这样的人说话等于污辱我的人格！"说完，一脚跨出学校的门，扬长而去。

庄周踽踽独行，不知不觉来到蒙泽旁边。一看见蒙泽那清澈见底的水，湖边那郁郁葱葱的树木，他心中的不快顿时烟消云散。造物者是多么神奇啊！它创造了如此美丽的自然，却从来不表白自己的功劳，它无时无刻不在奉献，却不讲什么仁义道德。而那些虚伪的人，整天绞尽脑汁地为自己谋求享受，却堂而皇之地自称为"圣人""贤人"，他们以强欺弱，以众暴寡，却谎称自己的行为是大仁大义。

庄周在湖边的一片草地上躺下，仰望着蓝蓝的天空呆呆地出神。偶尔有一群小鸟，从他的眼前飞过。它们不知从哪儿来，也不知到哪儿去，只是在无边无际的天空中任意遨游。几只小鸟落在草地旁边的树上，叽叽喳喳地叫着，好像对庄周诉说着什么。庄周对它们眨眨眼，招招手，说："小鸟朋友，过来，过来。"

小鸟们一见庄周招手，呼啦一下惊慌地飞走了。

望着远去的小鸟，庄周陷入了沉思。圣人们总说人为万物之灵，人是最高尚的动物,可是,有时候,人比动物凶残、无耻。小鸟们是多么自在啊!而人却活得如此沉重。小鸟们之间是多么的平等,多么的友爱,而人与人之间却充满了暴力、充满了欺骗、充满了钩心斗角。自从人类主宰了大自然,小鸟们就对人类存有戒心了,如果能够建立一个小鸟再也不害怕人的世界,那该多好!

不知是出于好奇,还是出于勇敢,那群小鸟在树林上空转了一圈之后,又落到了刚才的树梢上。它们一边叽叽喳喳地互相喧语,一边机警地窥视着庄周。

庄周再也没有叫它们,也没有招手,只是一动不动地盯着它们。

小鸟们似乎减轻了敌意,在树梢上玩耍起来。它们从高处的树枝飞向低处,又从低处飞向高处,一会儿争食一只虫子,一会儿互相啄啄羽毛,显得亲密无间。它们似乎有使不完的精力,一刻也不停止欢笑、飞动。

小鸟们终于认定庄周不是敌人,于是大胆地飞下树来,在草地上觅食。它们慢慢地向庄周靠近。庄周已经能清晰地听见鸟爪在草地上移动的咝咝声,甚至能够闻到它们身上散发出的一种奇特的味道。他感到一种说不出的快感,好像自己与整个大自然融为一体了。他觉得自己的身躯似乎变成了一棵树,而他的四肢与头颅就是这棵树上的枝条。

突然,一只小鸟跳上了他的手掌。它的两只小脚轻轻踩在他的皮肤上,痒痒的,舒服极了。顽皮的家伙顺着庄周的手臂,噌噌几下蹿到了他的脸上。

四只眼睛相对而视。

庄周从小鸟的眼睛中看到他的眼睛。

小鸟从庄周的眼睛中看到它的眼睛。

庄周从他的眼睛中看到小鸟。

小鸟从它的眼睛中看到庄周。

……

"哗啦!哗啦!"一阵劲风将树梢吹得摇摆起来,小鸟们顿时飞得无影无踪。

庄周眼睛中的小鸟的眼睛却没有飞走。这双圆圆的、温和的、明亮的眼睛逐渐往下沉落,一直沉到他那静静的心底,犹如两轮傍晚的太阳,无声地落入蒙泽那透明的水中。

庄周感到一种从未有过的愉悦。他不想动,更不想起来,只是静静地躺着,体验着这种无言的幸福。他生怕这双眼睛从他的心底逃跑,于是闭上了自己的眼睛。

他将恬静的幸福关在自己的心内,而将庸俗的世界关在自己的心外。他真想再也不睁开眼睛了,免得那些肮脏的影子玷污这片清洁的湖水。

慢慢地,他忘掉了时间的流逝,忘掉了小鸟的眼睛,忘掉了自身的存在。

他成了一只蝴蝶。他摆动着轻盈的翅膀,在宇宙中浮游。他一会儿来到野花盛开的原野上,一会儿来到树木茂盛的山谷中,忽而是白云、蓝天,忽而是大海、波浪。他与蜜蜂说话,他与水鸟赛跑。他蹲在猴子的头顶上嬉戏,他躺在榆树叶上睡觉。想去哪儿就去哪儿,想干什么就干什么。

忽然,一阵黑风铺天盖地而来,将他吹得摇摇晃晃。风越来越猛,吹折了他的翅膀,他从九万里的高空摔到一片荆棘之中,刺得满身流血。

他猛地睁开眼睛。他发现自己躺在草地上,而不是荆棘中。他摸摸自己的身子,也没有流血。他感到很奇怪,一翻身坐了起来。

"咯咯咯……"身后传来了一片笑声。

他回头一看,原来是惠施蹲在他的后边,手里还拿着一根细细的草叶。

"原来是你这家伙。你打断了蝴蝶的梦,你赔蝴蝶的梦!"

惠施感到莫名其妙,敛起笑容,正经地问道:"什么蝴蝶的梦?"

庄周说:"刚才一只蝴蝶做了一个梦,梦见它变成庄周了。我好不容易才变成了蝴蝶,正在那儿自由自在地飞呀!飞呀!好快活!你打断了蝴蝶的梦,让我又变成了庄周,直挺挺地躺在草地上,真扫兴。"

惠施用草叶在庄周的鼻尖上刮了一下,忍不住笑道:

"说你呆，你更呆。明明是你庄周做梦梦见了蝴蝶，却偏要说是蝴蝶做梦变成了你庄周。蝴蝶哪儿会做梦呢？"

庄周回答说："蝴蝶本来自是它蝴蝶，庄周本来自是我庄周，二者分明是两个东西。但是，到了梦中，蝴蝶却变成了庄周，庄周又变成了蝴蝶，蝴蝶与庄周已经融化为一个东西了，二者没有彼此的分界线了。因此，怎么能断定是庄周梦见了蝴蝶，而不是蝴蝶在梦中变成了庄周？"

惠施说："在梦中，确实是庄周与蝴蝶化为一体了，但是醒来之后，庄周与蝴蝶又判然为二了。而蝴蝶是动物，不会做梦，只有人才能做梦，尤其是像你这样的人，擅长白日做梦！"

庄周说："动物也是有灵性的，而且在许多地方超过了人，它们的生活是轻松自在、无忧无虑的。人与人之间如果能够像鸟与鸟之间那样友爱，天下就太平了。何况你又不是蝴蝶，怎么能证明蝴蝶不会做梦呢？"

四

时光荏苒，转眼之间三年就过去了，庄周已经是二十三岁的青年了。

这天，庄周正坐在蒙泽边的草地上鼓琴。他一边鼓琴，一边和着曲调吟唱自己填写的歌词：

凤兮凤兮，何德之衰也。
来世不可待，往世不可追也。
天下有道，圣人成焉，
天下无道，圣人生焉。
方今之时，仅免刑焉。
福轻乎羽，莫之知载，
祸重乎地，莫之知避。

已乎！已乎！临人以德，

殆乎！殆乎！画地而趋。

迷阳迷阳，无伤吾行，

吾行却曲，无伤吾足！

庄周在歌中表达了对当今世界的忧虑，同时也表达了对美好生活的向往。随着琴声与歌声，他的思绪飞到了很远很远的地方。

他不知道，一位须眉皎白、散发披然的渔父，不知何时坐在自己旁边，左手抚膝，右手支颐，聚精会神地听着自己的琴与歌。一曲终了，老渔父向庄周问道：

"年轻人，听琴声你的志向不同凡响。你现在求学于何处？"

"承蒙指教。我师事于蒙山上的章老先生。"

"他教给你些什么？"

"无非孔子所传仁义道德，诗书礼乐。"

"年轻人，仁义道德是搅乱天下的根本。从前，有一个愚蠢的人，害怕自己的影子，厌恶自己有脚印。于是他奋力奔跑，想离开自己的脚印。但是，他跑得越远，脚印越多，跑得再快，影子也能追上他。他自以为跑得太慢了，就加快速度，永不停止，最后力绝而死。害怕自己的行为不合乎仁义礼智而奋力追求的人也是如此。如果到一棵大树下去休息，就不会有影子与脚印了。"

"那么，什么样的一棵大树才能使普天下人不去追求仁义礼智而自然道德高尚呢？"

"那就是至德之世。在人类的早期，还没有出现圣人，也没有出现强盗。那时候，人们的行为就像童子游玩一样无所欲求，而不像当今时代的人碌碌营营。他们的眼光专一而精纯，不像当今时代的人那样狡猾。那时候，山间没有道路，水上没有舟桥，村庄之间鸡犬相闻而不相往来。人与各种动物和睦相处，互不侵犯，因此，拖住老虎的尾巴玩耍，老虎并不伤人，爬上树去看一看喜鹊的窝巢，喜鹊也不害怕。那时候，没有君主与民众之分，没有君子小人之分，谁也不欺侮谁，谁也不压迫谁。人们的本性是纯朴的、无欲的，因此是十分高尚的。"

听了这一席话，庄周一跃而起，将琴搁置一旁，抓住渔父的手，激动地说道：

"先生，几年以来，我一直在怀疑圣人所传的仁义道德，但是，总被人们认为是狂妄无知。我今天可算找到知音了！您说的这些话与我想的不谋而合。您又告诉我至德之世，这与我所向往的天下也若合符契。先生，您才是真正的圣人啊！"

渔父说："我的这种思想，被当今天下的人们认为是迂腐无用。我已经整整三十年没有向人们说过这些了。今天，我听见了你的歌声，无意中找到了一位少年知音。你不要称我先生，我们做一对忘年之交吧。"

与老渔父的结识，是庄周青年时代的一件大事，从此以后，庄周对那所本来就不感兴趣的学校更加厌恶了。但是，在老母的督促下，他不得不到学校去虚应差事，一有机会，他就跑到丛林中渔父那简陋的茅屋中聊天。一老一少，促膝而谈，其乐无穷。庄周从渔父那儿学到了儒家经典以外的许多历史知识、自然知识。他知道了自古以来相传的贤人君子实际上都是不仁不义的人，他知道了真正实行仁义的忠臣良民却不得好死。他学会了钓鱼，学会了游泳。他更加热爱大自然而讨厌这个肮脏的人间。

这天，在学校里，庄周面对章老先生布置的功课昏昏欲睡。他脑子里一直转着两个形象：孔子与盗跖。孔子一生都在为恢复礼乐而奔波，周游列国，不被重用，只是死后才受到执政者的尊重。盗跖，这位相传的大盗，迫于生计而聚众抢劫，被处以死刑，似乎没有一点仁义可言。可是，在世人心目中，孔子是圣人，盗跖是公害。庄周总觉得盗跖是值得同情的，而孔子却奴颜婢膝，不值得同情。在某种程度上，盗跖的行为比孔子的学说更符合人之本性。突然，庄周想：我为什么不写一篇文章，假托盗跖之口，将这位虚仁假义的孔圣人痛骂一番呢？

文章写好之后，庄周让惠施看，惠施看完后说："太偏激了，不敢苟同。"于是庄周来找渔父。渔父一看，原来庄周写道：

孔子与柳下季是好朋友，而柳下季的弟弟名叫盗跖。盗跖率领着九千徒卒，横行天下，侵暴诸侯。他们攻破大户人家的府库，抢走财物，赶走牛马，带走奴婢。盗跖一味地抢夺钱财，一点也不顾及父母兄弟，甚至不祭祖先，将仁义礼智丢在脑后。一听说盗跖的队伍过来，大国赶紧关上城门，派兵把守；小国告急于邻邦，请求保护，人们都很害怕他。

于是，孔子对柳下季说："为人父者，必能教育其子；为人兄者，必能教育其弟。养不教，父兄之过啊！如果父兄无法教育子弟，还谈什么父子兄弟之义呢？柳下季先生，你是当今天下有名望的仁义之士，而你的弟弟却当了强盗，成为天下的公害。你无法教育自己的弟弟，我真替你羞耻。看在朋友的分上，我替你跑一趟，凭着我的三寸不烂之舌，保管他回心转意。"

柳下季说："你虽然说为父兄者必能教育其子弟，但是如果子弟硬是不听父兄的教育，又有什么办法呢？先生虽然辩才无碍，恐怕也无可奈何。况且像盗跖这样的人，他的心态就像涌泉之必出，飘风之必动，难以压制。他身强力壮，善于打仗，口若悬河，善于辩论。顺其心则喜，逆其心则怒。他不高兴就会出言伤人，你还是别去了吧！"

孔子不听柳下季的劝告，让长于德行的弟子颜回驾车，让长于言辩的弟子子贡陪同，去游说盗跖。

孔子来到太山之北盗跖的军营，看见盗跖的徒卒们正在用人肝当中午饭吃。孔子下车对负责传达的士兵说："我是鲁国的孔丘，久闻跖将军有很高的品德，特来拜见。"

传达兵将原话告诉了盗跖，盗跖听了大怒，双目圆睁，犹如明星，毛发竖立，顶起头冠，说："这不就是那巧言令色、欺世盗名的鲁国人孔丘吗？告诉他：你作言造语，虚构出周文王周武王这样所谓的贤君来欺骗世人。不耕而食，不织而衣，摇唇鼓舌，擅生是非，多辞谬说，周游列国，迷惑天下的读书人。谎称孝悌，假言仁义，而侥幸被封为王侯，捞取富贵。像你这样罪大恶极的人，早就应该处以极刑！赶快离开这儿，不然的话，我将把你的肝脏摆在我的饭桌上！"

传达兵出来将盗跖的话告诉孔子。孔子又说："我与柳下季是好朋友，希望叩见将军。"传达兵又进去了，一会儿出来说："进来吧。"

孔子急忙进到盗跖的住所，小心翼翼地叩头拜见。拜毕，孔子抬起头，看见盗跖愤怒地坐在地上，两腿伸前，按剑瞋目，声如乳虎，说："孔丘！过来！你所说的顺吾意则生，逆吾意则死！"

孔子说："我听说，凡天下之人有三德。身材高大，相貌美好，少长贵贱，见而悦之，为上德；知通天地，辩雕万物，为中德；勇悍果敢，聚众率兵，为下德。人若具备三德之一，就可以南面称王。现在将军兼此三德，尤其是将军身长八尺二寸，面目有光，唇如激丹，齿如齐贝，而名为盗跖，我为将军感到羞耻。将军如果能够听我的话，去掉盗之名，实行仁义，我情愿南使吴越，北使齐鲁，东使宋卫，西使晋楚，让各国给您修建方圆数百里的大城，分给您数十万户之邑，尊将军为诸侯。然后各诸侯国罢兵休卒，供祭祖先。这样，将军就可以成为圣人。"

盗跖一听，大怒道："孔丘，你过来，那些可以用利禄来规劝、可以用言辩来谏说的人，都是愚陋之徒，我柳下跖可不是那样的人。我身材高大，相貌美好，人见而悦，是父母所生，即使你孔丘不说，我自己也明白。而且我听说：喜欢当面奉承人的人，也喜欢在背后诋毁人。今天你用大城众民来规劝我，不是将我当作愚陋之徒吗？大城众民难道能长久保持吗？城之大者，莫过于天下。尧舜都曾经富有天下，而他们的子孙却无置锥之地。商汤周武被立为天子而后代绝灭。这难道不是因为他们所占有的权势与利禄太大，而招来了别人的争夺吗？

"我听说：远古的时候，禽兽多而人类少，于是人在树上做巢居住以避猛兽的袭击。他们昼食橡栗，暮栖木上。那时候人们不知道穿衣服以遮蔽身体，不分男女，裸体行走，冬天冷了，就用夏天积累的薪取暖。他们夜晚睡觉则无噩梦干扰，白天行动则恬然安详。那时候，男女之间没有固定的配偶，人们只知道自己的母亲，而不知道自己的父亲。人们耕田而食，织布而衣，没有互相陷害之心。这就是至德之世。

"但是，到了黄帝的时代，这种高尚的道德就失掉了。黄帝是一个贪婪而好战的人，与蚩尤战于涿鹿之野，流血百里，人民死伤无数。到了尧舜的时候，就安排了许多官僚来欺侮百姓。商汤将自己的君主流放，武王将商纣灭亡。从此之后，以强凌弱，以众暴寡就成为天下的道德。商汤周武以后的君主，都是扰乱百姓的东西。

"而你孔丘却将商汤周武说成是圣人贤君，让诸侯模仿，而且用你的口才替他们辩护，矫言伪行以迷惑天下之主，你不是为了以此来谋求富贵是为了什么呢？你本来是最大的盗贼，而天下人却反而说我是盗跖，我看倒是应该将你称为盗丘！

"你孔丘今天来教训我，倒先看看你教育的弟子吧！你用甜言蜜语哄骗子路跟随你，让子路放下他的长剑，摘下他的高冠，装扮成一个儒生模样。人们都说，孔丘能止暴禁非，但是，最后，你的高足子路还是图谋造反，欲杀己君，因事不成被剁成肉酱。难道你的仁义道德还是好东西吗？

"况且世人所敬仰的，莫若黄帝。黄帝好战，血流成河。你们编造出来的其他圣人哪有一个是好人呢？尧为不慈之父，舜为不孝之子，禹为了保住帝位而操劳成疾，汤将君主流放，文王因谋反而被囚禁在羑里，武王杀死商纣。这六个人，是你所谓的圣人，实际上都是见利忘义、强反情性的恶棍，哪儿有什么君君、臣臣、父父、子子的道德呢？

"再看看你所说的那些贤士。伯夷叔齐兄弟，互相辞让君位，而辞别孤竹国王,来到首阳山下,活活饿死,不得埋葬;鲍焦假装高洁,攻击世俗,抱木而死;申徒狄因进谏不被重用,就负石自投于河,葬身鱼腹;介子推是一个愚忠的人,自己割下大腿上的肉让文公吃,而后来文公背叛了他,介子推愤怒地离去,被文公活活烧死在山中;尾生与一个女人约会于桥下,女人一直没有来,后来大水冲来,尾生为了守信还不离开桥下,抱住桥柱继续等待,被活活淹死。这六个人的愚蠢,无异于猪狗,他们的可怜,无异于乞儿。为了图个忠孝节义的名声,就将自己宝贵的生命轻轻地扔掉,可悲!可悲!

"还有那些所谓的忠臣。什么王子比干,什么伍子胥。王子比干因忠而被剖心,伍子胥因忠而被沉于江水,自古忠臣不得好死!所谓的忠臣,实际上是天下人的笑料。

"孔丘,你还用什么来劝说我呢?你若说那虚无缥缈的鬼神之事,则我不会相信,你若说这可见可闻的人事,则我比你清楚得多,你骗不了我。

"现在,我来告诉你人之常情。人生来就有各种各样的自然的欲望:目欲视色,耳欲听声,口欲察味,意志欲得到实现。而人生在世,上寿不过百岁,中寿不过八十,下寿只有六十。当今天下,昏乱不堪,人生失意多于得意。一月之中除掉病、瘦、死、丧、忧患之外,能够无忧无虑、开怀大笑的只有四五天而已。天地是无穷的,而人生是有限的。将有限的人生寄托在无穷的天地间,就像骏马在破墙的缺口之间奔驰而过,倏忽而已。在短暂的生命之中,不能顺着自己的心意行动,不能保养自己的寿命者,都是愚蠢之人。而你孔丘所说的这些就是愚蠢之行,是我所不取的。赶快滚开,不要再说了。你所说的那一套都是虚伪巧诈之事,并不能全性保真,有什么值得称道的!"

盗跖一口气说了这么多,孔丘越听越不是滋味,但是又无力反驳。一听盗跖说完了,赶紧出门上车,准备逃跑。马缰绳好几次从他的手里掉下去,因为他被盗跖的话气得两眼无光,六神无主。他的脸色就像死灰一样，用手扶住车前横木，低垂着脑袋，连呼吸都感到困难。

孔子带着颜回与子贡，一路逃跑，来到鲁国首都的东门之外，正好碰见了柳下季。柳下季说："好几天不见孔夫子了，看你的车马之状好像刚出远门，是否去游说盗跖了？"

孔子抬起头，长长出了一口气，说："是的。"

柳下季说："盗跖是否像我所说的那样用言辞伤害了您？"

孔子说："是的。我这次拜见盗跖真是所谓无病而针灸，自寻疼痛。跑去摸老虎的头，妄想用老虎的胡子编辫子，差点儿让老虎吃掉啊！"

渔父一气读罢，不禁拍案而起，叫道："妙哉！奇文犀言，痛快淋漓。真是后生可畏！"

一传十，十传百，庄子这篇关于"盗跖怒斥孔丘"的文章传遍了宋国，也传到了其他诸侯国。许多人知道宋国有个庄周，知道他是个提倡真性、抨击圣人的狂妄之士。

五

章老先生读了庄周那篇"盗跖怒斥孔丘"的文章之后，对庄周知识的广博、论辩的严密暗加称赏，觉得像这样的后生如果加以调教，也许是个难得的人才。但是，庄周有负师望，我行我素，只是偶尔到学校去一趟，他用大部分时间研究从渔父那儿搞来的隐士之书，其中有一本名叫《老子》。

昨天，放学之前，章老先生向大家宣布："宋国国君明天要派我的学生戴荡到学校来为国家遴选人才，委以重任。"惠施将这个消息告诉庄周。庄周早已看透执政者的伎俩，表示毫无兴趣。惠施说自己准备试一试，希望庄周也去看看。庄周转念一想，答应了惠施的请求。

庄周与惠施来到学校的时候，院落里已经挤满了望子成龙的学生家长。弟子们不像往常那样伏几读简，一个个按捺不住激动的心情，思谋着迎接这次难得的官府遴选的对策。大家等了将近两个时辰，戴荡长长的车队威风凛凛地涌进院里。戴荡前拥后呼，高冠华服，好不气派。章老先生率弟子将戴荡迎入学堂，分宾主坐定。

章老先生向弟子们说："戴太宰现为宋国重臣，实属我们学校的光荣。他今天要在你们中间挑选一位德才兼备、出类拔萃的师弟，进于国君之前，委以社稷大任。你们就戴太宰的提问各言其志吧。"

戴荡说："荡才疏德浅，能有今日，全凭先生教育有方。当今天下大乱，各诸侯国都有吞并天下之志。我们宋国虽然不是万乘大国，但是也不甘示弱。各国之主，都明白贵士的道理，因为士代表了仁义，代表了知识，也代表了智谋。因此，得士者得天下，失士者失天下。我们宋国的君主一向礼贤下士，今日特委托我来挑选一位德才兼备的士，委以重任。我今天提一个问题，就是'什么是仁'，请诸位各抒己见，发表宏论。"

戴荡的话一结束，曹商就率先而起，回答道：

"戴太宰不愧为圣人之徒，王侯之师，这个问题本身就提得不同凡俗。当今天下，要治理一国之民，首先要实行仁政。什么是仁？仁就是仁政。仁政的核心是品德与礼仪。用刑法来治理民众，民众虽然畏惧而不犯罪，但是内心并没有消除犯罪的欲望，如果用德和礼加以感化，就可让民众自觉地消除犯罪的欲望。孔夫子说'道之以政，齐之以刑，民免而无耻；道之以德，齐之以礼，有耻且格'，讲的就是这个道理。"

戴荡点了点头，示意让他坐下。

这时，惠施站了起来，说："我认为仁的核心是爱人。不是爱有差等，而是兼爱天下。尤其是一国之主，王侯之佐应该具备兼爱天下的仁心。具体措施就是停止诸侯国之间的不义之战，让贤能之士主持各国政务。这样，就会从天下大乱走向天下大治。"

戴荡又点了点头，示意让他坐下。

接着有几位弟子发言，大都是根据孔子的言论，无甚新意。庄周本来不打算说话。他只是让惠施拉来转一趟。但是听了这些人对"仁"的回答，尤其是曹商对"仁"的解释，心中十分不快。

庄周站起来说："我认为仁是虎狼之性。"

戴荡一听，大吃一惊，几欲按几而起，他皱紧眉头，打量一下这个其貌不扬的青年，狐疑地看了章老先生一眼。章老先生赶紧示意嗡嗡议论的学生平静下来，然后对着戴荡苦笑了一下。戴荡整整袍袖，温和地问道："你叫什么名字？"

"我叫庄周。"

戴荡若有所悟地点了一下头，转眼看着章老先生，问道："可就是那位写了'盗跖怒斥孔丘'之文的庄周？"章老先生回答说："正是。"

戴荡说："当今天下百家争鸣，凡是有利于圣治的学说，我们都加以提倡。你说一说，为什么仁为虎狼之性？"

庄周说："天下之人纷纷议论仁，标榜仁，都是因为孔丘及其门徒的提倡。而孔丘所谓的仁，其核心在于父子相亲。但是，父子相亲能够扩展到对天下之人都友爱相待吗？你们难道没有见过凶残的虎狼吗？它们以强欺弱，以众暴寡，但是，它们之间何尝没有父子相亲呢？大力提倡仁义道德不就是鼓动天下之人为了父子相亲而互相残杀吗？不就是让人变成虎狼吗？"

戴荡听了庄周这些话，联想到自己多少年来在官场上的浮沉，觉得确实有道理。他暗想，父子相亲不仅人能做到而且连动物都可以做到，但是，父子相亲的人并不具备高尚的品德。包括自己在内的很多人为父亲或儿子照样可以做出伤天害理的事来，难道能称为仁吗？眼下这位年纪轻轻的后生对这个问题看得如此透彻，"仁是虎狼之性"，真是石破天惊之语！但是，这些话可不能当着别人的面讲啊，那样，人们就会认为你是不仁不义之徒。想到这儿，他又问："那你认为什么才是真正的大仁呢？"

庄周回答说："真正的大仁就是忘掉自己的父母。"

戴荡说："忘掉自己的父母就是没有爱心，没有爱心就是不孝，说真正的大仁就是不孝，这能行吗？"

庄周说："我的意思并不是说真正的大仁就是不孝。真正的大仁是十分高尚的品德，不能仅仅用孝来代替。而且您所说的仁也并不是什么孝，那种仁连孝都没有达到。有一个人从北方到南方去，来到楚国的首都郢，当他回头寻找以前北方的冥山时，连冥山的影子都看不见了。因为他离冥山太远了。整天讲着父子相亲而追求仁的人也是这样，他们离真正的大仁差得太远了。以恭敬的面色孝顺父母是容易的，但是，用真正的爱心孝顺父母就难了；用真正的爱心孝顺父母是容易的，但孝顺父母而忘记他们是自己的生身父母，就更难了；忘记他们是自己的生身父母而能够孝顺他们是容易的，但能够做到不图称赏、不求名誉而孝顺，同时使父母也忘记自己的功劳就更难了；能够使父母忘记自己的功劳是容易的，但能够将天下的功名利禄统统忘掉就更难了；能够忘掉天下的功名利禄是容易的，但同时使天下之人也忘掉我的这种兼天下的品德就更难了。真正的大仁是我忘天下，天下忘我。我虽然具备超过尧舜的品德，却不炫耀，虽然做了泽及万世的好事，天下之人却不知道。这种高尚的品德难道是你们所谓的仁与孝能赶上的吗？你们所谓的孝、悌、仁、义、忠、信、贞、廉，等等，都是让天下之人压抑自己的本性而勉强为之的东西，根本不值得称道。"

戴荡听着庄周对孝层层深入的分析，惊叹于这位青年的智慧。庄周所描绘的这种真正的大仁，也令人神往。但是，戴荡又问道："怎么才能具备这种真正的大仁呢？"

庄周回答说："真正的高贵是能够抛弃国君之位的人；真正的富足是能够抛弃一国之财的人；真正的适意是能够抛弃名誉的人。能够抛弃身外之物的束缚，自然能够做到真正的大仁。"

戴荡想：真正做到这一切，谈何容易啊！可是嘴上却说：

"高论，高论。如果我们每个人都将功名富贵完全抛开，天下就大治了。"

第二天，章老先生宣布，曹商被选中了。这是庄周预料之中的事。这几天，曹商显得格外谦虚，格外有礼，甚至对庄周也很有礼貌。但是，他眼中那股自得之意却是掩饰不了的。

这天，曹商似乎很关心地对庄周说：

"庄周，让我们忘记过去不愉快的事情吧。我即将离开学校去就任了，有几句话想对你说。你为什么不注意一下自己的言行呢？没有符合礼义的言行就无法出仕，无法出仕就无法实现自己的抱负。"

庄周回答说："无耻者富，巧言者显。从名与利的角度来看，言行确实是很重要的。"

曹商被噎得半天想不出词儿来。沉默了一会儿，曹商说："好吧，咱们走着瞧吧。"

曹商出仕的事对惠施触动很大。他觉得宋国的君主与大臣能够重用曹商这样的人，可见是十分昏庸的。要想在宋国干一番事业看来是行不通了，那么只有到别的诸侯国去游说了。到哪个国家去好呢？惠施想了好久，最终选择了魏国。

魏国自从魏文侯任用李悝实行变法以来，逐渐强盛起来。现在，魏国已经是唯一可以与秦国争强的国家了。但是，这几年以来，魏国在军事上却很不顺利，因为东方的另一个大国齐国也逐渐强盛起来。十多年之前，魏国攻打赵国的首都邯郸，齐国军队运用孙膑"围魏救赵"的计谋，将魏国打得大败。去年，魏国又在马陵遭到惨败，齐国军队杀死了魏将庞涓，又俘虏了太子申。惠施想，让齐国与魏国如此无休止地打下去，受苦的只有老百姓。如果能够到魏国去游说，得到重用，也许还能实现自己的政治主张，施展自己的才能，为天下的百姓做些好事。魏国刚刚打了败仗，对战争的危害肯定有很深的体会，说不定会接受我的主张。

主意已定，惠施来找庄周，告诉他自己的想法。庄周听后说："惠施，但愿你能成功。但是，我肯定，你奋斗上几十年之后，得到的不过是两鬓霜白。"惠施听后笑而不语。

庄周又对惠施说："我也要离开宋国了。"

"到哪儿去？"

"到楚国去。"

"为什么？"

"探访淳朴之风。渔父先生告诉我，楚国，尤其是楚国的南方，是一个很美的地方。那儿的人古风犹存，很像我所说的至德之世。我想去看一看。"

庄周与惠施这对好朋友就这样结束了数年的学校生活，离开了宋国。他们告别了蒙山、蒙泽，一个往西，一个往南，各自踏上了变幻不定的人生旅途。

第二章
南游楚越 ❦ 探访古风

一

庄周准备动身了。远游的事,虽然思谋了很久,但没有告诉母亲和兄长。清早起身,胡乱喝了几口粟粥,收拾好简单的行囊。包裹内只装了几件换穿的麻袍、短衣和几双麻屦,还有几束竹简。远行,对于庄周来说是第一次,他不知道自己能去多久,走多远,他能想到的准备工作也就是这样了。

父亲早逝,母亲年事渐高,他不忍伤她老人家的心。想一想有兄长护侍在侧,他心中的歉疚稍稍减轻。趴着门缝悄悄看一眼熟睡中的母亲,暗暗道一声"慈颜保重,孩儿不孝",便转身走出了院门,走出了晨雾弥漫的村庄。

走之前,他要向自己的老朋友渔父辞别。清晨的丛林阴暗凉爽,百鸟寂寂。他来到渔父的茅屋前,推门进去,渔父躺在竹榻上半睡半醒,回头见是他,问道:"这么早,有事?"

"有,"庄周说,"我来向您辞行。"

"噢?"渔父侧身托颐,很感兴趣地问道:"去哪儿?"

庄周说:"南履楚越之地。"

渔父说:"楚越之地。风俗不类中原,应该去长长见识。"

庄周说:"我正是此意。"

渔父说:"然,小子,曾不闻'父母在,不远游'乎?"

庄周笑了:"您最明白我的志向。"

渔父说:"好,走得好。你究竟不是一只凡鸟,不能老关在小小的樊笼里。"

庄周顿了一顿,道:"我走之后,烦您和我母亲说一声。"

渔父说:"好。不过,你远游楚越,准备何时归来?"

庄周望着竹窗外渐晓的天光,沉声道:"不知道。人生在世,本来就是一位过客。我愿意过一种浪迹天涯、无所拘束的生活。"

"我老了,身体不行了。不然,我真想与你同游。年轻的时候我多次去过楚国,而且在楚国客居数年。回想起楚地的风土人情,真是令人难忘。"

渔父向庄周详细介绍了去楚国的路线,以及楚国的地理情况和文化风俗。庄周将这些一一牢记。然后,渔父将悬挂在屋顶的小布袋取下来,从里面倒出一堆色彩斑斓、各式各样的贝,有真贝、海贝、铜质贝,上面刻着一些陌生的文字。庄周以前从未见过这种东西。渔父告诉他,这就是楚国的贝币,相当于我们中原一带流行的刀币与布币。用它,可以买到各种生活用品,而上面的文字则标明它们各自的币值。渔父让庄周带上这些贝币,以备到楚国以后使用。庄周要推辞,渔父说,这贝币只有在楚国国土上流通,到了中原就只能当小孩子的玩意。庄周只好把贝币装进包裹。

眼看要分手了(谁知这会不会是永别呢),两人都恋恋不舍,但又说不出许多话来。他们一老一少,都是生性豁朗天真,对于世情看得很开的人,当然不会在别离时作女儿态;但茫茫浊世之中,知音难求,老不离少,少不离老,两人产生了深厚的感情。庄周这一走,老渔父只能茕孑度残年了。

渔父想了想说:"我有一匹马,送与你做脚乘吧。"

庄周有心拒绝，但竟没有吱声。两人出了屋子，渔父去马厩里牵出一匹枣红色的骏马。渔父摩挲着马长长的鬃毛和光滑的颈项，说："带着它吧！我活在这个世界上的日子没有多少了。我西归之后，这匹马就成了孤儿了。你带它走，你们俩也可做个伴儿，减少一下旅途的孤寂。"

他抚摸着马的头颅，眼光中流露出依依不舍的深情，说："这匹马陪我已快十年了。我没有让它干过重活，只是偶尔骑它逛一逛。庄周，你要好好爱惜它。看见它，就当作是看见了我。"

庄周接过马缰："老丈，您要多多保重。"

渔父笑道："我还要等你回来欢聚畅谈呢。"

牵着马，庄周离开了丛林中的茅屋，离开了他少年时代精神上的导师和朋友，踏上了南下的官道。

一路上，他看到遍地都是逃荒的农夫、破败的村落。官道上偶尔有身着盔甲的骑兵飞驰而过，扬起满天黄尘，也有一些商队的车马来来往往。

午时左右，他来到宋国的都城睢阳。睢阳离他的家乡蒙邑很近，他以前来过几次。睢阳城内街道开阔，房屋相连，摊贩林立，行人拥挤。贵族们穿着华服锦袍，乘着高大的马车招摇过市；穷人们穿着粗褐衣服，沿街乞食。庄周无意在此停留，自北门入，南门出，穿过了睢阳。

出了睢阳城，就是从西往东流入淮水的睢水。睢阳之名，即因其位处睢水之北而得。睢阳本来叫商丘，即商代遗址。当年周武王伐纣灭商，将商纣王之兄微子启封于商丘，取国号为宋。后来，宋国将商丘改名为睢阳。睢水滔滔向东，日夜不息；自古至今，其流不绝。庄周骑马缓缓从桥上走过，看着那汹涌的河水在眼底滚滚而流，听着浪花互相拍击而发出的哗哗声，心中油然产生了一种自然永在、人世无常的感慨。睢水永远是睢水，而天下却忽而姓夏，忽而姓商，忽而姓周，现在诸国争雄，又不知鹿死谁手了。身为商朝遗民，庄周觉得包括商代在内的任何一个王朝都只不过是短暂的一瞬，就像睢水中的一朵小小浪花，忽生忽灭。老子看到周朝即将衰灭，乃西入流沙，真是哲人之行；而孔子却周游列国，要恢复周礼，显得多么迂腐。世界的变化就像流水一样，永不停止，只要在变易之中求得不变，在有限之中求得永恒，就是人生的立足之境。庄周觉得他今天的南行楚越，就颇像老子当年的西入流沙。

傍晚时分，庄周进入楚国苦县地境。苦县这个地名他比较熟悉，因为老子就是苦县人。他在私塾苦读数年，认真钻研并且学有所得的书籍中，《老子》是他最为叹服的一本书。通过这本书，他对作者的为人也有所了解，对老子甚为敬仰。他决定特意去拜访一下老子的故居。经过濑乡人指点，庄周找到了濑乡曲仁里。

太阳的余晖笼罩着这个安静的小村庄。庄周执辔伫立在老子故居前。老子是战国时代举世闻名的大思想家，他的信徒遍布诸侯各国，他的哲学观念曾不同程度地影响过各国的政治，然而他的故居却平凡朴实，与左邻右舍的农居没什么大的差别，似与他的煊赫声名并不相称。低矮的土夯院墙，茅草覆盖的院门楼，里面望进去也只有几间草泥平房和正中一所祠堂样的高大建筑。其实老子的故居本来还要寒酸，这是老子的一帮门生们集资在故居的基础上改建而成的老子祠。老子一生未娶，他的亲族亦已凋零净尽。如今长住故居里的，是一些崇奉老子学说的士人。

庄周打量片刻，抬腿跨入院门。青石板砌的甬道两边矗立着几株根深叶茂的松树、椿树，甬道尽头，祠堂之前，一顺溜排着九口井，井的石沿壁上各刻着一条神态逼真、矫折欲飞的龙。甬道上立着几个手握扫帚的黑衣人，正与几个走出祠堂、信徒模样的人谈话。庄周估摸着那些黑衣人，该就是老子的后学门生了。

一个年岁较大的黑衣人走过来，向庄周施礼："先生何方人氏？来此有何指教？"

庄周连忙还礼："我乃宋国蒙邑人庄周，特来拜访老子故居。"

那黑衣长者一听，从头到脚看了庄周一遍，趋前抓住庄周双手，激动地说："庄周先生，久闻大名，请进！"

一位黑衣少年过来牵走了庄周的马，黑衣长者将庄周引到院子中间，招呼了一声，那些扫地的、与人谈话的黑衣人都围了过来。黑衣长者指着庄周对大伙说："你们可知道这位先生是谁吗？"

众黑衣人瞧着这个其貌不扬却又被黑衣长者呼为"先生"的年轻人，谁也没开口。

黑衣长者笑道："他就是那位'盗跖怒斥孔丘'的作者庄周先生啊！"

众黑衣中间一阵骚动，有人惊叹出声，有人低声嘀咕。

长者接着说："当今天下，学术分为三途：或孔或墨或老。在宗于老子的学说中，有列御寇、彭蒙、田骈、宋钘、尹文、关尹、环渊诸子，而这位年轻的庄周无疑是最为优秀的老子学说的继承者。振兴我们隐者的学说，发扬老子的遗志，希望就在他的身上。"

众隐者向庄周拱手："请先生指教！"

庄周十分惶愧，忙答礼道："不敢当！不敢当！"

长者说："请先生先瞻仰老子遗容。"

黑衣长者陪庄周在前，众隐者随后，跨进祠堂正殿。大殿上方，立着一座巨大的石刻老子像，差不多有真人的两个大小，老子跽跪而坐，双手抚膝，目光远望，姿态安详。老子的两只耳朵修长肥大，特别引人注目。庄周一看，就明白了为什么老子名叫李耳、老聃，原来他的耳朵的确与众不同。老子的一双眼睛深陷在隆起的眉骨之下，在智慧之中流露出难以觉察的忧虑。凝视着这双眼睛，庄周不由得想起了《老子》中的一句话："天之道，损有余而补不足；人之道则不然，损不足以奉有余。"人之道背离天道已经很久很久了，尊崇天道的老子怎能不忧虑呢？老子像两边，各立着一段石碑，分别刻着《老子》的上篇与下篇，即道经与德经。老子像前置一铜鼎，供前来参拜的信徒们烧香敬礼。

庄周点燃了一炷香，插进香鼎里，面对雕像深深鞠了三躬。回过身来，他对黑衣们说：

"老子真可谓古之博大真人啊！他告诉我们，在这有形有色的物的世界之中，还有一个看不见、摸不着的道的世界。道为精而物为粗，人类的生活应该以追求道的境界为上，而芸芸众生却一味贪图物的享受。物的享受是没有限度的，不可能满足的，也是不可永久保持的。只有进入那无为、虚静、寂寞的道，才是人生的最高境界，我到楚国来，就是为了避开中原人们丧己役物的非人生活，寻求一种逍遥、宁静的真人的生活。你们都是老子的信徒，常年住在老子的故居，浸染着哲人的光辉，你们寻求到这种生活了吗？"

黑衣长者说道："我们大家都熟诵老子的遗书，定期举办讨论会，互相交流对老子遗言的体会。老子的道，深妙莫测，难以名言。老子的思想也十分复杂，可以从不同的角度加以理解。先生天资卓颖，必有高深见解，将使我等受益匪浅。天色已晚，先生远道跋涉，风尘劳顿，请先歇息为要。明日我等再聆听高论。"

入夜，庄周躺在床榻上，久久难以入眠。窗外是楚国的天空，与宋国的天空没有什么两样，高邈、澄澈，星光点点。但感觉全然不同，好像所有的东西都灵动起来，宛若清风一般在他头脑中回荡。浪游之初那种新鲜与喜悦的激情充满了他的胸臆，使他无法平静。他披上短衣，悄悄来到院里，坐在井台上，触摸石龙曼妙的线条，倾听秋风吹动树枝发出的飒飒声，尽情享受秋夜无边的静谧与深沉的安宁。低下头，井水映照出圆圆的月亮对他微笑，井水平静无纹，犹如一面铜镜。井水中的月亮是那样的柔和、清明，庄周的心灵，渐渐与之合为一体，在静寂中散发出明洁的光芒。这光芒渗透了他的五脏六腑，渗透了他的四肢身躯，然后注入无涯的秋夜。庄周咀嚼着这甜蜜的体验，陷入深深的沉思。井水之所以能够将月亮映照出来，是因为它虚，因为它静。庄周的心之所以能够达到这种明洁和谐的境界，也是因为虚静之故。虚静是万物的根源，是人类幸福之殿堂的门槛。老子说得好："致虚静，守静笃。"虚静之中，有难以言说的美，有难以言说的乐。庄周体味着这难言的美和乐，就这样一动不动地坐着。井水、月亮、石龙，万事万物慢慢地凝聚在一起，组合成一个不断旋转的图案。图案时而变成飘飘飞舞的蝴蝶，时而变成一双硕大修长的耳朵，时而变成小鸟那双天真的眼睛，交替在他心中出现。庄周感觉到时间已经凝固，世界就在他身上。我即万物，万物即我。他的身体在静寂之中得到了放松，他的精神在静寂之中得到了愉悦，他感受到了老子所说的道，那恍兮惚兮，不可捉摸的东西，不在别的地方，就在自己的内心，人的平静而安详的本性就是道。只要本心清静，月亮即道，井水即道，万物即道。

翌日一早，黑衣长者来看望庄周，还带来一袭黑衣，请庄周试穿。他对庄周说，老子曾经说过："玄之又玄，众妙之门。"黑色就是道的象征，因此，老子的信徒们都喜穿玄衣，在老子祠内，这已成了一条不成文的规矩。庄周对此表示惊讶，他说："只要有了道心，无往而非道，即使不穿衣服也是得道之人；如果没有道心，物皆非道，即使穿着黑色衣服，也是枉然。"长者闻言也不再坚持，但又要求庄周给众隐者做一次关于老子之道的演讲，庄周说："道不可言，言而非也。只要大家能够做到心之虚静，道就会永在你心中。"

黑衣长者本来还想请庄周在此长住下去，与众隐者共同切磋学问，一听这话，便没有提及。他暗想，这位无视孔子的狂妄之士对一切都抱着怀疑的态度，他不像是一位纯正的老子信徒。什么"真人""非人""心之虚静"，与我们所理解的老子学说相差太远了。老子之道，是治国用兵之术，是为人处世之方，如果完全进入了"心之虚静"，还要这些方术干什么？

庄周觉察到了长者的心思，对他说："我让您失望了，长者。我无意于做某一个学派的传人，更不想利用古圣先贤的名声提高自己的社会地位。我是一个无所欲求的人。我喜欢老子，只是喜欢而已，并不想穿上那件黑衣做一个老子的信徒。我来参拜老子的故居，不过是为了了却一桩心事，并不想久住此地。你看那些龙，它们在水能游，离地能飞，无可无不可，是多么潇洒。此地只是我漫游的一个驿站而已，我马上就要动身了。"

黑衣长者愧怍之下连声挽留，但庄周去意已定，微笑不语。背了行囊，出了屋门，到马厩牵了自己的枣红马，准备上路了。

黑衣长者跟在他身后问道："先生准备去哪儿？"

庄周回答说:"我也不知道。我只是朝南方走去,也许有一天,我能够找到一块可让我久住的地方,也许找不到。"

说完,他跨上马,对黑衣长者抱抱拳,沐浴着早晨的阳光,施施然朝南而去。

黑衣长者望着那远去的散淡背影,怅然若失。

二

楚国的北方一带,本来是陈国与蔡国的国土,陈、蔡小国寡民,砧上鱼肉,楚国兴盛起来之后,很快将其一一蚕灭。陈蔡遗民不堪黍离之悲,经常发动一些小规模的武装暴乱,但都被楚国军队镇压下去,后来楚国与中原各国的多次战争也以这一带为战场。在无数次大大小小的战争中,无辜的百姓惨遭涂炭,白骨露于野,千里无鸡鸣。

庄周一路行来,看得最多的一种东西就是遍地的骷髅。

那些横七竖八的骷髅,上面都没有肉了,不知是因为年长日久、风吹日晒而消失了,还是飞禽走兽们啄啃所致,那白花花的骨头在旷野的阳光下显得分外扎眼。有的骷髅是一个完整的人的形状,有的则或缺一条腿,或少一只臂,还有很多没有头颅。庄周揣想:这些缺腿少臂的人在死之前,也许受过刑罚,曾经是一个残废,而那些没有脑袋的人很可能死于战争,不管是平民还是士卒,一样可以被敌人拿去领功邀赏。当时各国的刑罚是十分严酷的,就连偷窃一钩之金都是杀头之罪,因为在路上捡起别人遗失的东西而被砍去腿臂的人更是多得不可胜数。

乌鸦在尸骨之间飞来飞去,希望发现一具带腐肉的尸骨,然而乌鸦如愿者少,失望者多。骷髅们的油水早就被榨干吃尽了。它们散乱地分布在荒郊野外,或仰卧,或俯卧,或侧卧,还有的一个枕着另一个的大腿,好像一群劳累不堪的苦役们躺在地上睡觉。最可怕的是有些骷髅因为太阳曝晒，筋缩节曲，坐在地上，两臂前伸，好像在向过路行人乞求援助，拉他一把，让他站立起来。

骷髅的脸上已经没有血肉了，但是，他们那痛苦不堪的表情却直接表现在骨头上。他们的眼窝大而深，就像活人在特别悲伤时圆睁双目的那种神态。他们的牙齿突露在外，或张口，或咬牙，都显出一副凄怨、痛苦的样子。庄子想，人在最后一刻肯定不愿抛舍生命，离开人世，因此，骷髅们的这种表情就是他们临死时绝望心情的写照。

人为什么要死呢？一个有血有肉的人为什么会变成一具白花花的骷髅呢？当然，每一个人都会死，这是一条任何人也无法改变的规律。有生就有死，就像有高就有下，有美就有丑一样，万物都是相对而成的。但是，许多人的死并不是自然死亡，而是人为造成的。战争、刑法、饥馑是造成人们死亡的最主要的原因。那些公侯们为了扩展自己的领地，不惜百姓的生命，发动旷日持久的战争，动不动就斩首数万，尸骨遍野，流血漂杵。为了巩固自己的统治地位，他们制定出严酷的法令，对那些在生计所迫下铤而走险的"盗"们严加制裁，其实那些公侯们才是真正的大盗。例如当今的田氏齐国还不是田成子盗窃了姜氏齐国而成的吗？田齐凭借自己的势力，称霸东方，大国不敢诛，小国不敢非，谁也不能把他怎么样。更具有讽刺意义的是，田成子不仅杀死了齐君，窃据了齐国，而且盗窃了齐国原来实行的"仁义"之法，继续用这种冠冕堂皇的"仁义"来为自己的盗窃行为辩护。

"窃钩者诛，窃国者为诸侯！"

庄周不禁发出一声感叹。公侯们争得的每一寸土地上都流淌着百姓的鲜血，公侯们富丽堂皇的广宫大厦下积满了百姓的冤魂。将天下骷髅堆集在一起，就是一座山一样高大的宫殿。百姓的生命就是如此卑贱渺小吗？

日色昏昏，庄周想找个地方歇息。纵马来到一条小河边，松缰下马，人和马俱已困倦干渴，一齐埋头痛饮一气清凉的河水，枣红马饮足了水，像是很惬意似的，低声"咴儿"了两声，找青草去吃了；庄周坐在草地上，胡乱吃了几口昨日在前边镇子上买的干粮，看天色已晚了，就想到附近找一些干草铺在地上过夜。时近深秋，草色多已转黄，庄周爬上高阜用双手扒拉，转眼扒满了一抱，走下来撂在平地上，又去扒第二抱。手伸进干草深处，有物件硬硬的硌手，小心翼翼地拨开表层的草棵，入眼一具白晃晃的骷髅。庄周不禁一阵哆嗦，惊出满身的冷汗。虽然这些天来看惯了遍地的骷髅，但夜色幽冥之际，离得这么近，用手去碰触，还是第一次。置身荒无人烟的旷野，周围阒无声迹，独自面对一具骷髅，庄周怎么也摆脱不了一股阴森森的恐惧。抱起干草，匆匆回到平地上，看见马儿在夜色中悠闲地溜达，心跳才稍稍平复。

夜幕遮没了大自然的一切，也遮没了庄周自己，只留下阵阵寒气袭人的秋风。他在黑暗中枯坐了一阵，感觉到一种莫名的压力，拿出火镰来，点燃了干草，拢出一堆火，看着那呼呼上蹿的火苗，照亮了自己的身体，他心里踏实多了。一会儿，火灭了，只剩下星星点点的火烬；又一会儿，连那星星点点的火烬也完全熄灭了。庄周又回到一片漆黑之中。强烈的孤独感充塞了心胸。他摸摸自己的头，摸摸自己的腿脚，都在；他想说点什么，但是没有人听他的话。他想起了枣红马。起身将马牵到草铺旁边，自己坐下，对马讲道：

"枣红马呀枣红马，老伙伴，老朋友，我们说点什么吧！好，我先给你讲一个故事吧。讲什么呢？就讲一个黑夜的故事吧！从前有一个大儒，名叫胪传，专门干掘墓盗宝的勾当。但是，他虽然在黑夜里干那见不得人的事，却严格按照儒学的礼义，开口就是赋诗言志，俨然正人君子。有一天晚上，大儒胪传领着他的门徒来到一个贵族的墓地。等他们挖开墓坑，撬开棺椁的时候，天已经快亮了。大儒胪传站在墓门口望风，心里有些急了：'东方作矣，事之何若？'他的弟子在里面说：'未解裙襦，口中有珠。'大儒胪传说：'诗固有之曰：青青之麦，生于陵陂。生不布施，死何含珠为？接其鬓，压其顪！'弟子按照胪传的指点，用金椎撬开死者的嘴巴。大儒胪传又急急说：'徐别其顪，无伤口中珠！'"

讲完，庄周自己先得意地哈哈大笑。然而，马听了他这个有趣的故事却毫无反应。马没有听懂他的话。除了自己的笑声，四周仍是死一样的寂静。庄周又一次感到那烦人的孤独。说来也怪，他本来十分讨厌世俗之人那种唯利是图的生活，总想找一块没有人的地方独自待着。但是，离群索居久了，他反而想跟一个不管是什么样的人在一起。他可以听我说话，也可以对我说点什么。人，庄周十分想见一个人。于是，他的脑子里就浮现出各类各样的人：男人、女人、老人、孩子、富人、穷人、活人、死人……

死人？死人也是人吗？没有生命的僵尸也可以是人吗？没有血肉的骷髅也可以是人吗？庄周想起了方才那具骷髅，与这夜色中的一切事物相比，甚至与那匹枣红马相比，骷髅是一个曾经为人的东西，是一个与自己最为相近的东西——是一个"人"，而且是一个完全丧失了行动能力的人，他是不会伤害我的。

这么一想，庄周不久前触摸骷髅时的那种恐惧完全消失了。他甚至有点庆幸，还有一个"人"在这茫茫旷野中陪着我呢！半出于好奇，半出于亲近，他竟而很想再看看那骷髅。翻身起来，摸黑又爬上高阜。

白骨粼粼，闪烁着逼人的寒芒。然而庄周已不再怕它了，他坐到它旁边，用马棰抚弄着一块块骨骼，内心中产生了一种深刻的怜悯。骷髅虽然尚具人形，但它已经没有生命了。它没有知觉，无法体验到生人的酸甜苦辣。而我，庄周，却可以，就因为我的心脏还在跳动，我的头颅还完整地长在身上。活着，只要活着就是幸福，活着的人可以是穷人，可以是丑陋之人，可以是孤独之人，但不是一个死人。活人可以呼吸，可以看着世界，可以说话、思想，可以感受宇宙的无穷与伟大，而死人则不能。活人可以怜悯死人，而死人则不能。

那么，这具骷髅是怎样丧失生命的呢？庄周自言自语道：

"你是因为过分地追求生的快乐而违背了自然规律而死的呢，还是因为你的国家灭亡了，被敌人用斧钺杀死的呢？或者你做了不善之事，自己觉得对不起父母妻子而自杀了？还是因为你生活贫困，冻馁而死的呢？还是你活了七老八十，到了自然的年份才死的呢？生命如此珍贵，你为什么随便舍弃呢？"

这位被庄周当作"人"的骷髅，就像那匹枣红马一样不出一声，对他的诘责保持顽固的沉默。它好像是无力回答吧，又好像在拒绝回答。

庄周一动不动，骷髅一动不动。秋夜的暗潮如波袭来，引出了庄周的睡意。就这样呆坐了不知多久，他将脑袋枕在骷髅的脑壳上，迷迷糊糊睡着了。

半夜里似乎有人在说话："喂，你把我的头压疼了。"

他觉得有些奇怪，荒郊野地，夜半三更，有谁在此说话呢？

"是我，就是你脑袋底下的人。"

噢，原来是骷髅。"原来你会说话呀！"庄周睡眼惺忪地爬起来。

"刚才你对我说的那些话，我都听见了。只不过怕吓着你，没敢开口。你有胆子枕着我的脑袋睡觉，看来你并不像一般人那样害怕死人的骷髅。其实，你对马讲的那个故事我也听见了。你的口才确实不错，就像一个能够讲出'鸡三足，卵有毛'的道理的辩士一样。但是，我从你所讲的这些话中可以看出，你对生命过于执着了，你对人类也过于执着了。你虽然厌恶天下的政治、学术，但是，你还没有厌恶生命。其实，你所厌恶的那些东西，都是有生命的人类自己束缚自己。痛苦的根源就在于生命，如果能够抛弃生命，进入死亡，活人的世界里所有的那些丑恶现象就自然消失了，你想知道死亡以后是什么样子吗？"

听了这番话，庄周感到十分吃惊。骷髅不但会说话，而且会怜悯生人。刚才是他对这空枯的骨架产生同情，现在却是骷髅对他这个血肉之躯发出教训。他对这种地位的转换感到十分有趣，不禁精神大振，面对骷髅端肃而坐，很郑重地答道：

"是的，我想知道。"

骷髅说："人死了之后，虽然离开了人间的生活，但是，灵魂还是存在的，而且，此时人的灵魂脱离了肉体，得到了极大的自由。没有君王的压迫，也没有大臣的管制，也不用按四时之节候去劳作。不用吃，不用喝，没有饥，没有渴。而最幸福的是，他再也不用面对死亡了。因为对于死人来说，无所谓生，无所谓死，他的寿数与天地相始终。在人间，最幸福的莫过于南面称王，而南面称王的幸福也是有限的，因为他总有一天会两眼一闭，两腿一蹬，抛下万贯财富命归黄泉。南面之王也害怕死亡，而我们死人却不用害怕死亡。"

庄周听了这一番描述，觉得完全是无稽之谈。人既然已经死了，就什么也没有了，还谈什么幸福。虽然那种无君于上，无臣于下，以天地为春秋的生活令人向往，但有谁知道那是真的还是假的呢？也许这骷髅明知无法恢复生人的生活，就编造出一番谎话骗我吧。他打定主意诱惑一下这个吃不到葡萄就说葡萄酸的家伙。

"骷髅啊骷髅，死亡的生活虽然像你所说的那样美妙，但是，人还是活着好啊！你看，你直挺挺地躺在荒野的草堆之中是多么可怜！我愿向司命之神祈求三天三夜，让他重新给你形体，让你的枯骨上长出血肉皮肤，让你拥有呼吸和生命，还要让你回到家中与父母妻子团圆，与过去的老朋友、老相识会面聊天，恢复你以往的那种生活，你看怎么样？"

那骷髅一听庄周的话，显得十分生气，而且有些担心，他着急地瞪着那空洞的眼窝，痛苦地扭动着干枯的面颊，朝庄周嚷道："你这个不知好歹的家伙！我好心好意告诉你极乐的生活，你不但不感谢我，还妄想要我生还到你们人间，再过一次那种不可忍受的苦难的生活，我放着这好端端的幸福不享受，何必复为人间之劳呢？"

脸上痒痒的，是虫子爬上来了。伸手一捻，把自己捻醒了。庄周这才知道刚才做了一个梦。

梦醒了，骷髅的话却一直在他心中回响。我为什么会做这样的梦呢？骷髅的话是什么意思？它向我暗示了什么？难道真是死亡比活着好吗？脑子里这些问题转来转去，纠缠不清。他这样躺着，想着，直到东方之既白。

坐起来，又一次细细端详骷髅的面部，他发现十多天来见惯了的那种痛苦、残忍的表情一点儿也没有了。骷髅的面部呈现出一副安详、宁静、平和的表情。他的眼窝显得那样深沉、含蓄、睿智，他那张开的嘴巴、露出的牙齿是那样的悠闲、自在，就像一个无所事事的人在打哈欠。这骷髅的整个形象，突然给他一种大智慧与大满足的全新的印象。

庄周似乎有点相信它的话了，但是又不能全然相信，让一个活生生的人心甘情愿放弃生命，投入虚无之境，这可能吗？有必要吗？但是，他又想到：如果在这个世界上无法像真正的人那样去生活，无法按照个人的意愿安排自己的生活，还不如放弃这种生活，也许，退出生活也是一种求生的方式。因为退出之后，最起码可以做到不为别人而生活。宁可放弃自己被扭曲了的生活，也不可惜那为他人、为他物的毫无价值的生活。

生、死，生、死……

这两个字不断在庄周脑子里翻腾。年轻的庄周无法放弃对生命的热爱，同时也很向往那对生命毫无压迫的死亡。生与死之间，不能绝对地说哪个更好。这个问题一直困扰着他。直到许多年后，他才悟透了生死的关系。

三

南郢沅湘一带，古代曾属"左洞庭，右彭蠡"的三苗九黎之地，地僻人稀，势弱位卑。西周初期，周成王封熊绎于楚蛮之地，始有楚国与楚民族。与中原诸国相比，楚国历史既短，封疆亦仄，生产落后，人文贫乏，根本不受周王室与诸侯各国重视。中原人一直将楚人当蛮夷看待，如古诗中就有"蠢尔蛮荆""蛮荆来犯"之类的诗句。由于山水阻隔，风俗迥异，楚国与中原王朝的联系十分薄弱。中原各国以正统老大自居，不屑屈尊了解"楚蛮"，与其建立密切的政治外交关系，对楚地的地理物产、风俗民情所知甚少；而楚国却因此较少接受华夏民族的礼治文化，在一种淳朴奋发的氛围里，筚路蓝缕，励精图治，努力发展国力，同时创造了清新灿烂的楚文化，和因循守旧、陈陈相因的中原文化形成了鲜明的对照。

至战国初期，楚国已发展成一个泱泱大国。它以江汉流域为中心，西逼巴、蜀，北进中原，东侵海滨，南濒五岭，事实上已对中原各国构成了明显的威胁。它北与韩、魏相角逐，退少而进多；西北与强秦相抗衡，干戈玉帛不断；东北面，它的车骑屡屡出没于齐鲁之野。国势壮大，疆场传捷，大大提高了楚国在周王室与各诸侯之间的政治地位。在风云变幻的战国时代，楚国已是一个举足轻重的发言者和参与者了；诸侯会盟，天子郊祀，楚国亦远非一个可有可无的角色了。

楚国虽然是个大国了，但是楚地的文化风物，楚人的日常生活，对于中原人来说仍然是个谜：一方面蒙着一层神秘的面纱，另一方面则仍含着粗鄙的主观印象，华夏嫡传素来蔑视"蠢尔蛮荆"，当然是造成这种状况的主要原因；而关山遥迢、交通不便，兼之战火连绵、烽烟不断，则是夷夏不通的客观原因。

庄周幼时听村中父老乡亲们谈及楚蛮，总是用一种鄙夷不屑的口气，但言语间又明明流露出欣羡向往的神情。给小庄周的印象就是一处仙境般的地方住着一群赤身裸体的蛮子，说蒙邑人不懂的话，干蒙邑人不干的活儿。后来在私塾里，章老先生讲到楚国，也像村人那样表现出自相矛盾的态度：讲到楚人废止礼仪，不遵教化，根泽不正而妄图觊觎周鼎，章老先生每每摇首蹙眉，深恶痛绝；倘偶尔说起楚之山水之灵秀、物产之丰饶、人民之勤谨，章老先生则又津津乐道，言辞灼灼，神色间大有憬然神往的样子。庄周对此颇觉讶怪。他是一个天性好奇，善忤常情常理的人，随着年岁的增长和思想的成熟，凡事都逐渐形成了与众不同的看法。当时虽然宋国很少有人亲自到过楚国，对楚国的一些说法多半来自道听途说，失真之处颇多，但庄周还是从片言只语中得到了关于楚地楚民的一部分感性认识。政治与战争，是他所厌恶和不感兴趣的，因而他对楚国的崛起，如同秦国的扩张，都看作自然的政治历史事件，没有必要加以过多的关注；然而楚地,尤其是沅湘之间特异的风物民情、山水胜景,却引起了他极大的兴趣。是不是真有一种名叫凤的异鸟?龙舟是什么样子?究竟有没有茹毛饮血的蛮民?楚人的巫术是怎么回事?种种疑问,凭借有限的、真假莫辨的传说,即使庄周的想象力非常强,仍然得不到明确的答案,越是想象不出,他越是情不自禁地去想。想得多了,对楚国的憧憬就在他心里扎了根。不知从何时起,一个强烈的愿望产生了,他要亲自到楚国去看一看。

对于庄周来说,仅仅是那些粗略的传说,就已经为他勾勒出了一幅亲切而诱人的图画。他在这幅画面中发现了与自己的志趣性情相一致的、合乎人性的、天然朴素的新鲜生活,这种生活与他正置身其中的生活迥然不同。他现在的生活,浸润着虚伪的仁义理想,被礼治的说教套着重重枷锁,沉重、阴暗、不堪忍受,他早想弃之而去,追寻一种适意任性、忘我天真的生活。而楚地的生活,正是这样一个范本。当他勉强忍受那些圣训的聒噪时,他心里暗暗打定了主意。走出蒙邑,离开宋国,漂泊江湖,浪迹天涯。而首先要去的,当然是楚国。

他在楚国北方盘桓了一些时日,并没有找到新的生活。这里因原是中原诸国的领土,所以举凡地方上的礼节法度和百姓的吃穿用度、婚丧嫁娶等风俗习惯,都保留了中原旧习。人们虽然身在楚国,但念念不忘周室周礼,语言行为每以圣人之言相约束,对南方的楚国人心存根深蒂固的轻蔑。这与他在宋国时所熟悉的情况几乎没什么两样。他决定继续南下,深入沅湘之间,切切实实地体验一番。

往南走,水路多了起来,长脚程的陆路反倒少了。庄周牵马乘舟,渐感不适。不得已,他在一个名叫鄢城的地方卖了枣红马。枣红马是老渔父送予他的,老渔父是他难以忘怀的师长朋友,而马与他厮伴数月,也有了很深的感情。卖了它,庄周既难过,又歉疚,隐隐地想起老渔父,不知老人家现在如何。

山村水郭之间,异国风情一点点向庄周显露出来。楚国之殷,殷于山水;楚国之灵,亦灵于山水。山重水复,柳暗花明,楚国的风神气质就蕴含在变化无穷、绚烂多姿的自然胜景中。庄周每天向着触眼皆新的风光进发，心中始终充满克制不住的激动。一路上走走停停，或一棹而百里疾，或数日萦留于一地；经过了无数村落城邑，阅识了无数森林湖泊；见到了真正的楚人，听惯了陌生的楚语，交了一些楚人朋友，知道了许多美丽动人的传说故事。春暖花开时节，他来到了洞庭南部的沅湘一带。

沅湘之间，池泽遍布，溪流如织，林木茂盛，花草鲜灼，到处洋溢着热烈的生机。这个地区土地广大，人烟稀少，零零星星的村落点缀在闪光的河汊之间，人们多以捕鱼、打猎、耕种、织布为生，各自营谋，很少互相往来。山川秀丽，物产丰富，只要勤苦劳动就可以丰衣足食，因此这里的百姓们显得乐观开朗、精神饱满。山清水秀，养育了热情奔放、想象奇特、能歌善舞的楚地子民。不论是田夫野老、织妇村姑，还是荒陬蛮民，都能即事而歌，即兴而舞，天真烂漫，无拘无束。阡陌间，水泊上，不时可听到婉转清亮的歌声；村落里，旷野上，不时可看到狂欢喧闹的场面。楚人的不遵教化、行止无端，庄周亲眼看到了；楚人的粗俗无礼、率尔任性，庄周亲自感受到了。

这就是他千里迢迢溯远从之的生活，比他预想的更为充实、丰富、多姿多彩，更发乎自然本性的生活。在此之前，他没有见过大地呈现出如此迷人的面貌；在此之前，他没有想到万物竟会勃发出如此强烈的生趣；在此之前，他也从未经验过像楚人这样完整地保存着人之为人的原初天性的尘世生活。这一切对于他的灵魂深处有什么影响，他一时还难以觉察。从他内心的变化来说，在深深的震惊之后，喜悦与亲切的激情很快喷涌而出，像洞庭湖水一样注满了他的心胸。他觉得自己像一条搁浅的鱼儿，重新回到了波渺水清的大湖。鱼儿的至乐就在水中啊，如今他得到了自己的至乐。

从此，沅湘之间就多了一个疯疯癫癫的中原人。水之湄，河之洲，兰之阶，无处不有他的身影和足迹。浣纱的织女见过他，荡舟的渔夫见过他，狩猎的山民见过他。这个中原人好怪呀，他跟别的中原人可不一样，他衣冠不整，举止无状；他对花微笑，望云出神，事事好奇，稚气十足；他虽然来自中原，却喜欢用结结巴巴的楚语与本地人交谈，他性情随和，忠厚诚实，不像中原来的商人那样势利，也不像中原来的大官儿那样伪善严肃。他呀，可真是一个奇怪的中原人。

热情的楚人先是疑惑地打量他，很快他们就喜欢上了他，丢掉戒心与他聊天、玩耍、做朋友，拉他到他们家做贵客，用丰盛的家餐招待他，还邀他参加他们赛龙舟、祭神灵、比武狩猎、野外对歌等热闹有趣的民间娱乐活动。在与他们亲密无间的交往过程中，庄周了解了大量沅湘之间的民情风俗，对楚人的民族性格和文化习惯也有了越来越深的体会。

楚地的风俗，与中原大不相同，如楚人确信自己是日神与火神的后裔，日、火色赤，所以楚人崇尚赤色，进而发展到喜爱所有鲜艳浓烈的色彩，他们的袍衣裙袖、丝锦织品和各种手工艺品，都用各种艳丽的色彩精心装饰，绚烂佳妙，美不胜收。庄周起初看到一些精致的手工艺品，总要喜不自胜地将它们收藏进自己的行囊，后来才发现这样的小玩意儿太多了，只好放弃了继续收藏的念头。另外，由于日出东方，所以楚人以东向为尊，而不像中原人以南向为尊，中原以右为尊，楚人却以左为尊。制俗方面的差别，无论巨细，都是在长期的历史发展过程中逐渐形成的，其中有社会制度的原因，也有地理环境的深刻影响。庄周来楚之前，一直弄不清楚楚国人很崇拜的凤是种什么神物；来了之后，发现许多楚人尽管言凤必神色恭敬而自豪，却也说不明白这凤究竟是怎么回事（也许他们怕亵渎神鸟而不愿说破）。直到有一天他在高岗的草棵中看到一只花色斑斓、神气活现的雉鸡，才恍然大悟地大笑起来：原来那凤鸟就是从这咕咕乱叫的雉鸡身上脱胎而来的啊！联想起中原自古以来敬若神明的龙，也不过是先祖们将地上的飞禽走兽强拉硬扯嫁接而成，庄周不禁对这种族类不同而心意暗通的现象暗自称奇，同时钦服于楚人的想象能力和聪明才智。周人有龙而楚人有凤，楚地尊凤贬龙。庄周看到有些雕刻在青铜器皿和手工艺品上的画面，凤翅高扬抽挞龙脊，痛得蛟龙嗷嗷嚎叫。

楚国立国既晚，楚族脱离原始蒙昧生活的时间也不久远，他们固有的文化甚为贫弱，虽有楚言楚文字，但没有用母语创作的典籍。楚国的典章制度，多从华夏诸国取法仿效。中原礼治文化对楚国的影响，主要体现在上层贵族社会，而于江湖草莱浸染甚微。尤其是沅湘一带，淳朴的楚人还压根不知礼治为何物。庄周对此颇感幸运，既为楚人，也为自己。在他看来，楚人没有接受仁义礼智之类的教训，没有学习那些污染心灵、禁锢意志的学问知识，却擅长用超凡的想象来弥补知识的欠缺，通过与大自然的水乳交融、浑然无间来达到对生命和世界的认知，这才是真正的为人之道。楚人的纵情山水、放浪形骸、诡思横逸、善解音律，是一个人生活的理想方式；沅湘之间，是一个人追求幸福，获得永恒的福地乐园。

他常常躺卧在鲜花盛开的湖滨草地上，嗅闻着香花琼草的芬芳，倾听晴光潋滟的湖上传来的渔歌，目光伸向湛蓝高远的天空，心中无比宁静而平和。这种心境，他舍不得打破，于是一动不动长久地躺卧着。日子就这样过去了，山水的形象不断变幻，永不重复，春天从来没有像这个春天这般浓酽、绵密而意味深长，仿佛连他从前度过的生命也都聚集起来，潮水似的涌出崭新的意义。

这天，他正在湘水岸边徜徉，忽听得远处响起一阵急促的鼓声。耕田的农夫、戏水的少女、放牛的牧童们听到这鼓声，不约而同地停下手头的活儿，欢欣雀跃地向鼓声的方向奔去。"祭神喽！祭神喽！"一个牧童呼叫着打他身边跑过去。啊，又是一个吉日良辰。庄周羡慕地想到，楚人的节日真是太多了，他们的日常生活总是充满了新鲜的刺激，他们的精力总是那么旺盛，兴致总是那么高昂，好像一群天才的魔术师，每天都能变出新花样来娱己悦人。

楚人崇巫，巫风特盛，巫师在社会上享有很高的地位和声望。中原祭祀，多在固定的宗庙进行，而楚人却好在旷野草地上随随便便举行祭祀仪式。他们所祭祀的神灵比较驳杂，像东皇太一、大司命、少司命、风伯、雨师等属于楚人固有的神祇，如高辛、轩辕等则来自北方华夏民族，还有一些神灵，如湘君、湘夫人则是从湘水边的蛮族中借来的。

庄周急急忙忙随着人们朝祭神的场地走去，一边在心里猜测：今天祭祀的是哪一位神祇呢？

在一片开阔平坦的草地上，聚满了闹哄哄的人群，更多的人从四面八方陆续涌来。这些楚人坐没坐相，站没站相，嬉笑怒骂，任情而为，虽然身在祭神场合，却无一点严肃正经模样，年轻男女凑在一起打情骂俏，全不讲什么男女大防。老者们谈笑融融，高兴处咧开没牙的嘴巴纵声大笑；孩子们嬉耍打闹，黄毛小辫在草地上滚成一堆。祭神要有祭神的样子，起码衣着装束要注意一下吧，可他们有人穿着五彩华服，有人穿着沾满了泥巴的短裳，有人干脆光着膀子，腰间套一只花枝编成的花环；姑娘们发髻上插满了鲜艳的花朵，更衬得人面如桃花。庄周虽则熟悉而且真心喜欢楚人的天然做派，但还是头一次置身于这么多人的场合，从外往里走的时候，那么多毫不掩饰的明亮目光盯着他看，搞得他极为困窘。

忽然鼓声又响了三下，好像是祭祀即将开始，散乱的人群稍减喧嚣，"呼喇喇"争先恐后围拢成圈，里面的坐着，外面的站立着。庄周使劲挤到前面，屁股甫一落地，猛听旁边有人用尖细的楚语"咿咿呀呀"叫将起来，惊得一回头，见一老者闭着眼睛手臂挥舞，嘴里念念有词，极陶醉而虔诚的样子。庄周盯着他看，老者忽然睁开眼，正襟危坐，对庄周说："你是中原人。"庄周说："是的，我从北方来。我喜欢你们楚人。"老者笑了："我也喜欢你这个中原人。"庄周问他："今天祭祀哪位神灵？"老者说："东皇太一。他是我们楚人的大神，位在百神之上。"庄周说："东皇太一这位神祇，我略有所闻。——听说他好吃鱼？"老者说："我们楚人的大神，当然喜欢吃鱼。你知道吗？大神还好女色呢。"他朝庄周做个鬼脸，周围的人哄笑起来，庄周赧然，扭头向场里一望，说："大祭师出场了。"老者不说话了，凝神向场中央看。

峨冠博带的大祭师肃立在祭坛前面，双手擎一柄金光闪闪的法剑，举首望天默祷。祭坛是用竹枝搭就的架子，上面缀满了芝兰香草，摆放着五谷果品、糍粑粽子等各色供品；祭坛后站着一排年轻的巫师弟子，中间很惹眼地夹着一个绝色巫女，涂抹得妖冶逼人的脸上一双黑眼滴溜溜乱转；祭坛一边立着一座楚式虎座立凤悬鼓，两个头缠红巾的鼓手侍立其侧，那悬鼓的底座造型是两只凤鸟踩着两只老虎，色泽华丽生动，煞是好看；祭坛前面，大祭师身后，竖了一根竹枝，饰以彩带和花草，还点缀着几颗光灿灿的玉珠，恰似一株盛开的花树，这就是祭神时必不可少的"花树"。

大祭师手中的法剑高高举起，徐徐落下，又高高举起。人群完全静下来了。祭坛后面坐在草地上的乐队奏出了舒缓轻扬的乐声，大祭师手持法剑，边舞边唱起来：

吉日兮辰良　　　（好日子啊好时光）
穆将愉兮上皇　　（恭恭敬敬娱上皇）
抚长剑兮玉珥　　（手持长剑啊带玉环）
璆锵鸣兮琳琅　　（金玉相撞啊响叮当）

大祭神返身回到祭坛前，恭恭敬敬斟上桂酒与椒汤，继续唱道：

瑶席兮玉瑱　　　（瑶为席啊玉为瑱）
盍将把兮琼芳　　（鲜花堆满神堂）
蕙肴蒸兮兰藉　　（蒸鱼啊兰垫）
奠桂酒兮椒浆　　（请尝桂酒与椒浆）

这时，鼓声大动，竽瑟杂陈，那美丽的巫女甩动长袖出场了。老者扭头对庄周说："你看，大神很尊贵呀，一般人是请不动他的，只有巫女来请他，才肯下凡呢。"庄周想：看来东皇太一确实是个好色的神祇。神祇也好色，不也挺有意思吗！抬眼看那女巫，已换了一副恳切迷人的表情，在场内载歌载舞：

扬枹兮拊鼓　　　（举起槌啊敲响鼓）
疏缓节兮安歌　　（缓击节啊从容歌）
陈竽瑟兮浩倡　　（竽瑟杂呈啊歌浩荡）
灵偃蹇兮姣服　　（美丽的女巫啊衣飘飘）
芳菲菲兮满堂　　（芳菲四溢啊充满堂）
五音兮繁会　　　（各种音乐齐来奏）
君欣欣兮乐康　　（神灵啊快快乐乐降坛上）

女巫唱到最后一句，场内所有人都同声合唱，然后猛然爆发出一阵快乐的欢呼。东皇太一这个大神终于给请来了，他将赐予所有人平安、丰收和幸福。

这时，人群中有人大声要求巫女再唱几段。巫女看来正巴不得呢，得了大祭师的首肯，从巫师弟子中拉出一个来，就在场中表演对歌对舞。人群中的气氛这时活跃多了，众人随着男巫女巫的即兴表演，或大嚷大叫，或模仿人家的动作歌声，或笑得不亦乐乎，场上又乱成一锅粥。那男巫女巫的舞蹈动作大胆狂放，有时在庄周看来迹近于下流；他们的歌唱内容，他根本就没听清楚，心里诧怪大家为啥这么激动，就拉住老者大声询问。老者对他嚷嚷道："你还看不明白吗？男巫代表神灵，女巫代表我们楚人，神和人相恋呢。"庄周听了，瞠目结舌。神灵与人恋爱！而且赤裸裸地当众表演！在中原，这是连想也不敢想的罪恶之事啊！

男巫女巫的表演结束了，祭礼的尾声也来到了。雄壮的鼓声响了起来，大祭师举起那支"花树"，缓慢地舞动着，顺着场周倒退而走。这时，所有的观众都闹哄哄地排成一行，跟着大祭师边歌边舞。老者拽着庄周也加入队列中。

成礼兮会鼓　　　（成了礼啊击起鼓）
传芭兮代舞　　　（接过神花啊跳起舞）

姱女倡兮容与	（美丽的女巫向神祈福）
春兰兮秋菊	（从春兰啊至秋菊）
长无绝兮终古	（终古无绝啊长快乐）

那"花树"从大祭师手中传到了众人的手中，众人们依次传递。当"花树"再次回到大祭师手里时，鼓乐骤停。众人一哄而上，纷纷抢夺"花树"上的花草玉器和祭坛上的五色供品。然后，各人扬扬自得地拿着抢到的"神物"，三五成群，谈笑着，吆喝着，歌唱着，慢慢散去。

祭场上变得空空荡荡，只剩下庄周一人，手里拿着一朵小花，呆呆地站着。

他看着被人们踩平的草地，脑海中不时地浮现出女巫那曼妙的舞姿，还有众人争抢花树时的狂热场面。那悠扬、超脱的鼓乐声在他耳畔不断地鸣响。这音乐将他内心的一切杂念都清洗得干干净净，他的心胸直接对大自然敞开着。一切都可以进入他，他也可以进入一切。他变成了一个透明的人，与空气融为一体的人。他好像在女巫的歌舞中体会到了一种若有若无、恍兮惚兮的境界。这种境界好像在自己心中，又好像是在旷野里缓缓流动的微风之中。他突然觉得这种境界就是他在老子祠堂里的那个夜晚所感觉到的虚静的境界。这种充满动感的原始音乐与那秋夜中的月亮静谧的光芒在本质上是一致的。它们都是自然的产物，都是天地的符号，是神灵给予人们的信息。到哪儿去寻找老子的道呢？在这些楚蛮的歌中透露出来的若有若无、恍兮惚兮的境界中寻找吧。

四

一年之后，庄周沿着长江，乘流而东，从洞庭来到彭泽。在彭泽，他认识了一个名叫万福的宋国商人。一年多来，庄周听惯了楚人那急促而绕口的楚语，一听见万福的宋语，备感亲切。万福正好要到越国去推销殷冠，庄周也想到越国去游览，便与万福的马队结伴而行，从陆路向越国进发。

他们到浙江流域越国的时候，已经是盛夏时节。越国人，尤其是居住于深山老林中的下层人，都是短短的头发，身上刺着各种各样的花纹。他们的衣服，只是用兽皮在腰间围了一圈，稍事遮蔽而已。庄周随万福的商队在一个镇子上住了下来。

万福的伙计们在市场上高声叫卖着：

"哎！殷冠！殷冠！戴上它，风不吹，日不晒！"

那些断发文身的越人们奇怪地看着这种冠，没有一个人买。

万福凭着他那三寸不烂之舌，拉着过往的越人耐心地解释着戴冠的好处。但是，那些祖祖辈辈光着脑袋的越人们根本就不感兴趣。万福气恼地对庄周说：

"这些不开化的蛮民们，真是朽木不可雕也！"

庄周说："他们也许觉得戴上冠是一种束缚吧！"

他们连续转了好多地方，连一顶冠都没有推销出去。精明的万福垂头丧气地对庄周说：

"这一趟可赔了本了。我大老远跑到这儿来，费时费力费币，却什么也没有赚到。"

又过了几天，万福高兴地对庄周说："有了！有了！我要收购这儿的珍禽异兽的皮毛，贩到中原去，肯定会捞回本的！"

于是，万福将行李与货物存在镇子上，请庄周看守，自己带着伙计分头到寨子里收购皮毛去了。大约两个月之后动身返回宋国。庄周整日与越人们混在一起，渐渐学会了他们的土话。

有一天傍晚，庄周正在一座小山漫步，碰见了一个打猎回来的小伙子。小伙子手里提着几只肥大的野鸡，嘴里哼着轻快的小调，悠闲自在地走着。庄周上前招呼道：

"好肥的野鸡啊！"

那小伙子停下来，说：

"你喜欢吗？送给你吧！"

"那怎么能行呢？"

"没关系，我一天可以打到几十只呢！"

"那，我给你币吧！"

"不要，不要。我看你整天游来逛去，只是转悠，不像那些专门欺骗我们越人的中原商人。我们可以做朋友。朋友之间不来这一套。"小伙子说着，将两只野鸡塞到庄周手里。庄周说：

"朋友，我还不会炮制这东西呢！"

小伙子一听，笑着说："那到我家去吧，我炮制了让你吃。"

庄周跟着那小伙子，来到他的家。他的家，其实是三间用竹子搭起来的茅草房，一间住人，一间是伙房，一间堆放了些杂物。茅屋周围没有院墙，庄周问是为什么，不怕小偷吗？小伙子告诉他，他们这儿，根本就没有小偷。

一进门，小伙子向他的母亲和妹妹说道：

"母亲，妹妹，这是我的朋友。"

小伙子的母亲看上去五十多岁了，两眼还挺有神，行动十分麻利。她将庄周让到屋里坐下，然后自己坐到上位。小伙子的妹妹端来了糯粑、米酒，大方地对庄周说："请用。"

庄周一边品尝着那可口的糯粑与米酒，一边与老人聊天。庄周问道：

"老人家您多大年纪了？"

老人伸出一只手，又伸出另一只手三个指头。庄周说："五十三了？"老人摇摇头，说："八十了。"

庄周十分吃惊地瞪大了眼睛，面前这位看上去只有五十多岁的老人，竟然已经八十了。他好奇地问道："您长寿的办法是什么？"

"没有什么办法。我不知道什么是长寿。我们只知道劳作、吃饭、睡觉、生孩子。日出而作，日落而息，祖祖辈辈如此。"

庄周想，这些人活着，没有什么过多的欲求，也就没有过多的失望，因此也就没有特别忧伤烦恼的事。他们生活在山高皇帝远的地方，无思无虑，与世无争，因此才活得如此洒脱、轻松，自然就能长寿。而中原的人们，拼命地追求荣誉、富贵、钱财、长寿，整天为利禄奔波，搞得寝食不安，因此也就损害了自然的年份。不求长寿，才能长寿；追求长寿，反而损害长寿。

一会儿工夫，兄妹俩端来了喷香的野鸡肉。一家人与庄周围坐在一起，一边说话一边吃。这时，茅屋外传来一阵奇怪的口哨声。小伙子的妹妹脸立刻红起来，对母亲与哥哥得意地眨眨眼，又对庄周笑了笑，欢快地跑了出去。庄周问道：

"她去干什么？"

小伙子说："她的情郎来找她了。"

庄周觉得很奇怪，中原的男女之间交往要有父母之命、媒妁之言，而越人的姑娘却可以自由地与情郎相会。庄周笑着问旁边的小伙子：

"你的情妹呢？"

小伙子回答："我吃完就去找她。"

小伙子吃完就要与相爱的姑娘约会去了，庄周也就告别了他与他的母亲，回到镇上的旅店里。这天晚上，庄周躺在床上想了许多许多。越人的心地是多么的无私而善良啊！他们连我的姓名都不知道，就请我到家里做客，盛情款待。他们只知道施予，并没有想到让我报答什么。他们也是那样的发乎自然，没有中原人那套严格的礼节。

他们的行为在礼教盛行的中原人看来可真是"不知义之所适，不知礼之所将，猖狂妄行"。这儿的人比楚人更加原始，更加自然，更加朴实。他们没有文化，没有文字，不用学习礼仪，不用读圣贤之书，这是多么美的生活啊！庄周真想一辈子住下去。

过了几天，庄周又去拜访他的那位朋友。他远远地看见有许多人围在茅屋前的空地上，有歌有舞。他们的舞蹈狂放激烈，他们的音乐悠扬而清亮。那小伙子与他的妹妹跳得最为起劲，声音唱得最高。庄周以为与楚人一样，又要举行什么祭神仪式了，他赶到跟前，拉住那位小伙子问道："今天是什么节日，你们如此高兴得又唱又跳？"

小伙子说道："我的母亲死了。"

庄周一听愣了。在楚越之地漫游了这么长时间，他见过的稀奇古怪的事够多了，没想到还有更加稀奇的事。母亲死了不但不举行隆重的丧礼、哭泣，反而聚众歌舞，欢笑不绝。在中原的礼仪中，最为严格而且普遍的就是丧礼，丧礼以哀为主，如果村上死了人，则邻里都不歌唱，所谓"邻有丧，舂不相，里有殡，不巷歌"，而越地的蛮民却举行如此奇特的"歌舞丧礼"，真让庄周大开眼界。

小伙子拉起庄周的手，说："跳吧，朋友，为我的母亲祝福。"

庄周勉为其难地跳着，又问小伙子："你母亲前几天还好好的，怎么突然就去世了？"

小伙子说："她睡了一晚上，第二天就没有醒来。"

"你母亲死了，你们兄妹悲伤吗？"

"我们当然想念自己的母亲。但是，我们越人认为，人的生命是神赋予的，人死了就是回到神灵的怀抱中去了，我们应该为她祝福。"说完，小伙子就继续唱起了葬歌。歌词大意是歌颂他母亲一生的功德。

回来的路上，庄周一直思考着这场不同寻常的"丧礼"。越人们不仅对生的看法与中原人不同，而且对死的看法也与中原人不同。中原是以哭泣为丧，而越人则以歌舞为丧。他们对待死亡，没有中原人那样恐惧。他们活着的时候在恬静平安中享受生的快乐，而对待死亡也是恬静平安。中原人那么重视丧礼，其实反映了他们在内心深处对死亡的恐惧。而对于越人来说，死亡只不过是回到来的地方去了，就像迷途的孩子找到了自己的家一样。

于是，庄周又想起了骷髅的话。梦中的骷髅说，死亡比活着好，庄周觉得无法完全接受，而越人却如此平静地对待死亡，似乎更为合理。本来就十分厌恶中原那些繁文缛节的庄周，逐渐觉得越人的这种丧礼挺有意思，最后，他认为这简直是最为高妙的丧礼了。

那小伙子安葬了自己的母亲之后，不仅没有守孝三年，而且在一个月之后就与他心爱的姑娘结了婚。庄周参加了他们的婚礼。那天，庄周被豪爽善饮的越人灌得醉醺醺的。他端起酒碗，摇摇晃晃地走到新娘新郎面前，说：

"祝你们白头到老！"

然后，他将满满一碗酒泼在地上说道：

"但愿普天下之人都能像你们越人这样活得轻松、愉快、自在。"说完，他放下酒碗，独自一人离开了那座茅屋。

这天，庄周闲着没事，来到镇子旁边的河边钓鱼。他一上午就钓了十多条鱼，然后将钓竿丢在一旁，躺在草地上，倾听着河水哗哗的声音，想着心事。

与楚越之人在一起住的时间长了，庄周觉得自己也成了一个"蛮子"。他在章老先生门下读书时经常萌动的那种对圣人礼义的反感，他在渔父那儿听到的关于至德之世的传说，好像在楚越南蛮身上找到了知音。如果天下之人都能像南蛮们这样具有高尚的品德而不懂得什么叫仁义礼智，该多好啊。如果天下之人都能像那位小伙子那样说"喜欢就拿去吧"，一切纷争，一切残杀不都结束了吗！

庄周的精神经过一年多的熏染，逐渐与蛮子们接近，乃至同化。他是多么希望自己能够一辈子住在这个地方，与坦诚的越人们为伍，他再也不想回到宋国了。他不愿看到那些逃荒的农夫，那些破败的房屋，那些征战不休的卒伍。

他这样躺着，想着，逐渐进入了梦乡。他梦见自己制作了一副十分巨大的鱼竿与鱼钩，钩上垂着五十头牛为饵。他每天都蹲在会稽的海岸上，投竿东海而钓，但是一年多了还没有钓到一条鱼。这天，他正在垂着鱼竿打盹，忽然感觉到鱼儿上钩了。这鱼好大啊，它忽而牵动巨钩没入海底，忽而奋鬐而飞出海面，它激起的白色波浪犹如大山，海水震动发出的声音，就像鬼哭神叫，千里之外的人听见了，都吓得捂上了耳朵。庄周奋力一提，这条大鱼被乖乖地摔到了海岸上。鱼躺在海岸上，就像从天而降的一座山丘。然后他将鱼的肉割成碎条，腊制而存，分给那些面黄肌瘦的逃荒灾民们。

一阵风将他吹醒了。他想着梦里那条山丘一样的大鱼是哪儿来的？它象征着什么？他觉得他在内心深处并没有忘记那些在苦难中挣扎的农夫们。他无法忘记那位小姑娘近乎哀求的眼神，还有那瓦罐中漂动的野菜。他也无法忘记那位盗贼血肉模糊的身躯，还有惠施、渔父这些朋友、长者。

他不能在这儿永远住下去。他必须回到中原去。他要向天下人宣传这种南蛮的生活方式，让普天下人都过上一种幸福的生活。

这种责任感越来越强，它促使庄周急切地归去。正好，万福的皮毛也收购妥当，庄周便与万福的商队一起踏上了北归的路途。

第三章
傲视王侯 与天为一

一

万福每到一个地方,都要收购一些当地的特产,同时出售从别的地方搞来的特产,因此,一路走得很慢。不过,这倒很合庄周的口味,因为他特别留恋一路的青山秀水、奇花异草,这样,就有足够的时间供他游览了。

他们于翌年春天回到宋国的都城睢阳。"旧国旧都,望之畅然。"宋国依然是一片萧条的景象,与楚越一带的富饶宁静形成鲜明的对照。但是,这毕竟是庄周从小所熟悉的祖国,因此,他心里有一种既悲又喜的感受。

在睢阳与万福分手之后,他急急忙忙往蒙邑家乡赶来。蒙山的草木仍然那样茂盛,蒙泽的水仍然那样清澈。一山一水,都勾起他儿时的记忆。出门三年了,他好像忘记了家乡的一切,完全沉浸在楚越蛮民的淳朴之中。但是,一踏上这片生他养他的土地,他的心情还是有些激动。他最想念的,就是母亲。

村口的大树下,有几个邻居在那儿闲聊。远远看着一个陌生人走过来,有人认出来了,说:"这不是庄家那二小子吗?"众人嘀咕了一阵,都偷眼瞅着庄周走近，没有人跟他打招呼。这些人都是庄周熟悉的乡亲，如今却都像不认识似的打量着他，他觉得有些奇怪，拉住一个正在玩耍的孩子问道：

"小柱，你还认识我吗？"

"认识。你是那个庄家的不孝之子庄周。"

庄周莫名其妙，待要问个仔细，小柱的母亲过来将小柱一把拉过去，骂了一句"忘恩负义的东西"就走了，边走边嘟囔着："还回家啊！禽兽不如的东西！"

他心存疑惑地赶到家门口，在院子里喊了一声："母亲，母亲！"

大哥庄严从屋子里出来，站在门口望着他。

"大哥，是我，庄周啊！"

"庄周？"

难怪大哥一时认不出来，南游三年，庄周变得又黑又瘦，不像个书生，倒像个蛮子了。

大哥庄严认出庄周，脸上闪过好几种表情，忽然开口叱道：

"庄周，你还有脸回家吗？母亲已让你气死了！"

"兄长，此话怎讲？"

"自从你不辞而别，母亲日夜悬念，气急交加，已于两年前去世了。"

庄周愣在原地。两行眼泪，从他那深陷而灼亮的眼睛中滚出来。庄严将他让进屋里，他呆呆地坐着，一句话也不说。嫂嫂为他端来了饭菜，他摇摇头，一口也没吃。兄弟俩这样呆呆地坐着，半晌，庄严说：

"兄弟，母亲已经下世，伤亦何益，你出去浪荡这么些年，肯定也吃了不少苦，回来就好，收收心，踏踏实实地居家过日子。你今年已经三十岁了，到了而立之年，我们早该分开过了。我是长子，应得家财的三分之二，你得三分之一。分给你一间房子，还有十亩地，你就自谋生计吧！"

庄周还是没有说话，只是直瞪着眼发呆。他依稀看见母亲走进来，将一碗他最喜欢吃的粥放在桌上，又飘飘然出去了。他想叫一声娘，但浑身无力，张不开口。眼前总是浮动着母亲的脸，那布满皱纹的慈祥的脸。他恍恍惚惚想起了许多小时候的事。母亲教他认识草木的名字，送他上学，希望他有所作为。为了供他上学，母亲日夜操劳，熬白了头发，累弯了腰，疾病缠身……

许久许久，庄周才睁开眼睛。他看到嫂嫂正坐在榻边上哭泣，一见庄周醒了，忙拿衣襟揩泪：

"兄弟，你可吓死我们了！"

"我怎么了？"

"你三天三夜昏迷不醒，茶饭不进，口里说胡话，一个劲儿叫娘。"

几天之后，他身体稍微恢复了，能下地行走了，便与庄严两人来到父母合葬的坟墓之前。焚拜完备，庄周对着坟墓低声说道：

"母亲，我对不起您。在您弥留之际，我没有守在您的身旁，我是一个不孝之子。但是，从小您就教育我，要有所作为。天下有多少儿子不能守在他母亲的身旁啊！我是为了追求真理才到远方去的。我是为了让普天下之人都过上幸福安宁的生活才离您远去的。原谅我吧，母亲。"

回来的路上，庄周向庄严打听了几年来发生的事情，他才知道渔父已经作古，章老先生也西归了，学校里新来了一位先生。听说惠施已经在魏国当了大官。庄严说他该成个家了，庄周说：

"我穷得叮当响，拿什么来成家，而且我现在还不想受家室之累。兄长，我想到魏国去一趟。"

"庄周，你不能再到处晃荡了。都三十岁的人了，应该明白事理！回来才几天，又要到魏国去。"

"兄长，我的好朋友惠施在魏国，我想到他那儿去看看。我总是要回来的。"

庄严叹口气，不再说话。自己兄弟的脾性他过去是一清二楚的，想不到过了这几年，仍然是老样子，一点儿也不老成。

过了几天，兄嫂为他准备了一些干粮，庄周又上路了。在村口，他碰到了在蒙山学校一起读书的一位名叫苏玉的同村青年。他比庄周小十岁左右。苏玉一见庄周，揖首招呼："庄兄，你这几年漫游南蛮，学问必有精进吧？"

"哪里，只不过浪迹山川、阅历民情而已。"

"庄兄又欲何往？"

"我欲往大梁。"

"噢。听说你的好友惠施现在做了魏国的相爷，你去，也会捞个一官半职吧。"

"不，我与惠施政见不同，焉能骈立庙堂之上？何况我此生已绝意仕途。"

"庄兄操行固然高洁，但人欲以安身立命为本，庄兄总不能不食人间烟火吧。"

庄周默然不语。同学不同志，他与苏玉原本就没有多少共同语言。

这苏玉原是一个无赖之徒。他不喜稼穑，又无缘出仕，渐渐连私塾里学到的一点知识也荒废了，整日斗鸡走狗，无所事事，与一帮泼皮混混耍在一起。此番看到庄周欲投大梁，他突然灵机一动：当官发财的好机会来了！我何不如此如此。

于是苏玉抄小路日夜兼程赶到大梁，找到相府。他在相府门口对守门阍者说："我有要事当面禀告相爷。"阍者入禀惠施，惠施正在会见一位齐国的使者。公事谈毕，送走齐使，重新升堂召见来人。

阍者将苏玉领进相府，穿过长长的甬道，进入大堂。苏玉一看，惠施正坐在高案后边，两边是手持长戟的卫士。苏玉赶紧跪倒，叩头行礼。

惠施问道："来人何事？"

苏玉抬起头来，说："禀大人，有人图谋篡夺大人相位。"

惠施听声音有些熟悉，仔细一看，来人正是老同学苏玉。挥挥手说："故人相逢，何必多礼。"殷勤招招手让苏玉落座，令侍女奉茶。

寒暄过别后情景，惠施正色道："你怎么知道有人要来篡夺我的相位？那人是谁？"

苏玉说："大人，这是千真万确的事，那人就是庄周啊！"

惠施一听，十分吃惊，疑惑地说："庄周？他不是南下楚越之地了吗？怎会突然来到魏国？"

苏玉说："大人，庄周在楚越南蛮转悠了三年，已于前些日子回到了蒙邑。他声称在南蛮遇到了奇人，得到了奇书，要来游说梁王，代替您的相位。我可是亲耳听他说的。"

惠施自从在蒙邑与庄周分手之后，就再也没有得到他的消息。今天却突然听说庄周要来游说魏王，不免有些吃惊。庄周的性格他可是知道的。作为一个不仕王侯的人，又是自己从小一块儿长大的朋友，庄周决不会来坏自己的事儿，这一点他可以肯定。可是，庄周那个倔强的牛脾气，如果在言谈之间冲撞了魏王，弄不好就有杀身之祸。他想起了庄周对那押解盗贼的军官说的话，他也想起了庄周对来选拔人才的戴荡所说的话。不行！不行！如果让他直接去见魏王，我这个做朋友的可就太不够意思了。

但是，怎么才能阻止他呢？到路上拦住他吗？人多路杂，难以碰见。惠施十分焦急，但是一时想不出什么好办法。他只得先安顿了苏玉，退堂暗打主意。

次日一早，惠施上堂处理政事。门客送来让他过目的第一个文件就是一道通缉令，通缉一个作恶多端的江洋大盗。惠施突然灵机一动，大叫一声："有了！有了！"便吩咐手下人备好纸笔，口授：

"宋国蒙邑人庄周，年约三十，企图行刺相府，特通告缉拿归案。缉拿者赏银五十两。"并在通告上绘了庄周的画像，令人到大梁城内外到处张贴。

庄周一路优哉游哉，行到大梁城时，已是数日之后了。

大梁是魏国新建的都城，城墙高大宽阔，执戟士兵来往巡逻，城墙外的护城河有数丈之阔。熙熙攘攘的人群从城门出出进进，好不热闹。庄周走过吊桥，看见许多人围在城门旁边，正在看一份告示。他从人们身后望去，自己的尊容被绘成画像挂在那儿，还有相府的大印。他挤进去仔细读了文告，才弄清楚自己已成了相府捉拿的凶手。

趁周围的人还没有认出自己，庄周抽身离开城门，在城根僻背处找了个小旅店住下。躺在榻上，翻来覆去睡不着。

人的心难道都是黑的吗？人一当了官，就变得如此恶毒吗？我一向认为惠施是自己最为要好的朋友，可是，今天连最好的朋友都不信任我，要置我于死地而后快。惠施呀惠施，我算是瞎了眼，看错了人。我原以为你是一个善良的人，没想到你也是一个爱官不要良心的黑心肠！

再说，惠施也太小看人了，我庄周也不是那种向朋友伸手的人啊！看来，惠施这几年变化确实不小。"无耻者富"，一点也不假。没有黑心就当不了官，凡是当了官的，都是黑心。即使你本来不是黑心，一进官场也会被染黑的。近朱者赤，近墨者黑啊！

算了算了，还是回家去吧！人的影子没见，通缉令已经贴出来了，还找他何为。跟这样的人交往，不仅不能解除我的心头郁闷，恐怕连脑袋都保不住。

不！不！还是要见见他。我倒要看看惠施能把我怎么样！主意已定，庄周便呼呼地睡了。

第二天大清早，庄周出了旅店，来到城门前面。一个衣衫破烂、面黄肌瘦的小孩上前拖住庄周，口里叫道：

"行行好吧，先生，我娘已经两天没吃东西了，救救我娘吧！"

庄周摸了摸口袋，空空如也。一抬头看见那告示，便计上心来。他俯身对小孩说：

"跟我来吧，我给你五十两银子。"

那小孩以为庄周在骗他，便说：

"先生，我不要五十两银子，您只给我一顿饭钱就够了。"

"一顿饭钱没有，五十两银子倒是有。"

小孩不解地看着庄周。庄周也不说话，用手在自己脸上画了一圈，又指了指告示上的画像。小孩仔细一看，才知道面前这人便是告示上通缉的犯人。他虽然不识字，但他听别人念过，捉拿此人可得五十两银子。但是单纯善良的小孩摇了摇头，说：

"先生，这可不行。我害怕，我不要这钱。"说完，转身就要走。

庄周拉住他的手，蹲下身子，笑着说："不要害怕，这五十两银子，你不要，也让别人得了，或者就为相府节约下了。我反正要去相府的。"

那孩子更加迷惑了，他无法理解面前这位犯人所说的话，哪儿还有自投罗网的人呢？

"先生，你不怕他们杀了你吗？"

"不怕。他们真想杀我，我逃到哪儿，都是逃不掉的。"庄周说着，硬拉住小孩，进了城门，直奔相府而来。

将近相府门口时，庄周找了条绳子，用一端将自己的双手捆上，一端让小孩牵着，并教会了小孩对守门阍者说的话。

小孩牵着庄周，来到相府门口，对阍者说：

"我捉拿到了罪犯庄周，给我五十两银子。"

阍者和守门卫士们一看，觉得很滑稽，全都大笑起来，骂道：

"哪里来的大胆毛孩。还不滚开，小心挨揍！"

庄周上前说：

"他说的没错，我就是宋国蒙邑人庄周。"

两个卫士凑到跟前一看，又从怀里掏出庄周的画像一比，一个说：

"还真有点像。"

另一个说：

"怕是冒充的吧！就凭这小乞丐，能捉拿到一个大活人？"

庄周说：

"不信，就请你的相爷出来吧。"

阍者进去通报了。不一会儿，惠施从里面来到门口。

他一眼就认出了庄周。他的模样没什么变化，只是面庞比以前黑了，好像比以前老练成熟了一些。他高兴地老远叫道："庄兄，委屈了！"说着，过来亲自给庄周松了绑："请到里面详叙。"

庄周的脸上却没有一丝笑容，他指着那位小孩，对惠施说：

"可别忘了他的赏银。"

惠施赶紧命手下拿出五十两银子，交给那小孩。小孩热泪盈眶地看着庄周，却不知说什么好。庄周对他微笑了一下，便与惠施一起进了相府的大门。

惠施没有把庄周带入公堂，而是领他进了内室。一进门，惠施就说："庄兄，这可真是委屈你了，我……"

庄周打断惠施的话："宰相大人，你可别假仁假义了。三年不见，你我之间的差别已如天壤。你是万乘之国的宰相，而我却不过是一介草民。但是，你当你的宰相，我当我的草民，我一点也不羡慕你。我今天来，就是为了让你知道这一点，要杀要剐由你吧。不过，我要给你讲一个故事。在中国的南方，有一种鸟，其名为凤凰。凤凰从南海出发飞向北海，一路上非梧桐树不栖，非竹子的果实不食，非味如甘醴的泉水不饮，因为它怕别的东西玷污了它高洁的身体。有一天，一只鸱鸟得到了一只发臭的死耗子，正打算躲在僻静的地方啖食，突然一抬头看见了从南方飞来的凤凰。那鸱鸟惊慌失措，以为凤凰要来抢夺它的死耗子，便张牙舞爪地仰天而视，口里发出'吓！吓！'的声音。"

惠施听他说完，朗声大笑：

"庄周，你的口才又有长进了。不过，这只是一场小小的误会，我惠施也不是那种贪恋死耗子的鸱鸟啊！我们俩，谁还不知道谁吗？"于是他将事情的来由仔细对庄周讲了一遍。

庄周一听，气愤地说："苏玉这个小人，我何尝说过要来游说魏王！"

惠施说："罢了，罢了，过去的事不提了。你还是给我讲一讲漫游楚越的收获吧。"

前嫌既释，惠施命人摆上酒席，与庄周边饮边谈。惠施给庄周讲述了这几年来怎么苦心经营，终于博得了魏王的信任，前不久被任命为宰相。说到辛酸处，不免洒下眼泪，说到高兴处，不免眉飞色舞。庄周对惠施讲述了自己南游楚越的见闻，还有他自己寄身其中的感受，末了，说了他归来后遇到的不幸。惠施劝庄周对母亲的死不要太悲伤了，并希望庄周能够在魏国定居，共谋大事。

二

庄周在相府客居，一应起居饮食都有人照顾，倒也清闲自在。他白天或读读书，或者到后院赏花弄草。晚上与惠施以及众门客纵论列国风云，郁闷的心情也逐渐好转了。

这天晚上，惠施来到庄周的住所，说：

"魏王听说你住在我这儿，想见见你。"

庄周说：

"我不想去见他。"

惠施说："你就看在我的面子上去一趟吧。魏王在列国诸侯中，算是尊重人才的，他对搞各种学说的士人都能以礼待之。魏王看过你的文章，对你的学说有所了解，想结识结识你。这也是一个难得的机会啊！"

庄周说：

"我对于所有的君王不抱任何希望，更不想在魏国捞取一官半职。我看也就没有必要浪费时间了。"

惠施说：

"就算是宣传一次你的学说吧。理解你的那一套无为学说的人并不是很多。魏王既然表示感兴趣，你还是去一趟吧！而且，我已替你答应了，并约定在明天见面。你不去，我也不好交差啊！"

庄周磨不过惠施的再三请求，也为了惠施能交这个差，勉强答应了。

惠施说："我已经让下人给你定做了一套像样的衣服，进宫见魏王可不能穿着你这补丁摞补丁的粗布衣服，还有你那破烂不堪的麻履，也该扔了。我跟你说过多少次了，我再没本事，也不能让朋友穿得如此狼狈，你总是不听，这一次，就彻底换一下吧。"

庄周一听就火了："既然如此，我就不去了。为什么去见魏王就非得穿上新衣服呢？魏王不也是人吗？难道我贫穷的庄周就矮他一等吗？我决不穿你那些绫罗绸缎，打扮得像一个被人耍弄的猴子一样去讨魏王的欢心！"

惠施赶忙让步："好吧，好吧，不换就不换。不过，我可要嘱咐你几句。魏王的为人，表面上彬彬有礼，温文尔雅，但是，一旦发起火来，可是残暴如虎狼。我在他身边干了这几年，把他摸得很透。说话要顺其心意，可不能逆其志气啊！"

第二天，惠施与庄周乘坐相府的马车，在约定的时间来到王宫的大门前。一下车，惠施才发现庄周的麻履破得实在不像样子，履帮与履底都快分家了，只有中间连着一点，前后张着两个大口子。走起路来，履底拖在地上"哧、哧"作响。惠施赶紧让下人找来一束麻，当场搓了一根细麻绳，想让人把他的履帮与履底缝起来。

可是，时间来不及了。宫里的卫士已经传出了宣庄周进宫的令箭。惠施急中生智，就用麻绳将履帮、履底与庄周的脚一股脑儿捆在了一起。这样虽然有些不雅观，但是总不至于走路时让履底像簸箕一样扇着。惠施深知，在君王面前衣帽不整，是有犯尊严的。庄周开始拒绝惠施这样做，但是，看到惠施惶急的样子，只好任其摆布。

惠施和庄周在中侍的陪同下，来到魏王的大殿上。魏王端坐在雕龙刻凤的高案后，两旁肃立着内侍和卫士。惠施跪下，叩头行臣子礼，然后退坐到魏王右首的座位上。庄周立在当庭，打量着这金碧辉煌的宫殿中的陈设。

宦官喝道："大胆村夫，竟敢无礼！"

惠施对庄周示意向魏王行礼，庄周还是站着，答了一句："我非王之臣民，何必行礼！"

魏王微笑着说话了："免礼。先生高义，果然名不虚传啊！庄周先生，我老眼昏花，你走近一点，让我看看你的尊容。"

庄周站着没动，反而说：

"大王，我看还是您走下宝座，到我跟前来吧。"

魏王心想，这庄周也太倨傲了，我免你行礼，就算是大慈大仁了，你连几步路都不想走，也太过分了吧。于是，板起了面孔，严肃地说：

"庄先生，就看在年龄的老幼上，你也该往前走几步吧！"

惠施在旁边替庄周捏了一把汗。

庄周却一点儿也不害怕，不慌不忙地说：

"大王，您不是要礼贤下士吗？您今天召见我，不就是为了让天下之人都知道您的爱士之名吗？您走下宝座，到我跟前来，最能说明您是爱士的。而我到您跟前去，却只能给我背上一个巴结权势的名声。您难道想放弃这样一个博得礼贤下士之名的好机会吗？"

魏王一听，暗暗称好。这庄周还真有两下子，不仅生性高傲，而且能言善辩。他立刻转怒为喜，撩起龙袍，离开宝座，来到庄周跟前。他绕着庄周转了一圈，看见庄周穿的粗布衣服上补了好几个补丁，尤其是庄周那用麻绳捆住的履，他可是从来没有见过。魏王马上显现出一副关心的样子，拍着庄周的肩膀，说：

"先生，像您这样的才智之士，怎么弄得如此疲惫呢？"

庄周回答说："大王，我这是贫穷，而不能说是疲惫。作为一个士，没有一定的理想去追求，没有一个精神支柱，才能说是疲惫。像我这样衣服破烂，只能说是贫穷，因为我有自己的精神支柱，我有自己的人生追求。"

魏王又问道："那么，您既然有自己的精神支柱，又为什么搞得如此贫穷呢？"

庄子回答说："我的贫穷不是我自己造成的，而是这个战乱时代造成的。大王难道没有见过那跳来腾去的猿猴吗？当它们在柟、梓、豫、章这样树枝光滑的树林中时，揽枝而跃，得心应手，它们在里面自得其乐，玩得多么快活啊！它们身手敏捷，动作迅速，即使是善射的神羿，也无法射中。等到碰见柘、棘、枳、枸等长满荆棘的树木时，它们小心翼翼地行走，两眼不停地观察着周围的枝条，每动一下都心惊肉跳。这并不是因为它们的筋骨没有以前柔软灵活，而是周围的环境不利于它们行动。我们所生活的这个时代，君王都是那样昏庸，宰相都是那样残暴，远甚于猿猴们所碰见的荆棘。人们都失掉了自己的生活支柱，疲惫不堪。像我这样能在贫穷中追求精神理想的人实在是太少了。"

魏王一听，心中不悦。他回到自己的宝座上，一言不发。整座大殿静悄悄的，没有一点动静，好像连空气都凝固了。庄周也不说话，站在那儿独自体验这大殿中的寂静。惠施看看这个，看看那个，终究没有开口。过了一会儿，还是魏王先开口：

"先生，我虽然是你所说的那种昏庸的君主，但是，您还是离不开我啊！您在山林村野居住着，整天吃的是茅栗、葱菲，今天到我这儿来，还不就是想尝尝我的酒肉之味吗？"

庄周回答说："大王，我本来就是出身贫贱之家的人，也并不想一食您的酒肉。我到这儿来，是应我的朋友惠施的要求，来慰劳您的。"

魏王放声狂笑，笑得连眼泪都出来了，他带着嘲讽的口吻说：

"先生，我作为一个万乘之主，还需要您来慰劳吗？您用什么来慰劳我呢！"

庄周听着魏王得意忘形的笑声，自己不禁也笑了起来。他嘲笑这个愚蠢的家伙，自以为身为万乘之主，就拥有了人间的一切幸福。他说：

"大王，我来慰劳您的身体，也来慰劳您的精神。"

魏王自得地说："先生，我身体健康，精神愉快，何必用您慰劳呢？"

庄周说："大王如果一味地去满足自己的各种欲望与嗜好，凭着自己的好恶之情去纵情声色，就会损害您的自然的性命，这就会得病；如果禁止自己的欲望，堵塞自己的好恶之情，那么，您的耳目就得不到满足，也会得病。我就是特地来给您治这两种病的。"

魏王一听，这话可真是说到自己的痛处了。生于深宫之中，长于妇人之手的魏王，从来就没有感觉到什么东西他得不到。美女、酒肉、狗马他可以尽情地享受。可是，这些东西玩多了，也觉得浑身无力，精神抑郁。但是，离开这些东西，又觉得六神无主，无所适从。

但是专横傲慢的魏王，不愿自己内心深处的苦闷让别人知道。这狂妄的庄周却一语点破他的隐痛，不免有些愠怒。但是，他又想听听，庄周究竟用什么方法来治疗他与生俱来的不治之症。

庄周继续说："大王，您既然很熟悉狗马之事，我就给您讲一讲我相狗马的标准吧。下等的狗，吃饱了只知道睡觉；中等的狗，机灵警觉，见日而吠；上等的狗，表面上看起来就像丧失了魂魄，无所事事。我相马也是如此。走起路来，直者中绳，曲者中钩，方者中矩，圆者中规的马，虽然难得，只能是国马。国马不如天下马。天下马凭借着它天然的材质，不用矫饰，不用训练，平时看起来就像丢了魂儿一样没精打采，但是，一旦跑起来，奔逸绝尘，不知其所。"

魏王听后，失望地说："庄周，狗马之事，果真如您所说，真正上等的狗马表面上看起来都没精打采，但是，这与我有什么关系呢？"

庄周说："大王，您还不明白吗？您如果能够保养自己的天然本性，消除内心的邪恶欲望，一切顺其自然，就能够像天下马那样。您的病就会根治。"

魏王面露喜色说："先生，您的养生之道还真有道理，我愿一试。我打算聘请您为我的内廷顾问，专门负责我的养生事务，怎么样？"

庄周摇了摇头，说："大王，我可不想跟您在一起，染上这种消耗生命的病症。我要回到山野去，过那无拘无束的生活。告辞了。"

言毕转身就走。魏王的一脸喜色当下凝固了。惠施小心翼翼地叩道："臣子告罪。"魏王摆摆袍袖："罢了，罢了。"惠施急忙退出来。

坐车回相府的路上，两人先都不说话，后来庄周说：

"原来这些王侯们也是这般愚蠢，让我三言两语就逗得手舞足蹈起来了。"

惠施叹口气："庄周，别怪我直言，你也过于恃才傲物了。我平时与他交谈，不是诗书礼乐，就是金板、六弢，而且我为魏国立的功也不少了，尚且不敢轻易顶撞于他，你竟然当堂让他下不来台。"转过话题又说："你刚才的譬喻还没说完，我愿意继续听一听。"

"你难道没有见过流落他乡的难民吗？离开自己的故乡故国数天之后，在路上偶尔碰见一个老熟人，他该多么高兴啊！离开故乡故国数月之后，能够见到一个曾经在家乡见过面而不认识的人，他也会高兴。等到他背井离乡数年之后，居住在深山老林之中，他只要老远看到一个有点人形的影子，也会高兴得手舞足蹈。为什么呢？还不是因为他离开人时间越长，就越想念人吗？还有那为了逃避兵役而躲藏在荒无人烟的丛林中的人，整天在藜藿之间与鼪鼬为伍，一听到人的脚步声，他就会高兴得跑过去，更何况听到亲戚朋友在他的旁边咳嗽呢？

"魏王离开真人的生活时间太长了，他今天听我讲了什么才是真人的生活，就像离乡背井的难民碰到了过去的朋友，他能不高兴吗？但他虽由衷地高兴，他又怎能抛弃既得的糜乐，转而追求真人的生活呢？"

三

庄周廷对魏王之后，心中总有一种说不出来的快感。我庄周虽然是一介布衣，但是，也可以在大殿上戏弄他万乘之主。他魏王拥有百万之兵，万乘之车，也奈何不得我。这是为什么呢？还不是因为我掴到了他的痛处。我所讲述的那种任其自然之情的生活，魏王虽然做不到，但是，还是心向往之的。这件事，加深了庄周对自己所追求的理想的信心，同时也使他相信，他的道是可以向别人传播的。

再说魏王自从见过庄周之后，总是想念着那个穿着破烂，但是逍遥自得的怪人。在物质生活上，我确实是应有尽有，但是在精神上，总有一种莫名其妙的空虚感在缠绕着。从来也没有哪个大臣或学者能够将我的这种空虚感说出来。他对庄周真是又恨又爱。他决定再一次请庄周来，让庄周详细地讲一讲养生的哲学。

不久，庄周又受到了魏王的邀请。这一次，魏王没有将他请到大殿上，而是请庄周直接来到后宫。

庄周来到后宫。这儿，溪水潺潺，鸟语花香，廊腰曼回，屋檐交错，十分优美。这儿的空气中充满了一股刺鼻的香水味，这是从那些漂亮的宫女们身上发出的。宫女们三三两两地进进出出，她们看到内侍带着这个穿着粗布衣服而又相貌丑陋的人进来，都驻足观望，交头接耳地议论着。庄周心想，君主的后宫可真是女人的世界啊！他不禁想起了从宋国到楚国去的路上看见的那些骷髅，还有从宋国到魏国来时路上看见的那些逃荒的农夫。君主的后宫与天下真是两个世界。贫者愈贫，富者愈富。贫者因贫而痛苦，富者因富而痛苦。若天下之人无贫无富，无贵无贱，无忧无虑，就像那些南蛮们，过着一种与世无争的生活，该多好啊！

他穿过了一道门又一道门，翻过了好几座假山，渡过了好几条小溪，才来到魏王的住所。魏王早就站在门口等待着他，一见庄周到来，便热情地牵着庄周的手，来到内室。

二人分宾主坐定，魏王迫不及待地说：

"先生，您今天给我好好讲一讲养生的哲学。"

庄周说："这养生的学说没什么好讲的，关键在于身体力行。您只要能够将荣华富贵、土地、人民统统抛弃，就可以得到精神愉快。"

"可是，我的这些荣华富贵、土地、人民是先君遗留给我的，我怎么能抛弃呢？"

"天地生出的人都是平等的，不能因为一个人站在山顶就说他高贵，也不能因为一个人站在谷底就说他下贱。您作为一个万乘之主，住在风景秀丽、美女无数的后宫之中，就像站在山顶的人。但是，您也不过是一个人。那些流离失所、忍饥挨饿的百姓，也是人。为了您的耳目之欲，就强迫百姓到异国他乡去打仗，这不仅是苦了百姓，也是苦了您自己。"

"先生，战争确实是苦了我自己，但是，十几年前齐国把我打得也太惨了，我怎么也忘不了这个教训。现在，我只想着要报仇。大臣们有的建议我派人暗杀田侯，有的主张竭魏之民皆编于军，与齐决一死战，而您的朋友惠施则主张爱民罢兵。我真不知道怎么才好。"

"大王，您见过蜗牛吗？"

"见过。"

"刚才我在您的花园中，看见有一个蜗牛，在它的左角上，有一个国家，名叫触氏，在它的右角上，也有一个国家，名叫蛮氏。触氏与蛮氏为了争夺一块土地，发生了旷日持久的战争。有一天，他们约好做最后的决战。这一次，触氏大获全胜，他们杀死了数以万计的敌人，并且追入蛮氏的国境，整整走了十五天才开始撤退。"

魏王听了庄周的这个故事，觉得很可笑，他将信将疑地说："先生，您是在骗我吧。那小小的蜗牛角，哪儿有什么国家啊！更何况还能伏尸数万、追逐旬有五日。再说，那么一点土地，还值得去争夺吗？"

"大王，我可以给您确证，这完全是事实。我先问你几个问题：你认为四方上下是有穷的，还是无穷的？"

"无穷。"

"如果让你的精神在这无穷之中漫游，然后回过头来看一看我们常人所说的天下，是不是就觉得若有若无了？"

"是这样。"

"无穷之中有天下，天下之中有魏国，魏国之中有大梁，大梁之中有你，这样层层相映，大王与那蜗牛之角的蛮触之国还有区别吗？"

"没有。"

"既然没有区别，那么魏国与齐国的战争还值得吗？"

"不值得。"

魏王在不知不觉之中上了庄周的圈套。他想,我如果真能够做到游心于无穷也就好了。问题是,我是一个人,一个有七情六欲的人,而且是一个有特殊权力的人,我怎么能够游心于无穷呢?我不可能像对待蜗牛之角的蛮国那样来对待齐国。但是,他又不得不承认庄周说的这些很有道理。如果将魏国与齐国放在无穷的宇宙之中,确实就像把一粒米放在大海中那样渺小。而我,也就只不过是拥有一粒米的一个可怜的小虫。这么一想,他又觉得若有所失,怏怏不乐。

庄周微笑地看着魏王陷入了沉思。这些专横自负的君主们,总以为他们拥有的土地越多越好,拥有的人民越多越好。今天,我也让你知道一下,你所拥有的这些土地人民,在无穷的宇宙中,只不过是微不足道的。

魏王又说:"先生,这么一比,魏国与齐国的战争确实是不值得的。但是,我们魏国不去打他,他也会来打我。因此,我现在已接受您的朋友惠施的意见:爱护百姓,不发动进攻性的战争,只保留维护自己的和平部队,如何?"

庄周说:"这也不行。爱民,是害民的开始。为什么呢?百姓们本来过着男耕女织的安宁的日子,没有必要让君主去爱他们,君主对百姓的爱往往只是在'仁'的名义之下搜刮他们的财富,扰乱他们的生活。所谓的和平部队,也只不过是战争的另一种形式。您如果要这样做的话,根本无法达到养生的目的。"

"那怎么办?"

"您首先要忘记你是一个万乘之主,只记住您也是一个普普通通的人。忘掉您的那些士兵,忘掉您的那些战车,忘掉您的宫殿,忘掉您的金银。不要想着以巧胜人,不要想着以谋胜人,不要想着以战胜人。杀了别国的人民,吞并别国的土地,来满足您的欲望,这才是战争的实质。现在诸国之间的战争,没有善恶之分,没有正义与非正义之分。大王,您若要养生,就必须放弃战争,保养您胸中的自然之气,从而与天地之气相合,保持宁静而无欲的境界，不要让任何东西来打扰。这样，才可以养生。"

送走庄周之后，魏王总觉得好像失掉了什么似的。山珍海味，他不想吃；轻歌曼舞，他不想听；月貌花容的妃子，他不想见。他忘不了庄周，忘不了庄周给他讲的那个故事。但是，他又无法像庄周所说的那样保养自己胸中的自然之气，因为他割舍不了荣誉、地位的束缚。

这天，魏王在退朝时让惠施留下。他对惠施说："你的那位朋友庄周可真是一位大人物。他对人生的体验，可不是一般人所能达到的。人们所说的'圣人'，像尧、舜、孔、墨之类，根本无法与他相比。"

惠施说："人们去吹管箫，还会发出'嚆、嚆'的声音，而去吹剑柄上的圆环，却除了自己出气的声音，什么也听不到。人们所称道的尧舜，到了庄周的学说面前，就像是对着剑柄上的圆环吹气，一点声音也没有了。"

魏王感慨地说："可惜的是，庄先生的学说很难做到，就像挂在天上的太阳，可望而不可即。庄周先生的为人，又是那样高傲，我想聘请他在魏国就任，可是他不愿意。这盒黄金请你转交给他，以表示我对他的钦佩之情。"

惠施笑了一下，说："大王，您这可就想错了，庄周从来都不接受不义之财。"

魏王说："这我知道，所以我没有当面交给他。"

惠施说："我看就免了吧，我去转交，他也不会接受的。"

魏王只好作罢。

转眼之间，庄周已在惠施的相府住了三个月了。这天，庄周对惠施说："我要走了。"

"住得好好的，为什么要走了？"

"这儿不是我的久留之地，我还要去漫游。"

"到哪儿去？"

"走着看吧。人生在世，本来就像一棵断了根的蓬草，随风飘荡，何必久居一地呢？"

"你真要去漫游，还是稍微等上几天。魏国正好有个使团，要到鲁国、赵国去办理外交事务，我给你弄个座位。"

"如此，就多谢了。"

四

鲁国是周朝开国大臣周公旦的封地。周礼就是由周公制定的，因此，鲁国在所有的诸侯国之中，是保存周礼最为完好的国家，所谓"周礼尽在鲁矣"。被天下之人尊为圣人的孔子就是鲁国人。而庄周最反感的就是由周公制定、由孔子维护的那套虚伪的周礼。一到鲁国境内，就可以看到，洙泗河畔人们的衣食住行都按照礼仪的规范，但是，人们的精神面貌却死气沉沉，毫无奋发向上的意气。

庄周随着魏国使团的车队，一路朝东行来。这天，他们来到鲁国的首都曲阜。

自从魏王两次召见庄周，庄周讲了机趣横生、思想深刻的故事之后，庄周的名声就越传越大了。他那任其自然、虚静无为、无功无名的学说也逐渐被人们知道了。鲁侯听说魏国的使团中还有这么一位提倡养生的入学者，就非常急切地想见到他。

庄周与魏国的使团一起下榻于鲁国的宾馆中。次日一早，鲁侯就亲自到宾馆中看望庄周。鲁侯兴奋地对庄周说：

"先生，我早就仰慕您的大名，您能到鲁国来，可真是我们鲁国人民的福气啊！"

"大王，言重了。我到鲁国来，只不过是漫游而已。"

"先生，您的学说实在太高妙了。寡人以前只是道听途说，今日得见先生，望先生不吝赐教。"

"我倒要问问大王，您需要我讲些什么？"

鲁侯面带忧色说道：

"先生，我从小就在宫廷里学会了仁义礼智的圣人之道，后来继承了先君遗业，我更是敬奉鬼神，尊重贤能，许多国事都亲自过问，从来都没有三心二意过，但是，我的内心总是有一种莫名的烦恼，我确实不知怎么才能消除这种烦恼。"

庄周笑道：

"大王，您消除忧患的手段根本就是错误的，甚至完全相反。一个人要追求的目标在东边，却朝着西边奔跑，他跑得越远，离目标也就越远。"

鲁侯不解地问道：

"先生，作为一个国君，祭祀祖先，爱护百姓，修仁义之道，重贤能之才是天经地义的，怎么能说是错误的呢？"

"您不是要消除忧患与烦恼吗？您知道您的烦恼是从哪里来的吗？您的烦恼就来源于您所拥有的鲁国。大王，您难道没有见过美丽的狐狸与纹彩的豹子吗？它们居住于深山野林之中，躲藏在岩洞穴窟之内，不能说不爱静；它们昼伏夜出，不能说不小心谨慎；它们虽然迫于饥渴，但是还是要到远离人烟的江湖之滨去求食，不能说不保险。但是，它们还是无法逃避猎人的网罗机辟。为什么呢？就是因为它们身上的皮毛太美丽了，招来了杀身之祸。

"大王，鲁国就是您招来忧患的皮毛啊！周围的邻国，手下的家臣，都在图谋这块地方。您把鲁国治理得再好，也无法摆脱他们对鲁国的欲望，您如果能够脱掉这层皮毛，用自然之灵气洗清您心中的私欲，而游心于无人之野，那些忧患与烦恼就会消除。"

"那么，先生，怎么才能做到游心于无人之野呢？"

"我来鲁国之前，曾经去过南方的越国。越国有一个地方，名为建德。那个地方的百姓朴实而忠厚，少私而寡欲。他们知道劳作，却不知道储藏；知道施予，而不知道求得别人的报答。他们不知道什么是道德，不知道什么才合乎礼仪，随心所欲，率性而行，在我们中原人看来，好像是粗蛮之民。他们喜欢活着，却也不害怕死亡，他们的葬礼上有歌有舞，不像我们中原人那么繁琐虚伪。人们互相团结，互相友爱，就像一群鱼在江湖中游玩，互不干涉，互不冲突。大王，如果到了那里，您的忧患就会完全消除。"

"可是，越国那么遥远而且道路艰难，不知要翻过多少江山啊！我如果抛弃了鲁国，就不会有人为我提供舟车之便了，我怎么才能到达建德呢？"

"您丢掉做君王时傲慢的架子，自食其力，就自然会得到舟车。"

"遥远的道路上荒无人烟，我在这宫女宦官无数的宫殿里生活惯了，无人陪伴，我难挨旅途的寂寞，况且，我从哪儿获得口粮呢？"

"减少费用，去掉过分的欲望，即使没有储备的口粮也不怕。大王，您想一想，当您放下鲁国这副沉重的担子，轻松地乘上一叶扁舟，独自一人涉于江而浮于海，面对浩瀚无际的大自然，心情是多么的畅快啊！您再回头看看到岸边来送行的人们，都陆陆续续地回去了。您看到那些回到世网之中的可怜的人们，心中会泛起一股自豪的情绪。您一天一天地远离庸俗的人间，您的心情也会一天比一天快活，您就像那天上的神仙一样，为所欲为，毫无拘束。"

庄周在为鲁侯描绘这幅动人的蓝图的时候，他自己也好像又回到了楚越之地，与蛮民们一起载歌载舞。他说得眉飞色舞，得意忘形，似乎那神仙般的生活就在眼前，唾手可得。

浅薄而自私的鲁侯，从来没有听说过天下还有如此奇妙的地方。他尽量展开自己想象的翅膀，但是，总是想象不出建德究竟是个什么样子。他觉得庄周所讲的这些，就像是在天窗上挂了一篮子牛肉，只能闻到香喷喷的味道，而无法吃到口里。庄周讲的其中一点是完全正确的，他的忧患确实是因为鲁国而得的。但是，让他放弃鲁国而去那虚无缥缈的建德是绝对不可能的。因为他无法想象：离开鲁国他将怎么生活。于是，鲁侯对庄周说：

"先生，您讲的这些，确实很美妙。但是，我们鲁国是礼仪之邦，孔子曾经说过'鸟兽不可与同群',我宁肯住在鲁国,也不愿到野蛮的越国去。"

"大王,您如果要继续穿上鲁国这块招徕灾祸的皮衣,我也没有办法。不过,您既然说到了孔子,我就再给您讲一个孔子的故事。"

"什么故事?"

"孔子是大家公认的圣人,但是孔子并不是一个完全拘泥于礼仪的人,他的思想到了晚年也有巨大的变化。当年孔子周游列国到了陈蔡之间,被一群反对他的人包围住了,整整七天七夜没有开火做饭,可怜的孔子与他的学生们只啃了一点又干又冷的干粮度日。

"当地有一个贤者,名叫大公任,他看孔子实在太可怜了,就去慰问孔子。他对面目枯槁、行将就木的孔子说:'你快要死了吧?'孔子躺在床上,有气无力地说:'看样子是快要死了。'大公任又说:'你害怕死吗?'孔子点了点头,说:'当然害怕死。'大公任说:'你既然害怕死亡,为什么还要偏偏往死路上跑呢?我来告诉你绝处逢生、化凶为吉的方法吧!'

"'东海之上,有一种鸟,其名为意怠。这种鸟看起来行动迟缓,好像没什么能耐,群飞群栖,从不单独行动。前进的时候没有哪一个跑在最前而引人注目。吃东西时,从来不互相争抢,连一点残渣都要平均分配。因此,它们的行列从来不乱。外人也无法侵害它们。合乎规矩,能派用场的木头,最先被人砍伐;井里的水如果味道甜美,汲水的人就会越来越多,这口井也就最先干枯。'

"'孔丘啊孔丘,你的所作所为,破坏了老百姓的单纯而朴实的品性,让他们去追求像日月那样遥远的仁义礼智。你这样做,无非是为了讨得君王的宠幸,追求功名。你若能像那意怠之鸟一样,抛弃自我意识,和光同尘,与众为一,就会从这绝境中求得一条生路。'

"孔子一听,十分高兴,他枯槁的面颊突然红润起来,呆滞的目光也灵活了一些,口中大叫:'善哉!善哉!'他辞退了所有的弟子与朋友,逃到一片大泽之中以钓鱼为生。他穿着粗布衣服,吃着橡实栗子。他与鸟兽生活在一起,鸟兽对他也很亲切,从来不发生冲突。"

鲁侯听完，疑惑地问道："先生，您这是在胡编乱造吧！我们鲁国所有的儒士都是孔门弟子，他们收集了孔子的所有言行。关于孔子的生平，我是非常熟悉的，从来没有听谁说过孔子有这么一段逸事。"

庄周不禁笑起来："大王，世上之人本无所谓有，也无所谓无；世上之事，本无所谓真，也无所谓假，无中生有，假便是真。您难道能断定鲁国儒生们口口相传的那些孔子言论都是真的吗？"

"先生，如此说来，您承认是以假乱真喽？"

"大王，孔子既然是您心中的圣人，我也就寄托于孔子之言行，这样，您才能相信。言归正传。您要消除心中的忧患与烦恼，唯一彻底的办法就是抛弃您的这张招人眼红的皮毛。"

鲁侯怀着矛盾的心情，郁郁寡欢地离开了馆舍，临走时，他对庄周说："我还会来与您长谈的。"

过了几天，鲁侯又来了。这一次，他想一开始就先声夺人，在气势上压住庄周：

"先生，我们鲁国的读书人皆以儒者为业，没有一个人愿意学习您的那一套。"

庄子沉着地说：

"鲁国之士没有人相信我的这套学说是事实，但是，鲁国也没有几个真正的儒者。"

鲁侯得意地说：

"先生，我们鲁国所有的士人都穿着儒服，怎么能说没有几个真正的儒士呢？"

庄周说："不错，我一路确实看到了很多身着儒服的儒士，尤其是在曲阜城里，大街小巷都充满了圜冠句屦的儒士。我听说，儒士们头戴圆形的圜冠象征他们通晓天象，足履方形的句屦象征他们通晓地理，身上佩着玉玦象征他们具有事至而断的能力。但是，一个人如果真正得到了某种本领，并不见得就穿着某种独特的衣服；而一个人即使穿着某种独特的衣服，并不见得就具备某种本领。衣服是外在于人本身的装饰，并不能说明人的内在。鲁国的儒士们虽然都穿着儒服，并不见得都通晓天象地理，具备事至而断的能力。大王若不相信，何妨一试？"

鲁侯说："我们鲁国有这么多儒士，怎么才能让您相信他们都是具有真才实学的儒士呢？"

庄周说："大王若真想试一试，我倒有一妙计。"

"何计？"

"在鲁国发布号令，凡是身着儒服而不知儒道的人，处以死刑。"

鲁侯胸有成竹地说："这很简单。你就等着看吧。"

第二天上午，庄周在曲阜城中漫步，他果然看到了许多士兵在张贴鲁侯的公告。那些身着儒服的儒士们纷纷议论，奔走相告，十分慌张。一个儒士说：

"这是谁出的鬼主意，专门整我们读书人。"

另一个儒士说："赶紧回家换衣服吧，别在这儿等死了。"

庄周看着这些满面愁容、如丧考妣的儒士们，心中觉得十分好笑。等到下午时分，曲阜城中已经看不到一个身着儒服的人了。

一天，两天，三天，四天。庄周一直没有见到鲁侯的影子。

第五天中午，庄周正在午睡，突然被人推醒了。原来是一个宦官来见他，说鲁侯有请。

庄周乘宫驾来到鲁侯的宫中。

五天前那得意忘形的神态丧失殆尽，鲁侯离座趋前，懊丧地对庄周说：

"先生，诚如您所言，鲁国没有几个真正的儒士。告示一下，整个鲁国的儒士们都脱掉了以前的儒服，换上了百姓之衣。我直到今天才知道，那些儒士们大多数都是有其服而无其道啊！先生，这是为什么呢？"

庄周缓缓坐在宦官们为他准备好的席位上，微笑着对鲁侯说：

"儒者所谓道，无非仁义礼智之类。这些东西都是乃祖周公制定出来而强行加到百姓头上的。它并不是出自人的本性，而是违背了人的本性。

因此，用儒者之道治国，其国必亡；用儒者之道修身，其身必衰。但是，孔子之后的儒士们却将这套东西奉为圭臬，那完全是为了讨人主的欢心，以捞取功名富贵。其实，他们也都是满口仁义道德，满肚子男盗女娼。"

鲁侯进一步问道：

"先生，那么，用什么治国修身才是正道呢？"

庄周说："我们第一次见面的时候，我已经对您说过了。无为而治国，其国必治；无为而修身，其身必修。"

"那么，什么才是无为呢？"

"对于君主来说，无为就是消灭自己的过分欲望，保持自己的天然本性，同时也让老百姓按他们的本性生活，不要去打扰他们。养生是修身与治国的根本。所谓养生，就是每个人都意识到生命的价值是无上的，不要让外物的诱惑破坏了生命的正常运转。物应该由人来主宰，而不是让物来主宰人，这就是物物而不物于物。如果让物主宰了人，人就会得病，身上会长出各种各样的痛疚，就适得其反了。"

鲁侯听了庄周的这番话，又不服气地问道：

"先生，依您之见，养生可以不凭外物。但是，没有外物，也无法养生啊！我虽然有各种各样的忧愁，但是也有凌驾于万人之上的优越感。这种优越感，难道不能养生吗？"

庄周说："大王，如果您面前摆了一卷书简，书简的封面上写着：'用左手掀开，就会失掉左臂，用右手掀开，就会失掉右臂。但是，掀开它，就会得天下。'你会掀开它吗？"

"不会。"

"为什么呢？"

"失掉一只臂，虽然得了天下，又有什么用呢？"

"失掉一只臂而得天下尚且不为，还会因为一个小小的鲁国而损害自己的生命吗？"

鲁侯不说话了。

但是，鲁侯并没有完全接受庄周的观点。他虽然觉得庄周的学说很精辟，很透彻，从根本上解决了人生的忧患，但是，哪一个人又能做到呢！鲁侯请庄周在宫中与他一同进餐，庄周谢绝了。

五

魏国的使团办完了与鲁国的外交事务又要到赵国去了。庄周也就与使团一起来到三晋之一的赵国。

赵国的首都邯郸是当时非常有名的大都市。当年魏国曾经一度占领过邯郸，后来又归还了赵国。眼下魏国与赵国的关系时好时坏，有时结成统一战线，有时又刀兵相见。魏国使团这一次出访的真正目的地是赵国，而不是鲁国，因为鲁国只不过是齐国的一个附庸而已。魏国企图说服赵国，与他结成同盟，向西对付秦国，向东对付齐国。

这时的赵国，在位的是赵文王。赵文王颇有些雄心壮志，力图在诸国纷争的混乱局面中逐渐扩大自己的地盘。赵文王看到，凡是崇尚礼让的国家，都逐渐衰亡了，如鲁国等，而崇尚武力的国家则轮流称霸，如魏国、齐国、秦国。因此，赵文王认为，要想在群雄交战的状况下保住自己的国运，并且有所发展，就必须用武力来征服其他国家。

所以，赵文王在几年之前就开始喜欢剑术了。他召集了天下的很多剑士在宫中表演击剑，并且号令全国的百姓都必须学习剑术。赵国的大小官吏，从宫廷到地方都由剑士充当，赵文王选拔人才的唯一标准就是剑术。这样，几年下来，赵国上上下下的人都将击剑作为升官发财的手段，苦学不辍。全国的老百姓，有很多人都丢弃了自己的本职工作，农夫不种田，工人不做工，大家都来学剑术。赵国的国力反倒一天天下降了。

剑士们各自携带所谓的宝剑，从全国各地赶赴邯郸，企图在赵王面前一展风采。他们住在邯郸城里，每天一大早就来到王宫前面，互相拥挤在一起，等待赵王的挑选。赵王从各地赶来的剑士中挑出三千多人，供以食宿，日夜轮流在他面前表演击剑。为了能够考验出剑士的水平，赵文王让他们真刀实枪地比试，而不是娱乐性地表演。所以，当场被对手刺死而从宫中拖出去的剑士已有数百人了。但是，剑士们为了能够得到赵王的赏识，还是乐此不疲。

太子悝对此深感不安。他想：文王肯定是老糊涂了，整天喜欢这些蓬头垢面的剑士，而置朝政社稷于脑后，这样下去，赵国不就快要灭亡了吗？等到我继位的时候，赵国是否存在都是一个问题。但是，他心里虽然着急，却又不敢当着赵王的面公开表示反对，为了保持好不容易在众多的兄弟之中争来的太子之位，他还不得不在赵王面前夸奖剑士们的剑术天下无敌。

这天，太子带着众门客在郊外打猎游玩，他看见农田无人耕种，很多土地都荒芜了，而道路上却到处是匆匆赶路的剑士。他忧心忡忡地对门客们说："现在文王一味喜欢剑士，使我赵国农田日荒，剑士日增。你们谁能用委婉的方法说服我王憎恶剑士，但是又不让他动怒，我愿赐之千金。"

众门客一听，面面相觑，没有一个敢接受这个任务。

太子悝看着这群无言相对的门客，不禁怒火中烧，大骂道："养兵千日，用兵一时。你们拿我俸禄，吃我鱼肉，却不能替我办事，都是饭桶！"

这时，有一个门客对太子悝说："太子，听说最近来到邯郸的魏国使团中，有一个名叫庄周的人。此人博学广闻，论辩无双，可称当今天下才士之首。他与梁王、鲁侯交游，谈笑风生，毫不畏惧，机锋百出，自言自扫，能中王侯之意而不失自己的尊严，真是一位了不起的人物。也许，他有本事能够说服我王，不再亲近剑士。"

太子悝一听大喜："可真有这样的人吗？他现在何处？"

那门客说："他就与魏国的使团一起住在馆舍中。"

太子悝急不可待，一拍马鞭，那乌龙马四蹄腾空，向城中飞奔而去。众门客急忙尾随而来。马队进入邯郸城，冲到馆舍门前，太子悝让一位门客带了千金之礼，进去向庄周致意。

那门客找到庄周的住处，说明来意，并将千金之礼纳献于前。庄周微笑了一下，说："我庄周无意于千金之礼，但是，如果能够制止大王的好剑之习，却也能为赵国的百姓做一点好事。我这就去见你们太子。"

庄周让那门客将千金聘礼带上，来到门外。趁着门客进去聘请庄周的当儿，推荐庄周的门客已将他的为人与学说大致向太子介绍了一番，并一再叮嘱太子悝，庄周生性倔强，在王侯面前，从来不施礼。此时，太子一心想除掉赵王的恶习，延续赵国的祚运，哪会计较礼节。一见庄周出来，又见门客的礼袋依然沉甸甸的，太子便觉得不妙，赶紧上前，主动施礼。庄周抢先说："太子有什么事情要教训于我，先赐我千金？"

太子面色沉重地说："我听说您是一位聪明圣贤的大学者，今日特来请教，何敢教训？您既然不肯接受我的聘礼，我还说什么呢？"

庄周看了看门客背上的礼袋，笑了笑，说："我听说太子让我去制止赵王喜欢剑士的恶习。如果我去说赵王而违背了他的意志，又得不到太子的庇护，就会死无葬身之地。我还要这千金干什么？如果我去说赵王而使他回心转意，同时，太子的心愿也得以满足，那么，赵国的百姓就有救了，我还何求千金呢？"

太子说："如此说，先生是答应我的请求了？"

庄周说："是的，我有办法让赵王疏远这些剑士。"

太子悝急切地说："您有什么办法？父王可是非剑士不见啊！"

"我庄周就是一位天下无双的剑士。"

"这……"

"我可以用我的无形之剑，征服天下的有形之剑，让赵王从此之后只喜欢无形之剑，而厌恶有形之剑，厌恶舞弄有形之剑的剑士。"

太子悝听了庄周的这番话，高兴得不知说什么好，恨不得立刻就让庄周入宫见赵王。但是，他仔细一打量庄周的装束，觉得根本不像赵王所喜欢的那种剑士。赵王所召集的剑士，头发直立，胡须前翘，帽子扣在眼眶上，双目冒着凶光，穿着短衣短裤，而庄周却穿得破破烂烂，但是眉目清秀，一脸善相，毫无煞气。太子悝便说："先生，您这身打扮根本进不了父王的宫门。"

庄周说："好吧，既然如此，你就给我赶制一套剑士的服装。"

很快，太子悝手下的门客们仿照剑士的服装，为庄周赶制了一套剑服。穿上一看，不伦不类，众人忍不住笑起来，庄周苦笑道："只好照猫画虎了。"太子悝陪着庄周，来到王宫之中。

赵文王一听太子悝给他带来了一位出类拔萃的剑士，便迫不及待地要与庄周比试一番。他全副武装，手持利剑，雄赳赳地屹立在大殿当中，对太子悝嚷道："快带他上殿！"

庄周身着剑服来到殿门前，扫了一眼殿中那些虎视眈眈的剑士，然后慢腾腾地走到赵文王面前，面对着赵王，就像当时见魏王一样，他没有下跪，没有行礼。正巧，那赵王整天与剑士们混在一起，早已淡漠了君民礼防，因此，他看庄周这样也不介意，径直问道：

"您有什么宝贵的剑要敬献给我，还是有什么高深的剑理讲给我听？为什么还要让太子预先禀报我？"

庄周抽出剑鞘中的宝剑，对着剑刃吹了一口气，那剑发出清脆的声音。然后，他对赵王说："我听说您好剑，就用剑来见您。"

赵王又问："您的剑术有什么高超的地方？"

庄周回答说："我的剑，十步之内，无人能近身，千里之远，无人能阻拦。"

赵王一听，眉开眼笑："好！好！这样的剑术可称天下无敌了！"

庄周进一步说："凡是玩弄剑术的人，少不了示虚、开利、后发、先至几套路数，大王若有意比试，可当场演示。"

赵王一听，不由倒抽一口冷气，跟这样高明的剑士比剑，可不是闹着玩儿的，弄不好就会身首分家。于是，他说："先生，初来乍到，风尘仆仆，还是先到馆舍养精蓄锐，等我在剑士中挑选几位最高明的，来与您比试。"

于是，庄周跟随太子悝出了王宫，来到馆舍之中住下。而赵王则命所有的剑士轮流比试，要挑出六人与庄周比剑。这样连续不断地比试了七天，被刺死的加上累死的共有六十多人了，赵王好不容易挑出了六个剑术最厉害的剑士。

第八天，赵王召见庄周。庄周一进殿门，就见六位剑士一字儿排开，横挡在庄周的面前。赵王坐在龙座上，得意地说道："先生，您如果能够将这六个人击倒，我愿聘请您做赵国的宰相。"

庄周一听，微笑着说："大王，我不愿做您的宰相，也不愿伤害这六人的性命。我先让您看看我的宝剑。"

赵王不耐烦地说："宝剑好坏，上阵可知，何必寡人一阅？"

庄周说："大王有所不知，我的剑可长可短，可粗可细，挥之可立于天地之间，召之可藏于指缝之中。"

赵王惊奇地说："怪哉！怪哉！剑奇如此，寡人愿见。"

庄周说："大王要想见我的宝剑，必须先听我讲一讲天下三剑。"

"何谓天下三剑？"

"凡天下之剑，可分为三等：天子之剑，诸侯之剑，庶人之剑。"

赵王喜剑，就是为了用武力征服其他诸侯国，从而尝尝当天子的味道。因此，一听庄周说有天子之剑，便马上问道："何谓天子之剑？"

庄周一见赵王上了自己的圈套，便缓缓说道："天子之剑，以燕国的黎城与塞外的石城为锋，以齐国的泰山为剑刃，以晋国与卫国为剑背，以周国与宋国为剑口，以韩国与魏国为剑柄。这样的天子之剑，周围的四夷包着它，四时之气候裹住它，东海作为环绕，恒山作为系带。用五行来制约，用刑德来论断；以阴阳为开合，以春夏来扶持，以秋冬来运行。这样的剑，往前伸，便没有东西在它前面；往上举，便没有东西在它上面；往下按，便没有东西在它下面；往旁运，便没有东西在它旁边。这样的剑，在上可以斩断浮云，在下可以砍绝地脉，无所不到，无所不能。谁如果能够得到这样的剑，就可以统率诸侯，拥有天下。这就是天子之剑。"

赵文王听庄周说完天子之剑，觉得茫然若有所失，因为他运用的剑与这种天子之剑相差太远了，要当上天子，就困难了。他又继续问道："何谓诸侯之剑？"

庄周继续说道："诸侯之剑，以智勇之士为剑锋，以清廉之士为剑刃，以贤良之士为剑背，以忠贞之士为剑口，以豪杰之士为剑柄。这种剑，往前伸，也没有东西可在它前面；往上举，也没有东西可以在它之上；往低按，也没有东西可以在它之下；往旁运，也没有东西在它旁边。上法圆天以顺三光，下法方地以顺四时，中和民意以安四乡。谁如果得到了这种剑，治理百姓就如同雷霆般迅疾通畅，四境之内无不宾服。这就是诸侯之剑。"

文王再一听庄周说诸侯之剑就更加失望了，因为他本人就是独占一方的诸侯，但是，他却没有得到这样的剑，可见他不是一个圣明的诸侯之王，还谈何一统天下？他心里已经猜到庄周说剑的意图了，但是三剑之一的庶人之剑还未说完，他只好硬着头皮问下去：

"庶人之剑如何？"

庄周笑了一下，拔出佩在腰间的宝剑，用剑端指着他面前的六个剑士对文王说：

"您挑选出来的这些剑士们，头发直竖，胡须前翘，帽子扣在眼眶上，双目流露凶光，穿着短衣裤，他们整天在王宫中互相格斗，或斩颈领，或决肝肺，这就是庶人之剑。"

文王听完庶人之剑，低垂着脑袋不说话。

庄周继续说："大王，凭您的地位，您完全可以得到天子之剑，但是，您却一味喜欢庶人之剑，我真为您感到害羞。"

文王沉思了一会儿，挥手令六位剑士退下，然后命中侍摆上酒席，宴请庄周。庄周这时肚子也正好饿了，便毫不客气地吃了起来。

文王却吃不下去。他绕着几案转了一圈又一圈，显出一副急躁不安的样子。庄周狼吞虎咽地吃了一会儿，发现文王只是转圈圈，便领会了他的意图。他端起一杯酒，对文王说：

"大王，您别着急。要得到那天子之剑，其实也很简单。"

"哦，有何妙法？"

"您如果能做到安神定气，内心虚静，便可神游于天子之剑之境。"

于是文王按照庄周的指点，每日静坐于宫中，不再看那些剑士一眼。三个月之后，麇集的剑士们在宫门外等急了，不见文王出来挑选，便逃到别处去了；有些剑士想不通，干脆在宫门外的大道上拔剑自杀了。这些剑士苦练技艺，末了将自己当对手杀了，这是他们当初怎么也想不到的啊！

第四章
浪迹有终 ☁ 漆园为吏

一

庄周在赵国对赵王讲了三剑的境界，制止了文王喜剑的恶嗜，太子悝对他十分钦佩，要拜他为师。但是庄周坚辞不就，还是与魏国使团一起回到了大梁。到大梁的时候，惠施已经替他在魏国谋好了一个轻闲的差事，但是庄周还是不愿干。他想回到宋国老家去。惠施挽留不成，只得准备盘缠，送他上路。

庄周这次漫游魏、鲁、赵三国，前后总共花了三年时间，现在他已经三十多岁了。

他迈着沉重的步子，踏上了蒙邑的地界。秋风怒号，万木萧条，几只野兔在路旁瑟瑟发抖。天下沉沦，身世潦倒，庄周不知回到家中该怎么生活。他虽然在万乘之主面前可以谈笑自若、不卑不亢，但是，内心深处的孤独感总是像影子一样伴随着他。

他觉得这个世界上没有谁能真正理解他。过去有一个渔父，但渔父已不在人世了。他的名声越来越大，人们都知道有一个傲视王侯、甘于清贫的庄周，但是，他内心的苦闷、焦虑又有谁人知晓？他看不惯这个战火连天、民不聊生的世界，但是，又无法找到一种适合自己的生活。他本想定居于朴实无华的楚越蛮民之中，可是，救世的志向让他回到了中原。他在王侯面前宣传自己的学说，但是，他们除了表示假惺惺的欣赏之外，何尝有接纳的真心？

村落在望，他的脚步却越来越慢。在远方他怀念着家园，但家园永远笼罩着不变的悲凉；他的精神可以神游万里无拘无束，他的肉体却需要一个切实的归宿，这使他感到难以言说的痛苦。前方的家里等待他的，无非是冷淡、沉默、生疏的柔情，他还有别的可指望吗？没有了。

庄周走在路上，突然看见前面路上蜷卧着一个人。他赶忙过去，仔细一看，是一位少女。那少女衣衫褴褛，髻发散乱，身边撂着一只破碗、一根木棍，看样子是一个乞丐。她浮肿的双目紧闭，口吐白沫，好像是病了。庄周当年与渔父交游时，向渔父学了一些医术，略通一点岐黄之道，他蹲下身，摸了摸女子的脉搏，看了看女子的气色，知道她病得不轻，是因为营养不良引起的。

他轻轻摇摇女子的头，她毫无反应，又用手试了一下，鼻息尚存。思索片刻，他干脆将肩上的包袱换到手中拎着，扶起女子软搭搭的身体，将她背到肩上，顿了顿，快步往家中赶。那少女在庄周的背上发出低低的呻吟，两手无力地垂着，长发披散下来，纷落在庄周的颈间，弄得肌肤痒痒的。此时的庄周只想救这少女的性命，已顾不得男女授受不亲的大防了。

他背着少女进了村子，就引起了人们的关注。乡邻们看见庄周一个大男人背着一个女子，不免交头接耳，起先是窃窃私语，后来就指指点点：看啊，又是庄家那二小子，背个女人，肌肤相亲，嘻嘻！男女有别，怎能如此不堪于目？有伤风化！是可忍，孰不可忍？太阳从西边出来了似的。庄周只管赶路，旁若无人，面无愧色。他来到自己家里，将少女放在榻上，给她盖好被子，然后赶紧生火烧水，也许喝一碗热开水，女子就会醒吧。

庄严听见庄周的屋子里有响动，过来探视，瞥见庄周的炕上还躺着一个衣髻不整的女人，便问道："这是谁？"

庄周一边往灶中填火,一边说:"在路上碰见了一个昏迷不醒的乞丐。"

庄严一听,摇头道:"庄周,你一去三年,音信全无,好不容易回来了,却又弄回来一个不明不白的女子。古人云:'男女授受不亲。'这有污我们庄家的门风啊!"

庄周正色道:"兄长,还有什么比人的性命更为重要?我才不管什么礼节不礼节,我只是想救活她。"

庄严说:"大路上有那么多乞丐,人家躲都躲不及,你倒好,往自己家中背。"

庄周笑道:"谁非乞丐?你也是一个乞丐。天下之人都是乞丐,只不过乞讨的方式不同罢了。"

庄严听了,大怒道:"不管你怎么说,这个女人你必须送出庄门!"

庄周站起来,慢慢走到庄严的面前,平静地说:"大哥,行行善,先救人一命吧。"

庄严一转身,哐当一声摔上门,回自己屋子去了。庄周盛了一碗开水,端到榻前,扶起那少女,用汤匙给她喂水。

一碗开水喝下去,少女微微睁了睁眼睛。但是,很快又无力地闭上了。她像是很累。庄周把她平放在榻上,让她睡着,然后又去给她熬粥。这时,嫂嫂推门进来了。听了庄严怒气冲冲的诉说,出于一个女人对另一个女人的同情,偷偷端来一碗鸡汤。她对庄周说:"兄弟,这碗鸡汤让她喝了,多可怜的姑娘啊!"说罢,拭拭眼角,就走了。

庄周心中感谢嫂嫂,赶快给那少女喂鸡汤。他边喂边想,自古以来,人们就看不起女人,孔子就说过:"唯女子与小人为难养也。"可是,女人有时比男人还善良一些。男人们为了维护自己的名誉与地位,什么事都可以做出来,而且有很多冠冕堂皇的理由。

喝完鸡汤,少女终于醒过来了,她发现自己躺在一个不认识的男人旁边,显得非常惊慌,挣扎着要爬起来。庄周赶紧抓住她的手,重新让她躺下,说:"你别怕。你现在需要休息。"

少女问道:"我这是在什么地方?"

庄周微笑着说:"这是我的家。"

少女感激地说:"多谢先生救命之恩。我……我得走了。"说着就要下榻,可是,刚一动身,就不由自主地又躺倒了。她浑身没有一点力气。

庄周完全理解少女的顾虑,人家一个孤身女子对一个陌生男人肯定会抱有戒心的。在这道德沦丧的时代,谁能保证他庄周不是一个乘人之危的坏蛋呢?

于是,他对少女说:"你恐怕听说过我的名字吧,我叫庄周。"

"庄周?就是那个非礼非仁、不忠不孝的怪人庄周吗?"

"是的,蒙邑的人都认为我是一个叛逆之徒。"

少女更加惊惧了。跟这样一个不讲礼仪的男人在一起,不知会发生什么事。这种惊惧给她增添了一些力气,使她挣扎着下了榻。但是,她摇摇晃晃,站立不稳。庄周赶忙扶住她,并将她搀到榻沿上坐下。然后,他恳切地说:

"姑娘,你放心,我不会欺负你的。你想,我如果是一个严守礼仪的人,能够大白天将你从大路上背到自己的家中来吗?你说不定早已命归黄泉了!"

少女一想,庄周说得也有道理。一个男人家,当着村人的面将一个陌生女子背到自己的家中,确实是非礼的行为,但是,如果不这样,她也就没命了。幸亏遇到这位非礼非仁的庄周先生,自己才捡了一条命。可见,非礼也不是坏事。于是,她说:

"先生,您这样做,不怕人家背后议论吗?"

庄周不禁笑了:"我做的事让别人议论的已够多了,我才不在乎这些。只要你能恢复健康,我就高兴了。你躺着吧,我去给你弄饭吃。"

少女被庄周的一番诚意感动了,她的戒心已消除了一大半,再说,她现在也确实没有力气走动,就只好乖乖地躺下了。庄周一面烧饭,一面问道:"姑娘,你叫什么名字?家中还有什么人?怎么独自出来讨饭?"

少女黯然神伤地回答说:"我叫颜玉,爸爸当兵十年了,一去无音信。妈妈饿死了,就剩下我自己。"

庄周说:"哦,原来你是一个孤儿。我们俩可是同病相怜啊!"

"怎么,先生也是一个人吗?"

"我有兄嫂,但已分开单过了。"

少女扫视了一下庄周的屋子,确实不像个家。这间屋子,既是厨房,又是卧室。本来就没有多少东西,仅有的东西都横七竖八地扔着,显得拥挤而杂乱。她见庄周笨手笨脚地在做饭,忍不住笑了起来。

庄周怪道:"你笑什么?"

"我笑你做饭的样子,就像一头笨熊。"

"唉,流浪惯了,对家务事确实不太熟练。好了,吃饭吧,尝尝我的手艺。"

吃完饭,二人又说了一会儿话,天色已晚,该休息了。庄周打了个地铺,让少女睡在榻上。那少女说什么也不干,非要自己睡地铺。

庄周说:"我到楚越去漫游的时候,几乎每天都睡地铺,已经习惯了。"

少女说:"我几年来以讨饭为生,也是每夜睡在地上,还是我来吧。"

二人推来让去,少女拗不过庄周,只好睡在榻上了。

这天,庄周正在给颜玉做饭,见两个公差模样的人走了进来。他们将礼品放在炕沿上,对庄周说:"我们是国君派来的。国君久闻先生大名,无缘一见。现在听说您回到宋国,略备薄礼,特来请先生到宫中走一趟,欲委以重任。"

庄周一听,微微一笑,问道:"你们难道没有见过牺牲之牛吗?人们将它打扮得那么美丽,喂养得那么周到,但是,总有一天,会将它牵到大庙之中,宰了它,供到祭台上去。这时候,那牛要想做一头荒野之中的孤犊,也不可能了。我宁愿做一头孤犊,也不愿被摆到祭台上去。请回吧!"说着,将礼品递给他们。

两个公差只得拿着礼品出门走了。颜玉从窗户望着远去的公差,对庄周说:"先生,您真那么讨厌当官吗?"

庄周说:"是的。我要想当官,早就成了万乘之主的老师了。但是,我不愿将自己变成牺牲品。"

在庄周的照料下,颜玉的身体逐渐恢复了。她苍白的脸色变得红润了,两只眼睛也有了神采。她本来是一个十分美丽的少女,只因为营养不良,才弄得面黄肌瘦,形容枯槁。现在,她又重新焕发出她那青春女子特有的活泼与魅力。她将庄周的屋子收拾得整整齐齐,又从外面采来一些野花,将这间简陋的茅屋装扮成一个花的世界。庄周从来没有感受过这种生活。他觉得自己多年来的孤独与苦闷逐渐消失了,内心总有一种暖洋洋的感觉。

这天,颜玉对庄周说:"先生,我该走了。"

"为什么?"

"您救了我的命,让我恢复了健康,但是我不能经常连累您啊!"

"你到哪里去?"

"我不知道。"

一阵长时间的沉默。其实,颜玉早已爱上了庄周,在十多天的生活中,她觉得庄周是一个朴实、真诚、善良、热情的人,但是,她又觉得庄周是一个痴呆的男人,似乎对她的情意毫无察觉。他总是十分周到地照顾着她,但就像个兄长似的。庄周好像没有注意到她是一个美丽的少女,她有时候故意问庄周:"我长得美吗?"庄周只是一笑置之。她想:"也许人把书读多了,就没有了感情。更何况,庄周这样的学者,主张清静无欲,对我们女人是毫不动心的。"

庄周何曾真正是一个无情无义的人啊!十多天来,与颜玉耳鬓厮磨,同居一室,他也渐渐地喜欢这姑娘了。他从来没有与女人接触过,更别说长时间地住在一起了。颜玉的身上散发着一种奇特的味道,颜玉的言谈举止都富于柔和的女性之美,这些都让他难以自持。夜晚,他躺在地铺上,总是翻来覆去睡不着,颜玉的笑容一直在他脑海中浮现,但是,他又觉得他们两人的结合是不可能的。他倒不是瞧不起她是一个乞丐,也不是怕左邻右舍议论,而是因为他太穷了,没有能力养活她,让她跟着他,她会受罪的。

于是,庄周强忍住悲伤,笑道:"颜玉,你走吧。也许能碰到一个有家财盈余的人娶你为妻。我祝你幸福。"

颜玉的眼泪刷刷地流了下来,泣不成声。庄周急了,忙说:"别哭。你还小,应该去寻找更好的生活。"

颜玉终于忍不住了。她用两只拳头奋力捶打庄周的胸脯,边哭边说:"你好狠心!你好狠心!"庄周抓住她的手,安慰道:"我是为了你好啊。"颜玉说:"我不嫌你穷,你还嫌我丑吗?"说着,两手无力地松开,整个身子软软地躺在庄周的怀抱之中。

庄周用一只手插进她那柔软的秀发之中,用另一只手为她擦去挂在脸上的泪滴,口中喃喃地说道:"你很美。"

然后,又是沉默。在这沉默之中,他第一次认识了女人,认识了一个温柔、恬静、安详、神秘的世界。当他走进这个世界的时候,好像那沉重的身躯长上了灵巧的翅膀,在一片白云之间随意遨游。他找到了自己的精神的另一半,这另一半,也就是他的安息之所。在这个神奇的世界中,他成了一个完整的人。他那枯寂的心田里灌入了一股清凉的泉水,他那幽暗的灵魂中升起了一颗明亮的太阳。

一股阳气与一股阴气在浑沌之地交汇了,形成一片和谐的、完美的元气。至阴肃肃,至阳赫赫。肃肃出乎天,赫赫发乎地,两者交通成和而物生焉。阳气是那样的健壮,阴气是那样的温柔,两者融合之后,便是无言的幸福。时间已经凝固,世界不复存在,只有阴阳两气在宇宙之中飘荡。

不知过了多长时间,庄周才发现自己搂着颜玉赤身裸体睡在榻上。他回想起刚才的事,就像做了一场梦,在梦中,他又体验到了一种用语言无法表达的境界。这种境界与老子的道是何其相似。道就是一,就是一个整体,而男人与女人合为一体,不分彼此,就是一个整体,就是一。道啊道，你是那样的伟大，无所不在！

他又看了看熟睡的颜玉。她的脸上洋溢着安详、幸福的神态。就是她，让他体验了这种整体、和谐、完善的道的境界。没有女人，也就没有男人。没有男人与女人的交合，也就没有人。人来源于阴阳交合，人的归宿也应是阴阳交和。阴阳交合的境界，是人能体验到的最美的境界。

当年庄周读《老子》的时候，发现老子经常以女性来比喻道，一则曰"玄牝之门，是谓天地根"，再则曰"我独异于人，而贵食母"。他百思不得其解，去问渔父，渔父说是用女性的生殖能力来比喻道生万物的功能，但是，庄周认为道并不是一种实有的东西，而是人所能达到的一种精神境界。现在，他终于明白了，老子以女性来比喻道，就已隐言了男女交合可达道之境界的思想。

在这男性统治一切的世界上，不能没有女性。只有男人与女人合为一体，才有真正的人。

二

自从拥有颜玉之后，庄周的精神生活大大丰富了，但是，他的物质生活却更加贫困了。家里不多的存粮快要吃光了，而兄长分给他的那几亩地，因为数年的荒废，杂草丛生，早已成为村民们放羊的场所了。从前是一人吃饱，全家不饿，现在还有一位妻子，更何况，又有一位小生命在"阴阳交合"之中逐渐孕育了。

望着颜玉一天天隆起的肚子，庄周的心也越来越焦躁不安。作为一个男人，要承担起丈夫与父亲的责任，但是，他凭什么来养活这一家大小呢？他不会种田，也没有什么手艺，除了饱读书本、漫游世界之外，他没有别的什么本领，真所谓"百无一用是书生"。

可是，别的读书人还会去做官，做官也是一种谋生的手段。而庄周最讨厌的就是做官，因为他认为"官"是人类社会道德沦丧的一种表现，是强者欺压弱者的一种工具。凭着他的知识、凭着他的口才，捞个一官半职是毫无问题的，更何况，魏王、鲁侯、赵国的太子悝都十分欣赏他。但是，他没有选择当官的出路，而是清高地、任性地拒绝了所有的机会。

现在，他真有点隐隐的后悔了。如果当初接受了任何一个王侯的聘请，也不至于落到今天吃了上顿愁下顿的地步。他越来越意识到：人生活在这个世界上，不得不接受世界所强加于你的一切。你喜欢它，它是世界；你不喜欢它，它也是世界。它是先你而在，伴你而在的，而且是无所不在的。要想逃避它是不可能的，要想通过一个人的能力去改造它，也是不可能的。而且，世界上的幸福与痛苦总是伴随在一起的。他有了颜玉，这是一种莫大的幸福，但是为这个家庭，他又为生活而发愁，这却是一种痛苦。以前，他可以浪迹天涯，无牵无挂，但是，总有一种孤独感在折磨着他。现在，与妻子在一起，互相恩爱，互相关心，但是，又有一种责任感在折磨着他。

他现在不能没有颜玉。在这个冰冷的世界上，颜玉的温情使他的心灵中燃起一丝火光。没有这丝火光，他便无法生活。

人，首先必须活着。活着，就必须吃饭。这是每一个人最起码的需要，可是，眼下的庄周却为吃饭问题作难了。因为他为了自己的人格自由而放弃了自己唯一可以谋生的手段：入仕。作为一个读书人，而不愿入仕，就有被饿死的危险。

庄周陷入了一个无法摆脱的怪圈。为了自由，舍弃仕途；舍弃仕途，更无自由。后来，他终于找到了摆脱这个怪圈的出路：入仕。他入仕不是为了名誉，不是为了发财，也不是为了权势，而是想挣口饭吃。

主意已定，他便与颜玉商量道："你看我去当官怎么样？"

颜玉惊奇地瞪大了双眼，迷惑不解地问道："您不是不愿当官吗？"

"世界上的一切都在变化，我的思想也在变化。此一时，彼一时也。"

"您为什么又要去当官？"

"为了你,为了孩子,也为了我。"

听了这话,颜玉低下了头,内疚地说:"先生,是我害了您,让您违背自己的心意去当官。"

庄周笑道:"不能这么说。你我还分彼此吗?"

颜玉又问道:"您上一次已经拒绝了宋君的聘请,现在又去求人家,能行吗?"

庄周满有把握地说:"毫无问题,我庄周是以不出仕出名的,各诸侯国都想拉拢我,因为他们都想得到一个爱士的名声,从而争取更多的士。再说,我的好朋友惠施,现在是魏国的宰相。"

"那么,我们到魏国去吧!"

"不。你以为我真想卷入政治的风浪吗?自古以来,在政治斗争中角逐的人都没有好下场。我所谓做官,只不过是想谋一个职位,领取一点俸禄而已。"说着,他指了指窗外隐约可见的漆林。

"您想去做漆园吏?"

"是的。漆园远离都城,地处荒野。做漆园吏既可免去朝廷的礼仪,又可游山玩水,岂非两全其美。"

于是,庄周给惠施写了一封书信,托村里一个到魏国去做生意的人带去。因为宋国是魏国的近邻,魏国比宋国要强大得多,魏国的宰相说一句话,比宋国国君说一句话还管用,况且,这对宋国来说,是一件微不足道的事。

果然不出所料。一个月后,宋国任命庄周为蒙邑漆园吏。从此之后,庄周便带着颜玉住进了漆园吏所。尽管官小职微,但总算有些俸禄,他们的生活便有了保障,再也不愁无米下锅了。

蒙邑漆园是宋国最大的一个官方漆园。漆园地处蒙山的西北部。这一带风景优美、水草丰盛,十分符合庄周的心意。

高大的漆树连成一片,黄花绿叶,看上去令人心情畅快。漆园里绿草如茵,蜂蝶飞舞,鲜花遍地,清风骀荡。漆园的工作主要是割开树皮,用木桶去接流出来的漆汁，再去加工。加工的成品漆，主要供宫廷使用，用来涂饰各种器物，多余的漆，则到市场上出售。

在官方漆园的周围，还有一些较小的私人漆园。由于这一带盛产漆，所以许多手工业作坊也在漆园的附近产生了。有木工坊、铁工坊、铜工坊、皮工坊等。因为大多数的用具与工艺品都要涂上漆，才能卖上好价钱。这样一来，漆园一带，实际上就成了一个十分热闹的手工业制造区。

在漆园里做工的工人，大多数是世代为奴的奴隶，还有一些被发配到这儿来无偿劳动的罪犯。他们看见新上任的漆园吏手里没有拿着鞭子，而且也没有过去的漆园吏那么凶狠，倒是有些奇怪。

这天，庄周正在漆园里转悠，他走到哪儿，哪儿的工人们就不说话了，都低下头，一声不吭地干活。他走到一个步履蹒跚、满头白发的老人面前，和蔼地说：

"老者，您在这儿干了多长时间了？"

"我也不知道。自从我懂事，就跟着父亲在漆园里干活了。"

"噢，那您可是制漆的老手了。"

"不敢，不敢。"说着，老者又提着漆桶到另外一棵树前去了。

庄周跟随而来，对他说："老者，您也该歇着了，这么大岁数了，还干这么重的活。这满满一桶漆，您能提得动吗？"

老者看了庄周一眼，说："我们生来就是干活的，干到哪一天两腿一蹬、两眼一闭，就算完事了。"

庄周握住老者那满是老茧的手，说："从明天开始，您就到吏所里来，负责登记漆数，再也不用到这儿来了。"

老者似乎不相信自己的耳朵，不知怎么回答才好。庄周又说："真的，我不会骗您。"

老者扑通一下跪在庄周的面前，老泪纵横，泣不成声。旁边的工人们也都围了过来，愣愣地看着这个场面。庄周扶起老者，对大家说：

"大伙听着。我庄周也是穷苦人家出身，我到这儿来，不是来欺压你们的,是不得已而然。我们大家都是来讨口饭吃,你们不要把我当成官看待,有什么事,就尽管开口。"

工人们看着庄周,都默默地流下了眼泪。他们从来没有见过这样的官,不但不用鞭子抽人,而且还说这样的话,他可真是一个好官啊!从此之后,漆园里再也没有发生过怠工与逃亡的现象,而生产的漆,也完全满足宫廷规定的数额。庄周在管理漆园的过程中,初步尝试运用了"无为而治"的政治学说。

这天,庄周与颜玉正带着他们不满周岁的儿子在漆园外面的草地上玩耍。庄周用两手托住儿子软软的小臂,让他学习走路,颜玉在旁边逗着他笑。一位风尘仆仆的青年来到庄周面前,倒地便拜。

庄周将儿子交给颜玉,要扶起那位青年。青年跪着不起来,说道:"感谢先生救命之恩,今日特来拜师。"

庄周记不起在什么地方救过这位青年,问道:"后生来自何方,何言救命之恩?"

青年说:"我叫蔺且,乃魏国人。数年之前,先生用五十两银子救了我母亲的命,也救了我的命。"

庄周一听,想起往事,不禁大笑:"噢,你就是那个带我去相府的小家伙吧。已经长成一位小伙子了。起来,起来。"

蔺且还是不肯起来,继续说:"先生,您答应收我为徒,方才起来。"

庄周迟疑了一下,说:"我从来没有收过弟子,而且也不想做一个聚徒讲学的学者,我看还是免了吧。"

蔺且说:"先生,我这一生别无他求,唯有跟随先生。如果先生不答应,我就跪在此地,永不起来。"

庄周觉得十分为难。他被这突如其来的事情搞得不知所措。他以自己的亲身经历,认为为人师者大多是误人子弟的蠢材,要悟到人生的真谛,必须依靠自己的体验。因此,他对孔丘以来聚徒讲学、互相吹捧的风气十分不满。但是,这位青年却如此诚恳地拜倒在自己脚下,却也很难拒绝他的一片热情。何况,他们二人之间还曾经有过一段有趣的交往。

这时,颜玉说话了:"先生,您就别让他跪着了,还是答应了他吧。"

庄周迟疑了一下,说:"好,我就收你为徒,但是,我也有个条件,你必须答应。"

蔺且高兴地站了起来,痛快地说:"先生,您有什么条件就尽管说吧,我完全接受。"

庄周说:"现在有许多人拜人为师,目的是寻求一个进身之阶,想通过师傅与同门弟子的关系进入仕途。但是,到我这儿来,却绝不能有这样的念头,我这儿可没有任何当官的机会。"

蔺且说:"先生,若想当官,我就不会奔到您的门下来了。"

于是,庄周与颜玉带蔺且到自己家里去。蔺且向老师与师母诉说了自己的经历。他自从得了五十两银子之后,便与母亲在大梁开了一爿小店,做点小本生意,日子也过得不错。后来母亲去世,蔺且独自经营小店,生意也挺红火的。但是他是一个喜好读书、喜欢思考,并不满足于物质生活的人,白天干活,晚上没事就躺在床上想:人活着究竟为了什么?他苦思冥想了不知多少个夜晚,翻了不知多少简册,还是没找到答案。后来,他读到了别人记录的庄周与魏王、鲁侯的谈话,才觉得如梦初醒,恍然大悟,从中得出了深刻的启迪。后来他又发现,这位大学者庄周正好就是救了自己命的庄周。于是,他就开始打听庄周的下落。当他知道庄周正在蒙邑担任漆园吏时,便处理了大梁的所有家财,赶赴宋国前来拜师了。

听完蔺且的叙述,庄周感慨地说:"人生一世,有很多巧合。我当初只看你是一个心地忠厚的小孩子,没想到你是一个挺有悟性的可造之才。"

从此以后,在庄周的身边,又多了一个人。他既是庄周的学生,又是庄周的辩论对手,而且还是庄周手下得力的助手。他帮助庄周处理漆园的事务,跟着庄周学习《老子》,还不时向庄周提出一些稀奇古怪的问题。师生教学相长,共同致力于庄周思想的成熟与发展。

三

这天，庄周与蔺且正在漆园里散步。蔺且突然问道："先生，您以前的学说是以不仕出名的，现在又出仕，这两者之间有没有矛盾？"

庄周听后，笑着说："问得好！这是一个很有深度的问题。从不仕转到出仕，是我思想的一大变化。首先，我们要承认思想的变化。人的思想每天都在变化，就像奔流不息的河水一样，不可能永远停留在一个地方。世人所尊奉的孔子，晚年就发生了很大变化，他一直到六十岁时才自认为得到了道，于是统统否定了以前的行为与言论。但是，我的思想的变化，其中又有不变者存在。"

蔺且不解地问道："那不变者是什么？"

庄周说："不变者就是适意的人生。人活在世上，只有短短的数十年，在这数十年之中要抛开一切束缚，让生命充分地享受它的自由。一切妨碍生命自由的东西都是不可取的。我以前不仕，就是想避开那所有阻拦我意志的东西，我现在出仕，也是为了给我的适意寻求一个基本的前提。"

蔺且若有所悟地点了点头。

庄周继续说："因此，我的行为表面上看起来是矛盾的，实质上是统一的。"

过了一会儿，蔺且又问道："先生，如果每一个人都只想着自己的生命自由，那么，天下之人就都变成了极端自私的人，这样，天下不就大乱了吗？"

庄周回答道："人的本性是善良的，也就是说，所有符合人之本性的东西都是无可非议的。我所谓生命的自由仅仅是从人的本性的角度来说的，并不是当今世俗所谓的那种欲望的满足。如果每一个人都从自己的发乎自然的本性出发去生活，那么，人与人之间不但不会发生欺骗、压迫、战争，而且还会十分和睦地相处。你见过江湖之中的鱼吗？那些鱼整天在同一片水中生活，显得十分自由自在，而且互相之间又是那样亲密无间。当今天下的人们，就像失掉了水的鱼，在干枯的陆地上互相埋怨、互相诅咒。要想让鱼重新过上自由自在而又互相亲密无间的生活，唯一的办法就是让它们回到江湖之中去。要想让人过上自由自在而又互相亲密无间的生活，唯一的办法就是让他们回到自然之中去。鱼相忘乎江湖，人相忘乎道术。"

蔺且的双眼呆呆地盯住前方，不断地回味着庄周的这两句话："鱼相忘乎江湖，人相忘乎道术。"

蔺且思索了一会儿，又问庄周："先生，我虽然熟读了《老子》，但是，道究竟是个什么东西，我还是难以理解。今日有空闲，请先生给我讲一下。"

庄周说："道，确实是很难理解的。你不能凭借耳朵去听它，也不能凭借心智去思考它，而必须凭借虚静的自然之气去感受它。为什么这么说呢？因为道虽然是确确实实存在的东西，但是它又是无所作为的，而且也没有形状。道，每一个人都可以拥有它，却不能传授给别人；每一个人都可以得到它，却不能拿出来让别人看。道是世界的本源，它不是任何其他东西生出来的，因此，它自己就是自己的根本。在还没有天地之前，它就已经存在了，天地万物、鬼神人民都是由它产生出来的。"

蔺且又问道："那么，这个道，对于人生，又有什么实际意义呢？"

庄周说："如果我们得到了道，就是真人；如果我们失去了道，就是非人。"

"真人与非人又有什么区别呢？"

"真人的生活一切顺乎自然，而非人的生活却违背了自然。"

两人正讨论得津津有味，颜玉领着儿子迎过来了。颜玉嗔怪道：

"你们师徒二人一说起来就没个完，连吃饭都忘了，真成了废寝忘食。快回家吧，饭都凉了。"

庄周抱起儿子，在他的小脸上使劲地亲了几下，又拍了拍他那结实的屁股，笑着说："好，回家吃饭吧，又让你和母亲久等了。"

蔺且说："都怪我，一个劲地缠着先生提问。"

颜玉笑了笑："没关系，又不是第一次了。"

庄周除了与蔺且讨论一些哲学上的问题，还经常到漆园周围的手工业作坊里边去转转，与工匠们聊天，看着他们干活，有时候来了兴趣，也亲自动手试一试。工匠们虽然知道他是漆园吏，但是见他平易近人、虚心好学、不耻下问，也就跟他很随便了。时间一长，工匠们也就不把他当漆园吏看待了，官与民之间的距离逐渐缩小了，到后来，他们就成了无话不谈的朋友。庄周从工匠们那儿也学到了很多东西，不仅长了见识，而且对他的哲学思想的发展也产生了很大的影响。

庄周在木工坊里认识了一位名叫梓庆的工匠。梓庆是一个心灵手巧的人，木工坊里数他的手艺最高。因此，他干的活也就是难度最大的：雕刻。一般的木工只会制造车、舟、农具、家具等，这些东西都有一定的尺寸与程式，只要掌握了，就等于学会了手艺。而雕刻则是灵活的、多变的，没有一定的尺寸与程式，是一种创造性的劳动，与一般木匠的机械性的劳动不同。

梓庆用木头雕刻出各种各样的动物，形态各异，天真烂漫，庄周十分喜爱。有展翅高飞的雄鹰，有毛发倒竖的狮子，有怒口大张的老虎，有气势雄伟的飞龙，还有小巧的鹦鹉、调皮的猴子、驯服的猫……

每当来到梓庆的作坊，庄周就觉得进入了一个美的世界。梓庆那奇妙的手将自然界动物生动天真的状态活灵活现地再现出来，真让人觉得不可思议。庄周是热爱自然的，他从小就热爱自然界的动物。他曾经阻拦牧童用鞭子去抽打马，他曾经做梦自己变成了蝴蝶，他与小鸟交心，他与鱼儿对话……随着年岁的增长，他不可能每天都到野外去观察各种动物，但是他喜欢动物的习性一点儿也没有改变。他觉得动物虽然不会说话，但是，它们也是有灵性的。他十分欣赏动物那自由自在、无所拘束的情态。他觉得人虽然比动物高级，但是，人自身所创造出来的文化现象却反过来束缚了人，使人过着一种压抑的生活。而动物却没有这一切。动物，尤其是野生动物，在庄周眼中，是完全自由的。因此，他乐于观察动物，好像在动物身上能够体验到某种原始的、野性的生命的自由。

在梓庆的作坊中观看这些用木头雕刻出来的各种动物时，又有不同的感受。他在体验那些动物形象的生动活泼的美的同时，也时时想到人的伟大。是的，是他的双手将自然界美的形象重新复制出来，展现出来。这种美的境界固然来源于自然界的动物，但是，也必须依赖人工的雕琢。

由此，庄周发现，文化的发展并不完全是一种自然之性的失落，人工的努力有时候也可以达到自然的境界。以前，庄周认为"巧"是与"无为"对立的，因此，他主张毁灭人类所创造的一切文化，而退回到楚越之民那样野蛮的生活中去。从梓庆的雕刻中，他认识到："巧"也可以制造出无为自然的美的作品，人工与自然有时候也可以统一起来。

上一次庄周来访问梓庆的时候，梓庆告诉庄周，他最近接受了一项新的任务，要为宫廷制作一套镰。镰的制作比一般的雕刻更加困难，因此需要较长一段时间。他不希望在半个月之内有人打扰，他要集中精力来完成这件一般工匠都不敢问津的作品。

所谓镰，就是宫廷里大型乐队所用编钟的木头架子。编钟由许多件音质、音量、音高不同的钟组成，这些钟要分别悬挂在各自的木头架子上。演奏时，每一件钟都要安放在一定的位置上，每一件钟的下面都要站着一个乐工，他们有规律地敲击编钟，就会组成一曲宏伟的交响乐。

那么，镰的制作有什么独特呢？木匠必须在镰上雕刻出各种不同的动物形态，而使这些镰上所悬挂的编钟发出的声音就好像是这些动物发出来的，即"击其所悬而由其镰鸣"。

当初宫廷里派人来传达这项任务时，工匠们一个个吐吐舌头，谁也不敢接受。要雕刻出形态逼真的各种动物已经是十分困难了，而且还要让动物的形态符合镰下所悬钟的声音，这不比登天还难吗？

但是，梓庆毕竟是梓庆，他毫无惧色地接受了这项任务。现在，半个多月过去了，庄周一直为他捏着一把汗。他会完成吗？但愿他能完成。庄周一边往木工作坊赶路，一边在心里默默为梓庆祈祷。

当他来到梓庆作坊的门口时，见里面已经挤了许多人，原来今天正好是宫廷派人来验收鐻的日子。他挤进人群，立刻被摆在里边的一件件鐻器吸引住了。那些飞禽走兽简直就是自然界动物的化身，惟妙惟肖，栩栩如生。验收大员让随从们敲击鐻下所悬挂的钟，无不符合"击其所悬而由其鐻鸣"的标准。宏厚的钟声犹如狮子怒吼，轻扬的钟声犹如仙鹤长鸣，凄苦之音恰似猿啼，欢快之声宛如百灵……庄周真有点怀疑这不是通过人手制作出来的，而是鬼神所为。

正当庄周沉浸于这美的境界而忘记了自我的时候，突然被宫廷验收大员的笑声唤醒了："哈哈哈！梓庆，你真行，这下我可以向君主交差了。不过，我倒要问一问，你是不是有神秘的道术？要不然，怎么能雕刻出如此奇妙的鐻呢？"

梓庆回答道："我只不过是一个粗野的工人，不识字，更没有读过什么圣贤之书，能有什么神秘的道术呢？虽然这么说，但是我还是有一点经验。我即将制作的时候，要保持胸中自然的元气，一点也不让它受到损害，而保持元气的方法就是斋戒的静心。"

验收大员马上自以为是地接着说："噢，我知道了。你独居一室，不食荤腥，与人隔绝，等待神灵的降临，然后在神灵的指使下创造出这些鐻。"

梓庆说："大人，我所谓斋戒是从内心深处除去各种束缚与障碍，达到虚静清明的精神境界。这是一种心斋，而不是一般人所谓的斋戒。"

验收大员不解地问道："心斋？我还是第一次听说。心斋是怎么回事？"

梓庆说："所谓心斋就是静心以养、保持天然。心斋三日，就忘掉了庆赏爵禄之利；心斋五日，就忘掉了非誉巧拙之名；心斋七日，就忘掉了自己的四肢形体。当此之时，我已不知道我要制作的是宫廷的御品，因此就没有任何思想负担，我的手艺就可以发挥到极致，而没有外物的束缚。

然后，我就独自一人到山林之中去，躲在隐蔽的地方观察各种动物天然的形体，倾听它们发出的各种声音。慢慢地，各种动物的形体就完完整整地印在我的心中了，要制作的镰的形状已经活灵活现地呈现在我的眼前了。然后，我又回到作坊，以最快的速度将它们雕刻出来，一挥而就，毫无修饰。因此，我削木为镰没有什么神秘的道术，如果有，就是四个字：以天合天。以我之天，合物之天，物我在天然之地合而为一了。"

验收大员听了梓庆的一番话，如坠五里之雾，不辨东西。但是，他口中却称赞道："高论，高论。佩服，佩服。"然后指挥随从们将镰小心翼翼地搬上车，运走了。

看热闹的工匠们也纷纷离去了，空旷的作坊中只剩下庄周与梓庆。庄周踩着地上的木屑，走到梓庆跟前，对他说：

"谁说您没有道术？您刚才讲的，就是一篇最好的道的宣言。我庄周愿拜您为师。"

"先生，您别戏弄我了。我不知道什么道术不道术，我只知道雕刻。讨论道术，是你们学者的事。"说着，他提过酒壶，斟了两杯。庄周也不客气，端了一杯，与梓庆对饮起来。

两人一边饮酒，一边聊天。庄周问道："你刚才说的那些，与我的学说有很多相通的地方。你是从哪儿学来的？"

梓庆呷了一口酒，漫不经心地说："我们世代为工的人口口相传，都这么说。我们木工的祖师是工倕，他是一位了不起的人。相传他用手画圆，从来不用规；用手画方，从来不用矩。而他用手画的圆与方甚至超过了其他工匠用规矩画的圆与方。他的诀窍只有四个字：指与物化。"

"指与物化？"

"是的，指与物化。足蹬履，怎么才能说合适呢？那就是忘掉了足的存在，好像履就是足；腰系带，怎么才能说合适呢？那就是忘掉了腰的存在，好像带就是腰。可见，只有当自己与外物完全合一时，才能控制物、驾驭物。"

庄周听了梓庆的这番话，陷入了沉思。他一直在追求生命的自由，追求意志的快乐，但是，他总认为只有摆脱外物才能达到内在生命的自由。而梓庆的雕刻手艺与他所说的这些话都说明，生命的自由就在于生命与外物的交融。他以前虽然体验过与自然之美完全交融的境界，但是对于人世间的肮脏与丑恶，他总是抱着一种排斥、拒绝的态度。可见，要获得真正的自由，就必须能够与所有客观存在的事物达到一种"指与物化"乃至全心与物化的境界。但是，要做到这一点，是多么困难啊！

四

庄周在蒙邑住的时间久了，又萌发了远游的念头。他将漆园的事务安顿好，告别了妻子与儿子，带着蔺且，乘舟顺丹水而下，不日来到了彭城附近。

一天，庄周与蔺且来到了吕梁。丹水在此处突然下跌，形成了一个高达几十丈的瀑布。瀑布溅起的水珠在数里地之外都可以感觉到，巨大的冲击声震得人耳朵发疼。庄周与蔺且正在欣赏这自然界的雄伟壮观，突然，看见有一个人从河岸纵身跳入了瀑布下面的旋涡中。庄周以为是一个对生活失去希望而自寻短见的人，便与蔺且赶紧跑上前去，想救他上来。

但是，等他们跑到旋涡跟前时，已经看不到那个跳入水中的人。庄周与蔺且便又顺流而下，想寻找他的尸体。突然，那人从数百步之外的平静的水塘中冒出头来，用手拢了拢披着的头发，口中唱着当地的民歌，自由自在地游泳。

庄周十分惊奇此人的游泳技术，便站在岸上看着。那人在水中，犹如鱼儿一样自若。他游了一会儿，便爬上岸来，躺在地上，享受着夏日的阳光。庄周走到跟前，问道：

"请问，你的游泳技术如此高超，你有道吗？"

那人见有人问话，也不起来，躺着回答道："我没有什么道。我始乎故，长乎性，成乎命。我游泳时，遇到旋涡便与之俱入，遇到涌波则与之俱出，完全凭借水本身的力量而不自己用力，也就是从水之道而不为私焉。这就是我蹈水的窍门。"

庄周听了这话，进一步问道："何谓始乎故，长乎性，成乎命？"

那人又说："我生于陆地而安于陆地，此谓故；从小在水乡长大，熟习了水的规律，此谓性；在不知不觉之中掌握了游泳的本领，不知其所以然而然，此谓命。"

离开这位善游若鱼的人，庄周对蔺且说："荒山村野之中，倒是可以听到一些启人深思的话。他泳中若履陆地的关键就在于'从水之道而不为私焉'。他是绝对地依照水本身的规律，而不让人自身的力来改变这种规律，因此，他就能够与水合为一体，他就能驾驭水。可见，人要想在生活中获得自由，就必须绝对地遵循自然规律，而不能用自己的偏好来改变自然规律。"

蔺且不解地问道："既然绝对地按照自然规律，那又怎么能显示出生命的自由呢？"

庄周回答说："生命的自由与自然规律本来就没有什么矛盾，它们都是自然之道的产物。只要掌握了自然之道，就能够从自由与必然的矛盾中解脱出来。"

师徒二人一边讨论着刚才那位善游之人的技艺，一边在河岸边的树林中漫步。

突然，蔺且指着前方对庄周说："先生，你看那位佝偻的老人，粘蝉的技术是多么高妙！"

庄周顺着蔺且指的方向望去，果然看见一位曲腰的老者，在用一根长长的木杆粘蝉。他每一次将木杆伸到高高的树枝上，都能很快粘到一只蝉，他身旁放着的笼子里，已经装了很多蝉。这位老者用木杆取蝉，就像一般人在地上拾起一件不会动的物品一样容易。

蔺且急着想过去与老者说话，庄周怕惊动了老者，便用手势制止了他。二人站在一旁，静静地看着。

一会儿工夫，老者的笼子里便装满了蝉，他用木杆挑着笼子，口里哼着轻快的小曲，准备回家了。庄周走上前去，拦住老者，问道：

"老者，我观看您粘蝉已多时了，您的手艺可真高妙啊！您有道吗？"

老者回答道："我有道。每年的五六月份，是粘蝉的好时节。每当此时，我就预先开始了准备工作。我在粘蝉的木杆上放置两个泥丸，然后用双手平举木杆，尽量做到不让泥丸落地。如果能够做到这样，那么用杆粘蝉十有六七都能成功。更进一步，如果能够在木杆上放置三个泥丸而不落地，粘蝉十有八九都能成功。再进一步，如果在木杆上放置五个泥丸而不落地，那么，粘蝉就像在地上拾起一件东西那么容易。当此之时，我的身体就像树木的根那样静，我的手臂就像树木的枯枝那样稳。虽然有天地之大、万物之众，但是，它们都与我毫无关系，我的心中、眼中、手中，唯蝉翼之知。我的心胸十分安静，我的身体十分灵巧，任何事物都无法干扰我的精神对蝉翼的关注。这样，我怎么能不粘蝉若拾物呢？"说完，再也不理睬他们，竟自挑着蝉笼走了。

庄周回头对蔺且说："用志不分，乃凝于神，这就是佝偻丈人粘蝉的道。"

蔺且问道："何谓用志不分，乃凝于神？"

庄周回答说："当一个人的注意力完全集中于某一个事物时，他的精神就会与物合而为一。佝偻丈人粘蝉的手艺说明，人要想做好任何事情，都必须摆脱名利的束缚，将全部身心投入进去。养生亦是如此。"

浪游两个月，师生二人又回到了蒙邑漆园。他们的生活还是照旧：读书、谈论、游玩，偶尔到附近的作坊中与工匠们聊聊天。

这天，庄周正在家中闭目打坐，蔺且忽然慌慌张张地从外面闯进来，对庄周说：

"先生，我今天在集市上碰见了两个从燕国来的方士，他们号称能够做到潜于水中十日而不溺死，赴汤蹈火而不被烧伤。为了让人们相信，他们当众表演，还真是个蹈火不热的人呢！这是我亲眼所见。先生，他们为什么能做到这样？"

庄周听了蔺且的叙述，缓缓睁开眼睛，对他说："你坐下，听我讲。这种表演对于得道的真人来说是不足取的，只不过是一知半解的方士在那儿哗众取宠。其实，要做到这一点也并不难，只要能够安心修道则成。"

蔺且又问道："修道为什么就能达到物不能害的境地呢？"

庄周说："我已经多次向你说过了，凡有貌像声色者，都是物。物与物之间，都可以互相犯害，而不能避免。但是，如果能够进入万物所自出的无形之道，那么，物就不能犯害了。怎么才能进入无形之道呢？保持你的本性，修养你的真气，让你的神气与自然的元气相合。这样的人，自然之道所赋予他的天性就不会丧失，他的精神饱满而没有空隙，外物就无法犯害他了。"

"先生，您说得太玄妙了，能不能说得更加通俗一些？"

"好吧，我给你举一个例子。一个人如果喝醉了酒，当他从疾走如飞的车上摔下来时，他不会感到疼痛，也不会有什么大的伤害，更不会死亡。如果是一个完全清醒的人，则不是丧命，也会重伤。为什么呢？因为醉汉已不知道自己的存在，更不知道外物的存在，他的精神是完整、统一的，这就是天全。他不知道自己是坐在车上，当然也不知道摔到了车下，死生惊惧，都不会进入他的胸中。因此，他已经丧失了自我意识，其精神是自然而然、无所顾忌的，外物对他的伤害也就减轻了。

"醉酒的境界虽然不能说就是得道的境界，但是，二者之间有些相似。因酒而保持天全的人尚且如此，因得道而保持天全的人就更不用说了。"

蔺且又问道："但是，所有的人都想着一个'我'，怎么才能像醉酒那样不在乎外物的犯害呢？"

庄周说："对待外物的犯害，就像对待偶然遇到的飘瓦那样。即使一个气性十足的人，当一块随风飘落的瓦片砸到自己头上时，也不会动怒，因为他知道飘瓦并不是有意来砸它。仇恨再深的人，他会杀死自己的仇人，却不会折断仇人用来刺伤自己的宝剑，因为他知道，宝剑并不是有意来刺伤他。如果将所有犯害自己的事物都像对待飘瓦与宝剑那样来对待，人就不会动怒，就会永远保持平静的心情，就会永远保持天全。这样，天下就消灭了战争，消灭了杀戮，太平盛世就会到来。"

五

庄周担任漆园吏已经四年了。四年以来，漆园还算风平浪静。每年，庄周都能按宫廷规定的数额上缴漆。有时候，宫廷里声称财政紧张，不能按时发放庄周的俸禄，便发给他一些漆，让他自己到市场上去出售。庄周是个不计名利的人，对于身外之物，他一向认为只要够用就行了。因此，他有时也将宫廷里发给的漆赠送给其他因公务而认识的向他婉言求漆的蒙邑官吏。

监河侯便是这样的蒙邑官吏。他的职责是管理流经蒙邑的丹水，包括渔业、灌溉、航运、沿河的森林等。这是一个油水相当大的职位，因此，他的身上除了肉还是肉，胖得就像那宰杀之后吹了气等待刮毛的猪。

但是，他的脑袋可不像死猪那样，他的狡猾与奸诈远远胜过狐狸。他并不满足于在自己的职位上捞取民脂民膏，而且他的手还不时伸向其他一切能够利用的机会。

这位官场老手，第一次遇见庄周这样不计利害的人。跟以前的漆园吏打交道，可要费一番神思、破一些钱财。如果你不给他送去上好的山珍与水产，就别想得到上乘的漆。而这位整日游山玩水的庄周，只要你给他提去几只自己挑剩的瘦得几乎没肉的野鸡，就会换来几桶清亮的漆。其实，他自己家里何尝能用这么多漆。只要到市场上一脱手，就可得到一笔可观的银子。

这天，庄周正在屋子里与蔺且讨论问题，监河侯又来了。他还未进门就高声嚷道：

"师徒二人在讨论什么深奥的哲理，能让我洗耳恭听吗？"

庄周将监河侯让进客厅，寒暄了几句，监河侯感谢道："您上一次赠给我的漆，质地真是不错。我将敝居重新刷了一遍，色泽鲜亮，美极了。哪天屈尊到敝庐一叙。"说着，不等庄周回话，便两个小眼睛一转，诡秘地又对庄周说：

"听消息灵通的人士透露，宫廷要发动政变了。"

庄周微微一惊，问道："何人政变？"

"还有谁，就是当今国君剔成的弟弟偃。"

"是文变还是武变？"

"那就不知道了。我的一位朋友在宫廷中担任要职，据他说偃现在已经把持了兵权，就看剔成让不让位。"

"谁当国君都一样，只要不发动旷日持久的战争就行了。"

"那怎么能一样呢？您也是有学问的人，难道没有听说这一朝天子一朝臣吗？在这关键时刻，可要选择好主子，站好位置，稍有不慎，就会毁了前程。"

庄周笑了笑，没有作声。监河侯做出一副十分关心的样子，又道："我们是多年的老朋友了，当风雨同舟。我今天特地来告诉你这个消息，可要谨慎从事啊。"说完，他就告辞了。

果然如监河侯所言，一个月之后，偃发布诏令，代兄自立，登上了国君的宝座。剔成带着家小逃到了齐国。

宋君偃驱逐剔成的主要理由是他无视仁义之道。因此，他继位后的第一件事就是下令让全国的百姓"实行仁义"。

蒙邑的官吏们以为宋国这下有希望了，出了一个实行仁义的君主。他们纷纷向睢阳奏进贺状，庆祝新君王的这一诏令。

只有漆园吏庄周无动于衷，毫无表示。他不相信有什么君主能够真正实行仁义。这完全是他在为自己的残暴行为制造舆论。

不出庄周所料，宋君偃继位不到一年，便开始了荒淫无耻的生活，将仁义的招牌扔到了血泊之中。

宋君偃与剔成是同父异母的兄弟。剔成在位时，包括偃在内的兄弟们都被视为争夺君位的敌人，名为保护，实为囚禁。偃眼看着剔成过着花天酒地、为所欲为的生活，而自己却失掉了人身自由，就暗自发誓要夺到君位。他凭着自己的机警与权变，逐渐骗取了剔成的信任，让剔成把兵权交给了他。时机成熟之后，他便黄袍加身，粉墨登场了。

一朝大权在握，宋君偃便想享受人间所有的乐趣。他派大臣们到全国各地搜寻绝色女子数千人，养于后宫，任他发泄兽欲。哪一位大臣阻谏，他便将哪一位大臣的双眼作为练习射箭的靶子。

宋君偃为了满足自己奢侈的欲望，便向全国百姓增加赋税，搞得本来就贫困不堪的宋国人民更加无以为生。

宋君偃并不满足于小小的宋国所能供给他的一切。他野心勃勃地企图向周围强大的邻国齐魏争夺土地。因此，他在全国范围内大量征兵。他就像一个疯子，拿着一只鸡蛋去碰坚硬的石头。

他命令手下人用木头雕刻出各诸侯国国君的头像，置于宫中，每天用箭射击，以激励他消灭诸侯、一统天下的大志。

疯子的所作所为，往往超出一般人所能想象的范围。宋君偃不仅痛恨其他诸侯国的国君，而且也痛恨那超然一切之上的万能的天帝。他觉得他的权力应该是无限的，他的地位是至高无上的，但是，那万能的天帝却比他还高。于是，他就命令手下人用圆形的革囊盛上血，作为假想中的天帝挂起来。然后他用箭射击，一箭射中，鲜血四溅，他便发出残忍的笑声。

终于，这个迫害狂将他的魔爪伸向了漆园。漆园是宋国非常重要的一项财政收入，用漆可以到北方诸侯国换取大量的珍宝奇玩。宋君偃命令各地的漆园将产量提高到原来的两倍。如果不能如数交纳漆，漆园吏的脑袋就会作为他的酒壶。

这天，蔺且将宫廷送来的关于增加漆数的文件让庄周看了。庄周一句话也没有说，便独自一人走出漆园的大门。

他的心情极为沉重。要增加漆的产量是不可能的，要向宫廷交差的唯一办法便是以君主的名义侵占附近的私人漆林。但是，这样的事庄周怎么能做得出来呢？

他一个人在山间的灌木丛中漫无目的地散步。这是他多年来养成的一个习惯。每当心情烦躁的时候，他便喜欢到僻静的地方独自走一会儿，理一理自己的思绪。这样，他的心情就会逐渐平静下来。可是，今天却不同往常，散步不但没有消除烦恼，反而使烦恼更加沉重了。

突然，他看见一只奇异的鸟从南方飞来。这只鸟的翅膀很长，但是飞得很低、很慢，眼睛的直径约有一寸，却好像没有看见庄周，它径直向庄周飞来，翅膀从他的额头上一擦而过。

庄周觉得十分惊奇，从来没有见过这样的鸟，便尾随它而去。他远远地看见那只鸟落在了漆园旁边的栗林之中，便顺手拾了一颗石子轻手轻脚地来到它的旁边，企图击落它。

但是，庄周却被一个触目惊心的场面惊呆了。

他看见一只蝉，正在一片树叶之下乘凉，它完全没有察觉到有一只螳螂正在不远的树枝上，准备扑过去抓住它；而这只准备扑蝉的螳螂，完全沉浸于即将到来的快乐之中，丝毫也没有注意到刚才落在栗树上的那只异鸟正在盯住它，见利而忘其身；而那只异鸟又全神贯注于快要到口的螳螂，根本没有发现它的身后还有庄周。

庄周猛然之间好像觉醒了。他自言自语地说："物因相累，二类相召也！"扔掉石子，回头便走。

看守栗林的虞人看见庄周从栗林中出来，以为庄周是一个偷栗的盗贼，便在后面追着叫骂。庄周加快脚步，一口气跑过两座小山，那虞人才回去。

庄周在回漆园吏所的路上，边走边想：蝉得美荫，螳螂在后；螳螂扑蝉，异鸟在后；异鸟图谋螳螂，而庄周在后；庄周图谋异鸟，而虞人在后……

任何图谋他物的物，又被他物所图谋。任何贪图利益的人，又被别人作为利益贪图。蝉、螳螂、异鸟、庄周，四者之间有什么区别呢？他们都自以为是对方的主宰，实际上他们又都被别人主宰。他们都不是自己的主人，他们都是随时可供猎人攫取的猎物。

庄周回到漆园，将自己关在一个小屋里，三天三夜不出门、不说话、不吃饭。急得颜玉、蔺且在外面团团转。任凭他们怎么叫喊，庄周就像死人一样在屋子里，没有一点动静。

三天之后，庄周出来了。他整个人瘦了一圈，眼窝深陷，嘴唇干裂，就像大病了一场。颜玉心疼地拉着庄周的手，泣不成声。儿子抱住他的腿，也吓得哭了起来。蔺且将庄周搀扶到椅子上坐下，然后问道：

"先生，您为什么这样？"

庄周回答说："我为了一点小小的利益而忘记自己的生命安全，我整天在浑浊的水中游泳，而自以为找到了清澈的渊源。老子曾经说过：'入其俗，从其俗。'我任漆园吏，自以为是符合老聃的遗训，没想到差点将性命也丢掉。"

蔺且说："先生，您的意思是，这漆园吏不当了？"

庄周露出了一丝微笑，说："真我徒也。收拾行李，准备回家。"

蔺且当即准备好墨汁、毛笔、绢帛。庄周写好辞职书，蔺且连夜送往朝廷去了。

过了几天，蔺且用一把独轮车推着庄周的妻儿，一行四人直奔老家而来。

第五章
退隐江湖 寓言传道

一

庄周带着妻儿与蔺且一起回到家中的时候，他那间本来就破旧不堪的茅屋已经无法住人了。泥皮覆盖的茅屋顶上开了几个大洞，墙根下也让耗子挖开了几个窟窿，真正是家徒四壁，八面透风。而庄严像以前那样，为了保持庄门家风的清白，拒不承认自己的弟媳妇与侄子的合法地位，因此，他丝毫也不想伸出援助的手。

但是，此时的庄周，已经不是数年之前的庄周了。当了几年漆园吏，虽然说是两袖清风，但他毕竟也有了点积蓄。况且，现在又有蔺且这样一位棒小伙。此时正是夏天，气候还不冷，能凑合几天。

于是，庄周便与蔺且商量干脆搬出去，在村头修几间茅屋。庄周将地方选在蒙泽的旁边，这样，他不用出门就可以凭窗近眺蒙泽的风景了。

新居落成的这天，庄周让颜玉准备了几道菜，让蔺且到附近的镇子灌了一壶酒，他要为归隐田园和乔迁新居庆贺一番。

庄周坐在上首，蔺且与颜玉坐在两旁，四岁的儿子坐在下首。一家四口，团团圆圆，融融洽洽，一派天伦之乐。庄周与颜玉早就把蔺且视作自家人，而蔺且也觉得他在这个家庭中已经不是外人。庄周举起酒杯，示意蔺且也端上，说："今天我们师徒俩畅饮一番！"

颜玉在旁边说话了："你们还是少喝点吧！"

庄周笑了笑，对颜玉说："总管大人，就破例让我们多喝点吧，今天是个不同寻常的日子。"

蔺且也帮着庄周说话："师母，今天就开恩吧！"

颜玉笑着对蔺且说："你总是跟你师傅一条心，看哪天我不给你饭吃。"

蔺且道："师母不给我饭吃，我就去讨饭吃。说不定又能碰上一个自投罗网的通缉犯，让我领上五十两银子的赏金哩！"

这话说得一家人都哈哈大笑起来了。庄周四岁的儿子不解地问道："谁是自投罗网的通缉犯？"

颜玉指着庄周说："就是你父亲。"

庄周赶忙说："你还小，长大了再告诉你父亲的故事。"

酒过三巡，庄周的耳根有点发热了，他似乎进入了飘飘欲仙的境界。他觉得自己的身体逐渐失去了重量，随着酒气的蒸腾慢慢上升，一直上升到蓝天白云之间，与清澈的宇宙之气化为一体。他的脑子里一片空白，什么也不想。他只觉得有一种无以名言的轻松感、自在感。他觉得自己重新属于自己了。不，自己重新属于自然了。他忘记了自我，忘记了一切，让精神在浑沌之地毫无拘束地漫游。

第二天早上，庄周问颜玉："我昨天晚上喝醉了吗？"

颜玉说："喝醉了没有自己还不知道吗？"

"是的，醉了之后，什么也不知道了，连快乐也不知道了。但愿长醉不愿醒。"

庄周从窗户望出去，蒙泽的芦苇已经长得很高了，在微风的吹拂下摇摆。偶尔有几只水鸟鸣叫着飞过，打破了湖面的宁静。渔民的小舟在湖面上飘来荡去，显得那么悠闲自在。

这时，蔺且进来说："先生，我们算是回来了，而且也有了自己的家。

从今之后，没有公务缠身，也不必应付那些官吏们，我们有更多的时间来讨论学问了。"

庄周说："是的。不过，我倒更愿意趁腿脚还比较灵便，多游览一些自然风光。"

蔺且说："那也得过上一段时间，总不能刚搬入新居就出门远游吧。"

"那当然，你有什么要问的吗？"

"先生，上一次我曾经问过，你从不仕到出仕，有没有什么变化，你告诉我，变化中有不变者存。今天，我又要问你，从出仕又到不仕，有没有不变者存呢？"

庄周回答道："这一次不仕，与出仕之前的不仕又有不同。以前不仕，只是出于对现实的不满，现在不仕，则是从亲身经历中感受到了生命的可爱。当然，我并不后悔漆园吏的这段生活。这几年，我认识到，人虽然要追求意志的快乐，但是，也必须学会在人世间的大海中游泳。吕梁大夫、佝偻丈人、梓庆，都是我们的师傅。"

蔺且问道："先生，您现在退隐了，完全自由了，再也不必为那些束缚您的东西发愁了。"

"非也。跳出政治的旋涡，不等于跳出人世的大海。我虽然要让我的精神在天地之间无拘无束地漫游，但是，我的脚却必须踩在坚实的大地上。这就叫'独与天地精神相往来，而不敖睨于万物，不谴是非，以与世俗处'。"

"独与天地精神相往来与处于世俗之间，难道不能同时做到吗？"

"当然能，而且必须做到。实际上，只有做到了处于世俗之间，才能做到独与天地精神相往来；也只有做到了独与天地精神相往来，才能做到处于世俗之间。二者互为因果，不可割裂。"

"请言其详。"

"所谓独与天地精神相往来，也就是进入道的境界。而道则体现于它所创造的万物之中，并不是离开众物而独存的东西。因此，要想进入道的境界，就必须与世俗之间的万物相处，在任何一个有限的、有形的物上悟出那无限的、无形的道。离开了世俗之间的物，也就无法把握到独与天地精神相往来的境界。

"反之亦然。人生活在这个物的世界上，要想避开物，是不可能的。世俗之物先你而存在，并伴随你而存在。如果人有了道，就具备了超然物外的精神境界，然后才不至于埋没于众物之中。有道之人，可以生活于世俗之间，而不被世俗所同化。

"总而言之，要做到身在尘俗而心游天外，寄迹物中而神游无垠。"

"先生，这样的境界确实难以达到啊！"

"是的。这样的境界是难以达到。我现在也没有完全达到这样的境界。但是，这是人生所能达到的最高境界，你我当共同努力。"

庄周虽然辞官归家了，但是，他的名声却越来越大。经常有一些远道而来的士子，向他询问养生之道。

这天上午，庄周正坐在草地上，面对蒙泽弹琴自娱，蔺且在一旁整理他与庄周的谈话录，有一个自称孙休的人来访。他通报姓名之后，便问道：

"庄周先生，您的学说以无为著名，我今天特来请教。我居住在乡里，没有推荐自己去当官，我看见有人遇难也没有去救他，可谓无为了吧；但是，我种田，庄稼从来不丰收，也从来没有哪个君主知遇我，我得罪天了吗？我为什么如此命苦呢？"

庄周放下琴，招呼孙休坐下，然后对他说："你所说的那种无为，并不是真正的无为。我今天告诉你至人的行为。至人忘掉了自己的五脏六腑，忘掉了自己的耳目鼻口，恍乎、惚乎，而游于尘垢之外，惚乎、恍乎，逍遥乎无事之业。这才是为而不恃，长而不宰。而你的那些行为则是哗众取宠，饰知惊愚，就像要用你的双手抓住日月一样，是不可能成功的。像你这样的人，能够保全自己的躯体而不得上聋盲跛蹇的疾病，就已经够幸运的了，还怨天何为？"

孙休听完庄周的话，神情沮丧地走了。庄周抬眼凝望湖水片刻，继续弹琴。一曲终了，他仰天而叹，似乎有什么忧虑。

蔺且停下手里的工作，问道："先生，你为何叹气？"

庄周说："刚才孙休来，我告诉了他至人之德。我怀疑他会惊叹于至人之德而精神失常。"

蔺且说："先生请宽心。如果他认为自己的所作所为是正确的，而您所说的是错误的，他当然不会以非易是；如果他认为自己所作所为是错误的，而您所说的是正确的，正好可以以是易非。因此，他不会精神失常的。"

庄周又道："话不能这么说。从前有一只美丽的鸟，落到了鲁国国都的郊外，正好让鲁君碰着了，他十分喜欢，便命手下人捉住它，带回宫中。鲁君以太牢之食喂养它，以九韶之乐侍候它，可是美丽的鸟却一天天地瘦下去了，最后不食而死。这就是以己养养鸟。如果以鸟养养鸟，就应该让鸟栖之深林，浮于江湖，食以虫蛇。

"今天，我告诉孙休至人之德，就是以己养养鸟。对孙休这样的人谈论至人之德，就像用车马来装载一只鼷鼠，用钟鼓来伺候鸟，他怎么能不感到惊疑呢！"

"依先生之意，若何？"

"以后有人来问道，必须对症下药，看人对话。如果不这样，不但不能让他明白道理，反而让他失去了故常的生活。"

又过了几天，有一个名叫东郭子的人来向庄子问道。东郭子是一个颇为自负的人，他一坐下就咄咄逼人地质问庄周：

"庄周先生，您的学说以道为核心，而您所说的道又是无形无象、虚无缥缈的东西。因此，我认为您所说的道实际上是不存在的。您的学说是故作高深，欺骗众人。"

庄子听后，微微一笑，说："东郭先生，我所说的道是真实地存在着的东西。"

"那么，道在什么地方呢？"

"无所不在。"

"请您说得具体一些。"

"在蝼蚁。"

"道怎么能如此卑下呢？"

"在稊稗。"

"怎么更加卑下了呢？"

"在瓦甓。"

"怎么能卑下至如此之甚呢？"

"在屎溺。"

东郭子听后，再也不言语了。

过了一会儿，庄周道："东郭先生，你如此发问，根本就没有接触到问题的实质，我也就只能如此回答你。监市官员到市场去查看猪的肥瘦，顺着大腿越往下看，越容易发现肉的多少。这就叫每况愈下。我回答你道之所在，也只能如此。"

东郭子又问道："那么，道究竟何在？"

庄周回答说："道存在于所有的物中。因此，道即周，道即遍，道即咸。周、遍、咸，是说道是无所不在的，它并不离开众物而独存。道虽然是无形无象的，但是，在有形有象的物中却可以体悟到它的存在。"

东郭子又问："那么，我怎么能从有形有象的物中体悟到无形无象的道呢？"

庄周答道："你必须保持淡而静、漠而清的精神状态，使你的心就像清澈宁静的井水，又像明洁光亮的铜镜。这样，你的意志就会得到极大的自由、极大的快乐，你的精神就可以无所不至。去而来，而不知其所至；往而来，而不知所终。彷徨乎冯闳之境，而不知所穷。这样，你就可以在有形有象的物中体悟到无形无象的道。"

"那么，道与物之间，是什么关系呢？"

"道是物物者，即物的主宰，但是，道与物之间，没有什么界限。物与物之间是有界限的，但是，物与道之间却没有界限。物来源于道，又归于道。道产生物，又在于物。"

听庄周这么一讲，东郭子连连点头称是，心悦诚服地告辞了。

东郭子离开之后，蔺且开心地对庄周说："先生，这个自负的家伙终于被您说服了。"

庄周却心事重重地说："蔺且，可没有那么容易啊！我现在越来越发现，向别人讲授道是十分困难的。心里想的东西，一旦用语言说出来，就变了味儿了。"

"除了语言，还有什么东西能表达道呢？"

"什么也没有。语言虽然不能完全表达道，但是，它又是唯一的工具。这是我最近的一大苦恼。"

蔺且默默地在一旁为先生担忧。少顷，庄周说："我昨天晚上做了一个梦。"

"梦见什么了？"

"我梦见一个名叫知的人求道的故事，知北游于元水之上，登隐弅之丘，而正好遇到了无为谓。于是，知对无为谓说：'我想问你几个问题：何思何虑则知道？何处何服则安道？何从何道则得道？'

"连问三声，无为谓一句也没有回答他。无为谓并不是故意不回答知的问题，就像他的名字所示，他根本就不知道回答别人的问题。

"知没有得到回答，就离开了无为谓，又来到白水之南，登上了狐阕之丘，而遇到了狂屈。知又以向无为谓提过的问题，重新向狂屈说了一遍。

"狂屈说：'唉！我心知此问，本想告诉你，但是，刚想开口，就忘了我要说的话。'

"知又没有得到回答，就离开狂屈，来到黄帝的宫殿，向黄帝提出了这几个问题。

"黄帝说：'无思无虑始知道，无处无服始安道，无从无道始得道。'

"知听了黄帝的回答之后，说：'虽然你的回答等于没有回答，因为你只是以否定问题的方式给予我回答。但是，你毕竟给了我回答。在来你处

之前，我曾经问过无为谓和狂屈。无为谓不答，狂屈欲答而忘言，究竟谁更加接近于道呢？'

"黄帝说：'无为谓真知道，狂屈似之，我与汝终不近于道。夫知者不言，言者不知，故圣人行不言之教。道不可言，言而非也。'

"知不解地问道：'我问无为谓，无为谓不告我，非不告我，不知而不告也；我问狂屈，狂屈本欲告我，而无法告我，非不告我，欲告而忘言也；今我问汝，汝知之而告我。怎么能反而说汝不近道，而彼知道？'

"黄帝说：'无为谓真知道，就在于他不知告人，因为道不可传；狂屈似之，就在于他欲告而忘言，因为道不当言；我终究不近道，就在于我自以为知道而以言告汝。'"

蔺且听完庄周的梦，失望地说："那么，既然道不可传，先生的学说就难以让众人了解了。"

庄周笑了笑，说："刚才的那个梦，是从传道之难的角度说的。如果闻道者天机自深，那么，寥寥数语即可知道。我再给你讲一个故事。这个故事不是梦，是我编的。

"有一个名叫啮缺的人，去向得道者被衣问道。被衣让啮缺坐下之后，便向他说：'你端正你的形体，集中你的目光，天和之气就会到来；你抛弃你的智慧，专注你的精神，神灵之光就会降临。如此，自然之道就会居住于你的胸中，你的眼光就会像新生之犊那样清新明亮……'

"被衣的话还未说完，啮缺已经坐在椅子上睡着了。他的神态是那样安详，就像拥在母亲怀中的赤子。

"被衣十分高兴，没想到啮缺的悟性如此之高，话还没有听完，就先自进入了道的境界。于是被衣口中唱着轻快的歌曲，也不理会啮缺，就独自出门远游去了。他唱道：

形若槁骸　　（形体已如槁木之枯枝）

心若死灰　　（心灵恰似熄灭的灰烬）

真其实知	（告之以真知）
不以故自持	（他便忘记了过去的糊涂）
媒媒晦晦	（昧昧晦晦）
无心而不可与谋	（没有心机而不可与谋）
彼何人哉	（那是什么人呀）

"如果闻道者都能有齿缺这样的悟性，传道的难度就减轻多了。"

二

一天，监河侯来访问庄周。

监河侯进门之后，先打量了一下庄周的屋子，书简比家具多。他又从窗户往外望了一眼，湖光水色，尽收眼底。然后，他对庄周说：

"庄先生，您可真会享福啊！"

"不敢不敢，唯求清静而已。"

"不过，恕我直言，您如果继续当着漆园吏，也照样可以读书、求道、游山玩水啊！"

"庄周不才，难以兼之。"

"您看，像我，虽然上面加倍征收河税，但是，我照样当我的监河侯。上有政策，下有对策嘛！"

庄周看着得意忘形的监河侯，突然想起了猪身上的虱子。他心念一转，对监河侯说：

"您见过猪虱吗？"

"见过，那有什么奇怪的，哪个猪身上不长虱子？"

"我觉得猪虱是最愚蠢、最可怜的东西。"

"何以见得？"

"虱子将猪毛之间的空隙作为广宫大囿,高兴了,就来到乳间股脚之下漫游,自以为生活得很幸福。但是,它哪里想到,一旦屠者鼓臂布草,手操烟火,要烧尽猪毛,虱子还没反应过来便与猪毛一起化为灰烬了。"

临河侯没有听出庄周在影射自己,讪笑着对庄周说:"先生的学问确实长进了,不仅为天下之人担忧,而且为天下猪虱担忧,真圣人也!"

庄周接着说:"我给您讲一个故事。"

"讲吧,我最爱听您讲故事,好长时间没听您讲故事,耳根都痒了。"

"有一个名叫无端的人,专门为宫廷喂养准备祭祀用的猪。这天,新送来一头小猪,这家伙十分不老实,在牢笼之中跑来跑去一个劲地叫唤。它似乎预感到自己会被宰杀,用前蹄拼命地踢着围栏,企图逃跑。

"无端听得不耐烦了,来到牢笼旁边,对猪说:'小猪啊小猪,你怕死吗?我会用上等饲料喂养你三个月,然后十日戒,三日斋,恭恭敬敬地将你请到白茅之上,结了你的性命,将你的肩尻粉碎于彫俎之上,你愿意吗?'

"然后,他又对可怜的小猪说:'我知道你的心事,你肯定不愿意。你宁肯食糠糟,而在牢笼之中转悠,也不愿到彫俎之上送命。'

"第二天,宫廷传下了命令,让无端从现在开始,每天食如君主,寝如君主,轩冕美女,任其挥霍。但是,君主死后,他必须作为祭祀品被活埋。无端高兴地答应了。

"无端的处境与小猪的处境完全相同。但是,为猪谋则去之,为己谋则取之,这不太愚蠢了吗?"

听完庄周的故事,监河侯有点开窍了,他不快地问庄周:"先生是在讽刺我吗?"

"岂敢。像无端这样的人太多了,比比皆是,怎么能说是讽刺您呢?不过,我倒是想提醒您一下,可不要把高官厚禄看得太重了,这样会送命的。"

监河侯心中暗笑,这庄周也确实太谨慎了,因噎废食,未免过分。但是,口中却说:

"谢谢您的提醒。我可不是那种忘恩负义的人。您虽然辞掉了官职,但是我们的私人交情还没有断。以后有什么需要帮忙的,就尽管张个口,不要客气。"说完,就要告辞。

送走监河侯回到家中,蔺且对庄周说:

"先生,您今天讲的这两个故事真绝,我已在旁边记录下来了。这对那些贪图享受、不顾性命的人,真是一剂良药。"

听完蔺且的话,庄周似乎发现了些什么东西。用抽象的语言来直接论述道,往往让人难以理解,而且难以相信。如果用通俗易懂的故事来比喻道,再借有名望的圣贤哲人之名,就可以使人们容易理解,而且容易相信。这就是寓言,即寄寓他人之言;这就是重言,即借重他人之言。想到这儿,庄周高兴地对蔺且说:

"有了!有了!"

蔺且看着庄周手舞足蹈的样子,问道:

"有了什么?"

"我们不是一直在为怎样才能表现道发愁吗?这下不用愁了。我们可以用寓言、重言来表现道。"

"何为寓言?"

"寓言即寄寓他人来论述道。为什么要寄寓他人呢?我先给你举个例子。一个人要想替自己的儿子求婚,就不能自己去当媒人,因为他即使把自己的儿子说得如同圣贤,人们也不会相信他的话,人们总觉得父亲替儿子说话会包庇他的缺点。如果他请另外一个人去做媒,情况就不同了。因为对方听了外人的介绍,就会觉得是客观的事实,而容易相信。我向别人传道亦是如此。我整天以自己的口气说道有多么奇妙,人们就会觉得我是在王婆卖瓜,自卖自夸。我如果编出一些故事来,以他人的名义来论述道,人们就会相信。这不是我要故意如此,人同此心,心同此理,势所必然。"

"那,何为重言呢?"

"重言就是借重古代圣贤之人的名声论述道,这比寓言更进了一步。

天下之人，都迷信古代的人，而且更迷信古代的圣贤。我如果以黄帝、尧、舜、孔子、老子等人的名义来论道，世人就会趋之若鹜。"

"先生，这真是妙方啊！"蔺且拊掌叫好。

"而且，这种方式也更符合道本身的特征。我所说的道，本来就是一种生活态度、一种行为方式，并不是一个抽象玄妙的东西，在人与人之间发生的故事中，更能让问道者体悟到道的精髓。"

这天，有一个儒士来到庄周家中。这位儒士不像别的士那样，开口就问道。他提了一个颇为巧妙的问题：

"庄周先生，请问是孔子伟大，还是老子伟大？"

庄周说："孔子与老子究竟谁伟大，不是我们这些后人所能评价的。你想听听孔子见老子的故事吗？"

"什么？孔子还见过老聃吗？"

"当然见过。孔子到了五十一岁的那年，觉得他以前所学的东西都不是真正的道，就从鲁国来到南方的陈国沛县，拜见老子。

"孔子见了老子之后，老子招呼他坐下，然后说：

"'孔丘，你终于到我门下来了。我听说你是北方的贤人，你得道了吗？'

"孔子回答说：'没有。'

"老子问：'你是怎么求道的？'

"孔子说：'起始，我求之于仁义礼智，五年而未得道。'

"'然后呢？'

"'又求之于阴阳之气，十有二年而未得道。'

"'如此，你当然不可能得道。仁义是扰乱人心的祸害，阴阳之气也只不过是道的外化。'

"孔子又问：'如何才能得道？'

"老子说：'我要休息了，你明日再来。'

"第二天，孔子又来到老子的家中。正好老子新浴之后，在那儿等着让头发干。他静静地坐着，一动不动，双目紧闭，寂寞之至，犹如非人。孔子不敢打扰他，便在旁边等着。良久，老子睁开了眼睛。孔子上前请安，问道：

"'先生，您刚才是怎么了？形若槁木，心若死灰，好像离物遗人而独立于无人之野。'

"老子说：'吾游心于众物之初。'

"'何谓众物之初？'

"'众物之初的境界，心不能知，口不能言，今日勉强用诗为你说其大概：

至阴肃肃	（至阴之气寒若严冬）
至阳赫赫	（至阳之气炎若盛夏）
肃肃出乎天	（阴气来于天）
赫赫发乎地	（阳气源于地）
两者交通	（阴阳交合）
成和而物生焉	（在和气之中生出万物）
或为之纪	（似为万物之纲纪）
而莫见其形	（却见不到其形）
消息满虚	（死生盛衰）
一晦一明	（时隐时现）
日改月化	（日迁月移）
日有所为	（无时不在作用）
而莫见其功	（却见不到其功）
生有所乎萌	（生有所始）
死有所乎归	（死有所归）
始终相反乎无端	（始终循环，没有尽头）
而莫知其所穷	（却不知它的边缘）

非是也　　　　　　　（没有它）

且孰为之宗　　　　　（什么来充当万物之宗）

"孔子又问：'请问，游心于众物之初，是如何感受？'

"老子回答说：'得到这种境界，就具备了至美、至乐。得到至美，而游于至乐，就是至人。'

"孔子又问：'至人如何？'

"老子回答：'至人者，喜怒哀乐不入于胸次，以天下万物为一，视四肢百体犹如尘垢，视生死如昼夜，而况得失祸福哉！抛弃隶仆犹如抛弃泥土，知己身贵于隶。万物不足以为患，与物为化而不知其极。已为道者，能达于此。'

"孔子听了老子的话，告辞而归，三天之内都不说话。颜回问道：'夫子见老聃而不语，为何？'

"孔子说：'我在道之面前，犹如瓮中之蚁，如果不是老子揭开瓮上之盖，我终生不知天地之大全。老子就像龙，合而成体，散而成章，乘乎云气，养乎阴阳。在老子面前，我张口无以发言，我尚何言哉！'

"从此之后，孔子就辞退了所有的弟子，开始专心学习老子之道。"

那儒士听了庄周讲的故事，十分惊异，问道："请问先生，为何我读的经典之中，没有孔子见老子的记载？"

"因为你所读的经典，都是孔子五十岁之前所作。或为孔子五十岁之前的弟子所记，他们为了维护自己所学，当然不愿记下孔子五十岁之后的言行。"

那儒士连连点头称是，告辞而归。

蔺且击掌称妙，对庄周说："从此之后，世人又多了一条孔子见老聃的话题，说不定以后的史官还会信以为实，在孔子传中写上'孔子见老聃'哩！"

庄周笑道："那才正中吾意！"

一天，庄周与蔺且正在整理这些天来为求道之人回答的谈话录，又来了一位士。这位士提了这样一个问题：

"庄周先生，您的学说以无为自然为主，那么，您是不是主张将一切人所创造出来的机巧器械都废除呢？如果都废除了，人将怎样生活？如果不废除，能说是无为自然吗？无为自然与机巧器械之间，是不是对立的？"

庄周回答说：

"您提的这个问题，确实很有深度。我讲个故事给您听听，您就会明白。

"孔子的弟子子贡到楚国去漫游，回来的路上，在汉阴碰到一位老者。这位老者种了一片菜地，但是，他给菜地灌水的方式很特别。他挖了一口井，然后在旁边挖一条斜入井水的隧道。他抱着一口瓮，从隧道下去，盛上一瓮水，然后又抱着瓮上来，将水灌入菜地。如此往复不绝。但是用瓮盛上来的水很有限，因此，老者虽然跑来跑去，精疲力竭，但是，菜地里已经干得裂开了口子。子贡觉得这位老者很可怜，便上前对他说：'老者，有一种机械，可以一日浸灌百畦菜地，而用力甚少，你难道不知吗？'

"老者问道：'何种机械？'

"子贡说：'凿木为机，后重前轻，提水若抽，其名为槔。'

"那老者听后，面色由疑问转为释然，笑道：

"'我从我的师傅那儿听说过：有机械者，必有机事；有机事者，必有机心。若有机心存于胸中，则淳朴自然的元气就会受到损害。如此则精神不得安宁，道就不会保持于胸中。'我并不是不知道那种器械，我是为了淳朴自然的精神而羞于为此。'

"子贡听了老者的话，觉得十分深妙，相比之下，自己是那样的浅薄。他惭愧地低下了头，无言以对。

"过了一会儿，那老者又问：'你是什么人？'

"子贡回答说：'我是孔丘的门徒。'

"老者说：'孔丘之徒，与我道不同而不相谋。你赶快离开这儿吧，别

耽搁了我盛水灌畦。'

"子贡羞至极，若不自得，领着随从赶紧离开了老者。一路上，他闷闷不语，面色十分难看。一直行走了大约三十里地，才有所好转。

"一位随从看子贡的颜色没有那么阴沉了，便问道：'刚才那人是干什么的？为何先生见了他之后变容失色、耿耿不释呢？'

"子贡回答说：'先前，我以为天下的学者唯有孔子伟大。没想到今天碰上的这位老者比孔子更伟大。孔子经常教导我们，用力少而见功多者，为圣人之道。而这位老者则认为不然。功利机巧，忘乎其心，虽有巧械而不用，就是为了保持淳朴自然的道德。彼何人哉！彼何人哉！'

"子贡回到鲁国，向孔子讲述了抱瓮老者的故事。孔子听后，回答说：

"'子贡啊！你的好学深思确实值得嘉许，但是，可不能游于浊水而迷于清渊呀！从那个老者所为所言来看，他肯定是一个修浑沌之道的人。但是，他只知其一，不知其二，只治其内而不治其外。

"'浑沌之道，虽然追求淳朴自然，但是，并不废除机械之巧。如果仅凭不用机械之巧来保持自己的淳朴自然，那也未免太无知了。其实，真正掌握了浑沌之道的人，虽然整天使用着巧械，也不会丧失淳朴自然。因为他的胸中已经让自然之元气占据了，任何机械，都不能使他产生机心。

"'你如果见到了那真正掌握了浑沌之道的人，就会更加惊疑。因为他们是明白入素，无为复朴，体性抱神，而游于世俗之间，和光同尘，与世推移。

"'子贡啊！浑沌之道可不是你我所能达到的。'"

那人听了庄周的故事，顿开茅塞，说："多谢先生指点。"就告辞了。

庄周从离开漆园到现在已近一年工夫了。一年来，登门拜访求道者时有出现。庄周虽然无意于聚徒讲学，但是，也无法拒绝这些热心的求道者。在与求道者的辩论中，他自己的思想也在不断地成熟。蔺且总是将他与别人的谈话记录下来，认为是绝好的文章。有时候，有人来问道，适逢庄周不在，蔺且便将这些记录抄写一份送给他们。这样，世人便争相传阅庄周的这些妙趣横生的文章了。

这天，梓庆来访问庄周。庄周高兴地将梓庆让进客厅，说："什么风将您吹来了？"

梓庆从怀中掏出一个雕刻得很精致的飞龙，递给庄周说："奉上薄礼一件，请先生笑纳。"

庄周小心翼翼地将飞龙转着从各个角度观赏了一遍。飞龙有两只翅膀，又有四只脚。它的两只翅膀张开着，似乎在空中飞翔，而它的四只脚呈划动状，像在水中游泳。它的头向上昂着，似乎在用那长长的角去触摸蓝天中的云朵；它的口微撮着，似乎向着广漠的宇宙长吟轻啸。

庄周爱不释手，专心致志地欣赏着，竟忘记了梓庆坐在一旁。他的心，早已融化在飞龙身上，腾云驾雾，游于六合之外了。

梓庆问道："何如？"庄周这才从遥远的天空回到了现实之中，连忙答道："真神品也！"

梓庆满意地说："实不相瞒，此乃我平生最得意之作，费时三年方成。"

庄周一听，不安地说："如此无价之宝，鄙人怎能无功受禄？"

梓庆用手推回庄周递过来的飞龙，笑道："先生何必客气。此物若流于街市，则不若一鸟兽之像，唯先生能识其价，故唯先生受之无愧。"

庄周这才不再推辞，将飞龙之像供于书案之上，凝视良久，自言自语道："妙不可言！"然后转身对梓庆说："知我者，梓庆君也。"

梓庆说："先生虽然许我以知音，但是，先生的所作所为我并不能完全理解。当然，您辞官退隐是为了一己之自由，但是，您难道忍心抛下那些横目之民不管吗？"

庄周沉重地说："梓庆君，我也是不得已而为之。仅凭我庄周一个人的力量，以一个卑微的漆园吏的身份，能够拯救天下横目之民吗？还不如退而洁身自好，修身养性，同时，用我的学说慢慢地感化世人，也许还对人类有点贡献。"

梓庆说："我们虽然认识很长时间了，我还没有听您比较完整地讲过您的学说。趁今天的机会，您能不能给我说一说？"

庄周说："我的学说，可以分三种拾级而上的境界：第一种境界是圣治，第二种境界是德人，第三种境界是神人。"

"愿闻圣治。"

"圣治是最低的境界。布政施官，各得其宜。举贤授能，人尽其才。天下平均，秋毫无犯。当政者躬行其言，而天下之人无不向风，以手指，以顾示，则四方之民无不听之。此谓圣治。"

"愿闻德人。"

"德人即天下皆为有德之人。居处则无思虑之谋，行动则无忧患之苦，胸中没有是非的标准，没有美丑的区分。四海之内共利之才算是喜悦，共给之才算是安宁。财用有余，却不知道从何而来，饮食取足，却不知道谁人供给。此谓德人。"

"愿闻神人。"

"上品神人，乘光照物，却不见其形迹，此谓知周万物，明逾三景。达于天命之境，尽知万物之实，与天地同乐，将万事消亡。万物芸芸，复归其根，玄冥之境，神人所游。此谓神人。"

梓庆听完，说："先生，您所说的圣治之境已属人间所无，而况德人、神人乎？"

庄周说："此虽人间所无，实乃真人所应有。万世之后，其庶几乎？"

三

寒冬一过，春气萌动。万物复苏，草木皆荣。蒙泽再一次呈现出迷人的姿色。它卸掉那厚重而笨拙的冬装，穿上了轻扬飘逸的春衣，犹如一位迎风招展、亭亭玉立的少女。

春天一来，庄周便很少坐在家中。当第一道曙光从东方射出的时候，他便已来到湖边，安详地凝视着太阳慢慢升起，魔鬼的暗影便悄然离去，大地上一片清朗光辉。他倾听水鸟的鸣叫，看水面呈现的光晕，觉得这一切比最美的音乐还美。

他细致地观察湖边的各种小虫，各种花草。他看小虫之间如何戏耍、打架，他看蜜蜂怎样在花草之间传粉。

最有意思的是，庄周还观察到动物之间的交配。这天，庄周发现一雄一雌两只白鹞鸟在草地上对视。两只鸟的眸子都一动不动，深情地注视对方。它们似乎完全忘记了对方之外的任何外物，所以庄周走到它们附近，它们连一点反应也没有。

然后，它们在对视之中互相靠拢。雄鸟走一步，雌鸟也走一步。鸟儿虽然没有语言，但是，它们的心却是相通的。

等到走近之后，两只鸟便交颈而戏……

他还见过两只小虫的交配，也很富于诗意。雄虫在上鸣叫一声，雌虫便在下应一声，如此往复不绝。雄唱雌应，配合默契，宛若天作之合。它们的声音，听起来就像一首动听的琴曲。

由此，庄周联想到人与人之间的关系。人与人交往，如果都能做到像虫鸟之风化那样毫无强求，天性自然，则善莫大焉。可惜的是，人不同于虫鸟。人有智谋，人有意志，而且，人总是喜欢将自己的意志强加于别人身上。

强者将自己的意志强加于弱者头上，是司空见惯的。可悲的是，弱者有时候也企图将自己的意志强加于强者身上，从而使本来就可怜的弱者显得更加可怜。

例如孔丘，就企图将自己的意志强加于诸侯王身上。他用《诗经》《尚书》《礼经》《乐经》《易经》《春秋》这六本经典作为工具，周游列国，所说者七十二君。但是，那些残虐的君主，谁会接受那一套无用的仁义礼智呢？孔丘游说诸侯王之所以不能成功，就在于他是强奸其意，而不像虫鸟那样是自然风化。

一天，庄周正在湖边钓鱼，远远看见一位衣着华丽的士，手中提着一个鸟笼，向这边走来。那位士走到庄周跟前，说："您就是庄周先生吧！真是闲情逸致，于此风和日丽之时，垂钓于湖畔。"

庄周手持鱼竿，没有回头：

"嘘！别吓跑了我的鱼。"

少顷，庄周觉得鱼竿微动，有鱼儿上钩了，他奋力一提，一只小鱼被摔了上来。

那位士称赞道："先生钓鱼也很在行啊！"

庄周微笑道："钓鱼不是我的目的，垂钓湖畔，乃为湖光水色，乃为鸟语花香。"

那位士又道："先生，我也十分喜爱鸟语花香。我家养了许多名贵花卉。您看，我走路都提着鸟笼，寸步不离呢。"

庄周瞥了一眼那笼中之鸟，说："我所喜欢的鸟是树林中的野鸟，我所喜欢的花是草木中之野花。"

"那不一样吗？"

"当然不一样。笼中之鸟，虽然华丽，却已失天然之趣。你看那林中之鸟，或飞或栖，或鸣或眠，天机自然。而笼中之鸟却局限于狭小的空间，徒具其形，而无其神。"

那位士听了庄周的话，惭愧地低下了头。他想了想，打开鸟笼，把鸟放出来，让它飞走了。庄周望着渐飞渐远的小鸟，满意地笑了。

然后，那位士敛衽坐到庄周旁边，虚心请教：

"先生，我今天来是向您求教一个问题：治天下重要还是治身重要？"

庄周将鱼竿收起来，说：

"回答这个问题，我要给你讲一个故事。黄帝当天子十九年之后，法令行于天下，百姓安宁，人民乐业。但是，黄帝还不满足，认为应该将天下治理得更好一些，便前去空同山，拜访得道者广成子。

"这天，黄帝登上空同之山，只见云雾弥漫，苍松翠柏，恍如仙境。

广成子正坐在山巅闭目养神。黄帝趋前问道:

"'我听说您已得至道,敢问何为至道之精?我想以天地之精气,来帮助五谷的生长,以养天下之民,我还想掌握阴阳变化之数,以助群生之成长。'

"广成子微微睁开眼睛,对黄帝说:

"'你要问的东西,只不过是形而下之物,你想掌握的,只不过是物之残渣。自从你开始治理天下之后,天上的云往往还没有聚到一起便下起了雨,地上的草木往往还没有发黄就开始落叶,日月之光,已失去了过去的色泽。你以浅短的才智之心治天下,还说什么至道。'

"听了广成子的话,黄帝无以言对,退身回到了帝宫。他细细思谋广成子的话,觉得他说得确实有道理,用人的智谋来治天下,劳而无功,徒费精神。于是,他辞退了天子之位,筑了一间小屋,独自一人住在里边,闭门静养。三个月之后,他又来拜访广成子。

"这一次黄帝来到空同山上时,广成子正头朝南在一棵大树下睡觉。黄帝小心翼翼地膝行而进,再拜稽首。然后说:'听说先生已得至道之精,敢问治身如何,而可以长寿?'

"广成子一听,高兴得一跃而起,说:'善哉!问乎!过来,我告诉你至道之精,为了让你记住,我给你颂一首诗:

至道之精　　　　　　（至道的精粹）

窈窈冥冥　　　　　　（深远暗昧）

至道之极　　　　　　（至道的极致）

昏昏默默　　　　　　（静默沉潜）

无视无听　　　　　　（不视不听）

抱神以静　　　　　　（抱住精神静养）

形将自正　　　　　　（形体自然健康）

必静必清　　　　　　（清静无为）

无劳汝形	（不要劳累形体）
无摇汝精	（不要摇动精神）
乃可以长生	（就可以长生）
目无所见	（视外物而不见）
耳无所闻	（听外物而不闻）
心无所知	（接外物而不思）
汝神将守形	（你的精神就会安住于形体）
形乃长生	（形体健康就能长生）
慎汝内，闭汝外	（慎守内心，闭住通口）
多知为败	（知识多是丧命之根）
我为汝遂于大明之上矣	（我助你达于大明之上）
至彼至阳之原也	（进入那阳气之源头）
为汝入于窈冥之门矣	（我助你达于窈冥之门）
至彼至阴之原也	（进入那阴气之源头）
天地有官	（天地万物各司其职）
阴阳有藏	（阴阳之气各居其所）
慎守汝身	（守住你自己的身体）
物将自壮	（万物自然昌盛）
我守其一	（守住那和谐的一）
以处其和	（就可以处于天和之境）

"'照这首诗上所说的去做，就可以长生。我已经一千二百多岁了，但是我的形体还未衰老，就因为我守静以养。'

"黄帝听后，吃惊地张大了嘴，过了半天才说：'广成先生，您可与天齐寿了。'

"广成子继续说：'我告诉你：得吾道者，上为皇而下为王，失吾道者，上见光而下为土。吾与日月齐光，吾与天地为常。人其尽死，而我独存。'

"黄帝听后,心里默诵着广成子教给他的诗,回到了自己的小屋之中。"

那儒士听后,问道:"广成子真有其人吗?抱神静养真能活到一千二百多岁吗?"

庄周笑道:"何必实有其人,唯求其意而已。信不信由你。"

少顷,庄周又说:"我再给你讲一个故事,这个故事更是无迹可求的。"

儒士道:"愿闻其详。"庄周缓缓道:"云神要到东方去漫游,有一天,正好来到扶摇之树的上空。他在这儿遇到了鸿蒙。

"鸿蒙正在地下拍着大腿像麻雀那样跳来跳去地玩耍。云神觉得十分奇怪,此人虽然年过七旬,居然还像个儿童似的雀跃玩耍,真是罕见。于是他停下来,站在半空中,问道:'叟何人也?叟何人也?'

"鸿蒙继续拍着大腿跳来跳去地玩耍,口中答道:'游!'

"云神又道:'我想问你一个问题。'

"鸿蒙抬起头来,看了云神一眼,吐了一个字:'吁!'

"云神问道:'天气不合,地气郁结,六气不调,四时失节。今我愿取六气之精,以养育天下之物,如何为之?'

"鸿蒙继续拍着大腿跳来跳去地玩耍,回头对云神说:'吾不知!吾不知!'

"三年之后,云神又到东方去漫游,途经宋国上空,正好又看到了鸿蒙。云神十分高兴,从空中降到地下,来到鸿蒙面前,说:'您还记得我吗?您还记得我吗?'于是再拜稽首,愿有闻于鸿蒙。

"鸿蒙说:'浮游,不知所求;猖狂,不知所往。我无所知。'

"云神恳切地说:'我亦浮游,我亦猖狂,而百姓随我而来,我不得已于万民之望。愿闻一言,以利万民。'

"鸿蒙说:'扰乱天下之常理,破坏万物之真情,故鸟夜鸣于树林,兽散群于山泽。草木皆黄,虫鱼受灾。噫!治人之过也!'

"云神失望地说:'那么,我该怎么办?'

"鸿蒙说:'噫!你受害已深,难以开启,快走吧!'

"云神恳求道：'我遇到您很困难，愿闻一言以归。'

"鸿蒙曰：'噫！唯有心养。你只要清静无为，万物将会自然化成。忘记你的形体，抛弃你的聪明，昏昏伦伦，与物相忘，就会与自然之气同体。解其心知，释其魂魄，与万物为一。归于浑沌之境，达于无名之地。'

"云神听后，顿开茅塞，说：'天示我以德！天示我以德！'乃再拜稽首，起身告辞而行。"

那位儒士听完后，说："先生，您讲的故事可真是妙趣横生，启人神智，沁人心脾。但是，这些故事可都是无稽之谈啊！"

庄周说："要听我的故事，就必须松弛你的精神，发挥你的想象。如果只以常心常知来听，就如老牛听琴，不知所云。"

一日，庄周正在午睡，突然听得外面车声雷动，滚滚而来。在这样的荒僻村野，很少有如此震人的车声，他便与蔺且一同出门观望。

遥见十乘驷马华盖的轿车从村外的大路上委蛇而来，后面扬起弥天黄尘。一群孩童跟在后面，惊奇地打量着这长长的车队，以为村子里来了什么大人物。车前的驭手甩着长长的鞭子，口中不停地吆喝着，显得威风十足。

车队来到庄周家门前，戛然而止。从最前面的驷马高轩内跳下一位身着锦缎的官人，在二三随从的护拥下，大踏步走到庄周师徒俩面前。庄周细一打量，原来是苏玉。

这苏玉便是上次跑到魏国向惠施诬告庄周图谋相位的人。那次他诬陷不成，被惠施闲置门客之中，久而久之，自觉脸上无光，灰溜溜地不告而别。回到宋国，在睢阳城里斗鸡走狗，仍还他无赖本色。宋君偃逐兄夺位之后，耽于声色犬马，专好各种新奇玩意儿，这苏玉时来运转，竟以斗鸡走狗之术进宠于宋君。他天性谄媚，好玩权术，渐得宋君重用，后来成为宋君的亲信随从。他这一次衣锦还乡，便是想在父老乡亲们面前摆摆阔气，出一口多年来压在胸中的恶气。

他远远便从车中看见庄周站在村头的茅屋之前。他早就听说了庄周的传闻，知道他现已辞官退隐，也知道经常有人不远千里来向他求道。

他一直不服惠施，也不服庄周，但是，宋国人一说起蒙邑的人才，便提起惠施与庄周。惠施官居相位，庄周知周万物，被人们称为"蒙邑二杰"。

今天，我苏玉也有了出头之日，虽然比不过惠施，但是比一个穷愁潦倒的庄周，总是绰绰有余了吧。

他得意地想着，命令驭手停车，来到庄周面前，揖首道："庄周先生一向可好？"

庄周答礼："村野之人，唯求清静而已。"

苏玉故意回头瞥一眼那长长的车队，眉飞色舞地说："宋君赐我十乘之车，供我省亲。"又从头到脚打量了一下庄周的褐布粗裳，说："先生何必自苦若此呢？"

庄周看着苏玉这副小人得志的样子，觉得十分可笑，十分可悲。他本不想理睬这无德无行的新贵，但既然他送上门来，何不趁此教训他一番。于是庄周微笑道："请进寒舍一叙。"

苏玉也不推辞，便随庄周进了茅屋。揖让一番坐定，庄周说："我家贫如洗，无以礼遇，唯有口舌，愿献寓言一则。"

苏玉笑道："夫子雅兴若此，唯当洗耳恭听。"

庄周缓缓说道："有一家人住在河边上，日子过得十分贫穷，仅凭编织芦苇勉强糊口。

"有一天，这家人的儿子到水中游泳，潜于水下，得到一颗千金之珠。儿子高兴地带回家中，交给父亲，说：'我们以后再也不用编织芦苇了。'

"可是饱经风霜的父亲却语重心长地对儿子说：'儿子，不要高兴得太早了。这颗千金之珠可是个祸害啊！赶快拿石头来，将它砸碎，弃之远方。'

"儿子不解地问道：'父亲，我好不容易才在深渊之中摸到一颗千金之珠，怎么能说是祸害呢？'

"父亲摸了摸儿子的头，说：'儿子，你有所不知。那千金之珠，必然在九重之渊。而九重之渊，是骊龙的住所。骊龙经常将千金之珠放在它的下巴之下，以防别人偷窃。你能得到千金之珠，是正好赶上骊龙睡着了。骊龙醒来之后，必然会寻找它的宝珠，到那时，你就无处藏身了。'"

苏玉听到这儿，脸上已微显不安，目光也开始游移不定，不敢与庄周的眼神相接。庄周继续说：

"当今宋国之深，远远超过了九重之渊，宋王之残暴，远远超过了骊龙。你能得到十乘之车，肯定是碰巧宋王睡着了。等到他醒来之后，你难道不会粉身碎骨吗？"

苏玉面色苍白，汗珠从额上沁出来，口不能言。随从们见状，将他拖起来，挟住他的胳膊狼狈逃窜了。他们的身后，传来庄周与蔺且爽朗的笑声。

后来听说苏玉一回到家中便卧床不起，一直躺了十几天。宋君等着他回来斗鸡，不耐烦了，便派人来催。苏玉强支病体，返回睢阳，宋君已有了新的斗鸡手，已将他弃置一边，他的十乘之车理所当然也没有了。苏玉气急交加，羞愤难当，病得更加严重。随从们树倒猢狲散，投奔新主子去了。幸亏一位老相识将他送回家中。

苏玉这一次回家，可是丢尽了脸面。他闭门不出整整三个月，躺在榻上，辗转反侧。庄周讲的那个寓言，总是在他脑海中翻腾。以前，他觉得庄周那套学说只不过是弱者的呻吟，吃不到葡萄就说葡萄是酸的。经过这一次从肉体到心灵的打击，他也慢慢觉得庄周所说的有一定的道理。人生一世，富贵难求；便有富贵，也如昙花一现。那么，人活着究竟为了什么？有没有让人值得追求的东西？如果有，是什么呢？

他曾经骗过人，也曾经被人欺骗。他受过别人的鄙视，也曾经鄙视过别人。他吃过苦头，也享过富贵。到如今，细思量，却如过眼烟云，毫无痕迹。这一切，都是为何？

百般思索，苏玉无法回答这些问题。他想去请教庄周，又怕再次受到庄周的嘲谑，因此不敢登门。

这天，苏玉拄着一根拐杖，独自一人来到泽边散步。远远看见庄周在水湄钓鱼，数次想过去与他搭话，却觉得脚下有千斤之沉。

庄周已注意到苏玉在一边踟蹰不决的样子，他完全理解苏玉的心情。人在经过一次重大打击之后，往往会产生向善之心。他的天性良心会逐渐显露出来，他会对过去的所作所为感到羞愧，同时对人生的未来产生疑问。这时候，人最需要帮助，最需要友情，最需要温暖，最需要同情。

于是，庄周收起鱼竿，朝苏玉走过去。他来到苏玉面前，说："你身体好些了吗？小心受着风寒。"

苏玉一听，苍白的面上涌出一片红晕来。他抓住庄周的手，良久，才哽咽着说："先生，我有愧于您，您还如此大度，我苏玉无地容身啊！"说着，低下了头。

庄周笑着说："人非圣贤，孰能无过。过而能改，善莫大焉。"

苏玉抬起头，似有所言，却长叹一声，欲言又止。

庄周扶着苏玉，来到一片干净的草地上，两人席地而坐。然后，庄周说："你好像有什么难言之隐，请直言吧。"

苏玉迟疑了一下，然后说："最近，我病卧在家，经常想到：人活一世，应当追求什么？但是，又自惭形秽，觉得我这样的人，也有资格问这种问题吗？"

庄周说："有何不能！我来给你讲一个故事让你在轻松愉快之中如云开冰释。

"秋天到来了，雨水增多，河流上涨，河道变宽。两岸之间，本来近在眼前，而现在，即使站在河中的小洲上，也看不清对岸的牲畜是牛还是马。

"于是，河伯欣欣然乐不可支，以为天下之水皆聚于此，天下之美尽归于己。他顺着河水，向东而行，这天，来到北海之滨、河水入海之处。

"他向东而视，只见浩瀚的大海与天相接，水天一色，茫无涯际，直看得他头晕目眩。相比之下，自己所拥有的那些河水真是太可怜了。

"于是，他若有所失地对北海之神若说：'我以前听人说过这样的谚语：'闻道者，以为莫若己者。'说的就是我啊！我曾听过有人以为孔子之学为浅薄，伯夷之品行低下，我当时不信，今天我才信以为真了。今天我看到大海之无穷，才知道学问之难穷，道理之无尽。我如果不到您这儿来，就危险了，我就会终身见笑于大方之家。'

"北海若说：'井中之龟不可语之以海，是因为它拘束于井中狭小的空间；夏日之虫不可语之以冰，是因为它局限于夏季短暂的时间；一曲之士，不可语之以道，是因为他局限于世俗的教育。今天你离开了自己处身的岸洲之间而来到大海，你见到了大海的浩瀚无际，你便知道了自己以前是多么渺小。因此，我可以给你讲一讲至大之理。

"'天下之水，以大海为最：万川归之，不知何时而满；尾闾（相传为水出海处）泄之，不知何时而竭。无论春秋，不管旱涝，大海的水都不会减少，它超过江河，不知多少倍，但是，我北海之神从来没有因此而自以为多。

"'我自以为我来源于天地阴阳之气，我在无穷的天地之间。就像一块碎石小木在大山之中一样，是微不足道的。'

"河伯插问：'您如此阔大，还是微不足道的吗？'

"'当然。我亦如此，何况他物。若以数计之，四海在天地之间，难道不像四个小孔穴在大泽之中吗？中国在海内，难道不像稊米在巨大的粮仓中吗？天下之物，多以万数，而人只不过万分之一。天下之中，有人居住，五谷生长，舟车交通的地方，也不过万分之一。因此，人及人所居住的世界，在万物之中就像毫之末梢在马身上一样，是微不足道的。三皇五帝以来，仁人志士所忧虑所争夺的，不过如此。伯夷辞让之，只不过为名；孔子奔波之，只不过为利，都是把天下看得太重了。他们与你以前将河水视为天下之美，有什么区别呢？'"

苏玉听完，精神为之一振，满怀希望地说："如此，则我亦有求道之望？"

庄周说："当然。天色不早了，你回家休息吧，明日再谈。"

四

当晚，庄周回到家中，对蔺且述说了在湖边与苏玉的谈话。蔺且不解地问道：

"先生，像苏玉这样的人也能学道吗？"

庄周肯定地说："当然能。在每个人的本性中都有自然之性，只不过有些人被俗学埋没了，一旦经过挫折之后，浪子回头金不换啊！"

第二天一大早，苏玉便来到庄周家中，他急切地问庄周：

"先生，您昨日所言，对我启发很大，犹如拨云睹日，重见光明，使我懂得了世间万物，都是不足为凭的，而天地才是至大之物。从今之后，我以天地为大而以毫末为小，可乎？"

庄周笑道："道可没有那么简单，人的心智所能了解的事物是有限的，而心知所不能了解的事物却是无限的。人活着的时间是有限的，而人出生前与人死后的时间则是无限的。用有限的心智、有限的人生去追求无限的事物的大小，是不可能的。"

苏玉又说："我听人家说，最精密的东西是无形的，最大的东西是无穷的，果真如此吗？"

庄周说："从小的角度来看大的事物，好像没有边际，从大的角度看小的事物，好像没有形体。精密，就是物之小者。小大精粗，并不能说明道。可以用语言表达的，是物之粗者，可以用心智来思考的，是物之精者，而道，则是语言不能表达，心知不能思考的，因此，不在大小粗精之列。"

苏玉又问："那么，怎么才能确定事物的贵贱大小呢？"

庄周说："从道的角度来看，所有的事物都无贵无贱，互相平等。从物的角度来看，事物之间互有贵贱之分。其实，所有的物都有它值得肯定的地方，也有它需要否定的地方，因此，因其所大而大之，万物莫不大；因其所小而小之，万物莫不小。天地可为稊米，毫末可为丘山。"

苏玉又问："既然事物的贵贱大小都没有一定的标准，那我应该做什么？不应该做什么？我应该选择什么？我应该抛弃什么？"

庄周说："从道的角度来看，事物之间根本就没有贵贱之分，这样，你就不会拘束你的意志。向道靠拢，事物之间根本就没有多少之分，这样，你就不会拘束你的行为。你的精神广阔而深远，若四方之无穷，你就会兼容万物，并包大小。万物一齐，无短无长。道是无穷的，而物则有生有死。透过那有生有死的物，把握那无穷的道，你就不会再去区分事物的大小贵贱。该做什么，不该做什么，都按自然之本性，毫无强求，毫无拘束。"

苏玉又问："那么，得道后，对人生有何益处？"

庄周答道："得道之人，必然达于自然之理；达于自然之理者，必然明于事物变化的规律；明于事物变化规律者，必然能做到不以物害己。

"得道之人就是至德之人。至德之人，火不能烧伤他，水不能淹溺他，夏暑冬寒不能侵害他，飞禽猛兽不能伤害他。并不是说至人故意去接近它们而不受伤，而是说至人能够观察到祸危到来的迹象，谨慎从事，物就无法伤害他。"

从此之后，苏玉便每天到庄周家中向他问道。庄周让蔺且将以前的一些谈话录给苏玉看了，又指点他读《老子》。同时，庄周告诉苏玉，要想悟道，必须靠自己的体验，必须到大自然中去与天地万物相互亲近，合为一体。

盛夏已经来临。蒙山披上了一层葱绿的夏装。庄周带着蔺且与苏玉，来到蒙山游玩。

高大的树木枝叶茂盛，遮住了灼人的阳光。庄周与弟子行于山中，觉得凉快爽朗，清新无比，与山下的燥热形成鲜明的对照。时而从深谷之中传来几声鸟鸣，反而更显出森林的幽静。

庄周深深吸了一口新鲜清凉的空气,望着蔺且与苏玉说:"山林啊,给予我如此大的快乐!"

他们翻过几座山头,来到一片伐木场。有很多木匠聚集在这儿,砍伐木材。奇怪的是,有一些高大粗壮的树木却稀稀落落地矗立在成片的已被砍倒的树木之间。庄周与两位弟子走近前去一看,这种大树虽然枝叶繁茂,根粗身高,树荫之下可容纳数十人,但是,仰而视之,其小枝弯曲而不能成为栋梁之材;俯而察之,其大根文理散乱而不能成为棺椁之材。

蔺且向旁边一位木匠问道:

"这么大的树,你们为什么弃而不顾呢?"

木匠说:"此乃不材之木,毫无用处。"

庄周听了木匠的话,十分感慨。世上之人都希望自己成材,希望自己有用,但是,成材、有用,正是自我毁灭的契机。一个才能超群的人,往往成为众矢之的,而无才无用的人,却能保持自然的年份。像这种无用的大树,正是凭借着它的无用,才能直立生存,而那些有用的木材却被砍伐丧生。庄周又联想到当漆园吏时经常见到的一种情形:工匠们用刀子割开漆树的皮,让漆汁流出来。如果漆树里面没有漆汁,人们就不会去割它了。漆树之被割,正因为它有用啊!

于是,庄周对蔺且与苏玉说:

"这种树木以不材无用而终其自然的年份,其他树木以成材有用而被砍伐夭折。为人亦是如此。不材者得福而有用者先亡。"

天色将晚,庄周与两位弟子下得山来。由于贪恋山中景色,行路迟迟,已无法赶回家了。庄周突然想起,梓庆的家就在山脚下,于是师徒三人便直奔梓庆家而来。

他们来到梓庆家中时,已是掌灯时分。梓庆一看是故人庄周来访,喜出望外,将庄周师徒三人让进茅屋,对儿子说:"赶快去杀鹅,准备招待贵宾。"

庄周忙说:"不必,不必。随便填填肚子就行了,何必如此破费。"

梓庆笑道:"我虽贫穷,但是庄先生光临寒舍,怎能如此草率。"回头对儿子说:"赶快去吧!"

梓庆的儿子出去一会儿又回来了,向父亲请示道:"我们家的那两只鹅,一只能打鸣,一只不能打鸣。杀哪一只?"

梓庆说:"就杀不能打鸣的那一只吧,留着能打鸣的看家用。"

儿子又出去了。不一会儿工夫,一只肥大的鹅就煮好了。庄周师徒三人吃得十分入胃。

当夜,师徒三人便留宿于梓庆家中。翌日上午,庄周告辞了梓庆,带着蔺且与苏玉回家。

回家的路上,蔺且问道:

"先生,昨日山中之大木,以其木材无用而保持它自然的年份,而梓庆家的鹅则因不材而被宰杀。请问先生,您究竟是希望成材呢,还是希望不成材?"

庄周笑道:"蔺且,你现在提问题可越来越刁了。我告诉你,我将游于成材与不材之间。"

少顷,庄周又说:"成材与不材之间,虽然有些相似,但是,还不能摆脱危险。如果凭借道德而游于世间,就不会有被杀的危险。达道之人,没有人夸奖他,也没有人诋毁他,像龙那样善变,像蛇那样机灵。他随着时间的变化而变化,从来不会固守于某种模式。有时候在上,有时候在下,但是,他的内心却永远保持和谐的境界。他的精神游于万物之初,因此,他能够主宰外物而不被外物奴役。像这样的人,怎么会有被杀的危险呢?"

苏玉问道:"如果不达于道,那会怎样呢?"

庄周答道:"世间万物,有合必有离,有成必有毁。合为离之始,成为毁之机。有角则被挫,位尊则被讥。角乃挫之因,尊乃讥之初。有为则吃亏,有能则被逸。因此,世间之事,好便是了,了便是好,根本不足为凭。如果不明于大道,而埋头于世事,则死亡就在眼前而不自知。你们可要记住,任何处世之法都不保险,唯有进入道德之境,方可立足于险恶的人世之间。"

有一天，庄周正在与苏玉、蔺且谈道说理，来了一位年逾花甲的朝中大员，向庄周请教养生之道。刚开始，庄周推辞道："我乃村野匹夫，没有养生之道。"那位大员苦苦哀求道："我在宋国供职已有四十年了，所见日多，所知日少。现在即将解甲归田，愿先生一言以教。"

庄周看他这么大岁数了，还来虚心求教，便说："善于养生者，其实很简单，就像牧羊一样，只要鞭打羊群后面的羊就行了。"

年老的官员不解地问："此乃何意？"

庄周进一步解释道："牧人赶着一群羊，只要鞭打后面的羊，前面的羊也就会委蛇而行。如果不懂得这个道理，牧人就一会儿跑到前边，一会儿跑到后边，一会儿跑到左边，一会儿跑到右边，费力虽多，羊群已乱。养生者亦如此，顺其自然，无为清静，便可养生。"

年老的官员听完庄周的话，好像还是没有明白其中的道理。于是庄周便说："好吧，我给你举两个相反的例子。

"鲁国有个名叫单豹的人，逃避人世，独自居住于深山老林之中，不与任何人来往。他活到七十岁还面如婴儿，未见衰老之迹。单豹自以为得养生之道。可是，有一天，他不幸在山中遇到了饿虎。饿虎将单豹捕而食之。

"鲁国还有个名叫张毅的人，与单豹正好相反。他不但居住于人群之中，而且专门往王公大人家中趋行，以拉拢关系。他以为只有这样，才能养生。可怜张毅，刚活到四十岁就发内热之病而死。

"单豹养生，只注意于内在的自然之气，而忽视了与人群交往，因此丧生虎口；张毅养生，只注意与外在的人群交往，而忽视了内在的自然之气，因此病从内发。

"这两个人，都不懂得牧羊的道理。善于养生者，则内外交相养。以其自然之气助其处于世俗之间，以其世俗之间所得，助其自然之气。如此，则虎不得食，病不得害。"

那位大员听后，称谢告辞。

苏玉疑惑地问道："先生，像这样的朝中大员，整天奔波于利禄之场，也有资格学道吗？"

庄周笑着说："任何人都有资格学道。人与人的本性是相通的，地位与职业的不同并不能埋没人类的共同本性。不仅朝中大员可以学道，君主侯王也可以学道。君主侯王与百姓人民都是人，只要是人，就有可能悟道。"

苏玉一听，不禁联想起自己以前的爱好——斗鸡，于是他又问道："那么，斗鸡者也可以悟道吗？"

庄周说："当然可以。我给你讲一个斗鸡者的寓言。

"有一位纪渻子，专门为宋王养斗鸡。宋王让人挑选了一只最好斗、最剽悍的公鸡送给他，期望他能够培养出第一流的斗鸡来。

"十天之后，宋王来问他：'鸡养好了吗？'

"纪渻子回答道：'没有，这只鸡现在还昂头骄傲，恃气未灭。'

"又过了十天，宋王来问：'鸡养好了吗？'

"纪渻子回答说：'没有，这只鸡现在听到声音、看见物影都会敏感地反应。'

"又过了十天，宋王来问：'这下好了吧？'

"纪渻子回答说：'还没有。这只鸡现在目光犹有恨意，盛气未灭。'

"又过了十天，宋王又来问：'还没好吗？'

"纪渻子说：'差不多了。别的鸡虽然鸣叫于旁挑战，也不会惊动它。它看起来就像只木鸡一样。它精神内守，不为物动，沉着应战，胸有成竹。其他的鸡一看见它，吓得扭头就跑，根本不敢和它对阵。'

"斗鸡者若能如纪渻子，便为善养生者。"

苏玉惊疑地问道："先生，您对斗鸡也如此熟悉吗？"

庄周笑道："我平生淡于名利，但是与三教九流却无所不交。"

苏玉说："我在斗鸡场上混了十多年，很少见过呆若木鸡之鸡。但是，这种鸡，肯定是最好的斗鸡。"

庄周进一步启发道："不仅斗鸡如此，为人亦是如此。大智若愚，大巧若拙，大勇无勇，大仁不仁。真正有德之人，并不时时表露于外。哗众取宠、虚张声势者，未必有德。"

苏玉赶紧记下了这篇寓言，将它与蔺且所记寓言合编在一起。

第六章
困窘织屦 适意人生

一

不知不觉，庄周已经五十岁了。他住在蒙泽旁的小屋之中，有时候弹弹琴，有时候读读书，有时候与蔺且、苏玉一起讨论一些问题。天气晴朗了，他便到蒙泽边上去钓一会儿鱼。偶尔游兴一至，他便与蔺且、苏玉到周围的山林中长距离散步。从远方来拜访求道的人，时有出现，庄周便编一些寓言故事让他们听，蔺且与苏玉将这些故事收集成册，已有厚厚的一叠了。

庄周的思想一天一天地成熟起来，他的名声也一天一天地大起来了。他的学说，与墨家、儒家鼎足而三。天下之士，或宗于老庄，或宗于墨，或宗于孔。刚开始，人们对庄周的思想还不大理解，后来，随着诸侯国之间战争规模的日益升级，随着朝为卿相、暮为布衣的现象逐渐普遍，天下读书人厌倦政治，趋慕养生之道者日渐增多。读书人越来越发现，在这样一个充满着权谋狡诈与兵戈枪矛的时代里，要想凭着自己的能力而有所作为，是不可能的。因此，他们纷纷转向养生之学，既然不能兼济天下，不得已便独善其身。而许多王公大人，也纷纷在权力斗争的政治倾轧中失势，有的甚至国破家亡，他们也往往将庄子的寓言作为消愁解闷的工具。

但是，世人对庄周学说的仰慕，并不能改变庄周贫穷的生活。任职漆园吏时的一点积蓄，早已用光。近几年来，庄周全家的生活，主要靠庄周与蔺且到湖边钓些鱼，到市场上出售，然后换上一些粟，勉强维持。庄周一家人已经有好几年没有换过衣服了。儿子的麻夹袄经常是破碎难缀，妻子的短襦早已失掉了原有的颜色。庄周的衣服就更是补丁摞补丁，本形早失。

最近十几天，天公不作美，淫雨连绵，庄周与蔺且无法出去钓鱼，家里仅有的一点粟也已经吃完。一家人三顿饭都是野菜汤。十五岁的儿子正在长身体的时候，饿得面黄肌瘦，连说话的力气都没了。

这天，实在没有办法挨下去了，庄周便披了一件蓑衣，戴了一顶竹笠，准备出门去借粟。雨在哗哗地下着，路上到处是水，泥泞不堪。周围的村庄与树木都被水雾遮住了，显得朦胧而迷离。

庄周一手提着空袋子，一手拄着拐杖蹒跚而行。阵阵寒风吹得他直打哆嗦。出门的时候，妻子不同意："到哪儿去借粟？还是再等一阵吧。"庄周为了让她放心，装作蛮有把握地说："随便到谁家去，还借不上一点粟吗？你就等着拿粟下锅吧。"

可是，现在他独自在风雨之中踽踽而行，却不知到谁家去借粟。梓庆家吗？太远了，如此大的雨，怎么走得到。苏玉家吗？肯定也是揭不开锅了，要不然，他一定会给先生送些粟来。这些年来，苏玉还是经常接济庄周的。兄长家吗？这些年虽然住在同一个村中，但是，早已同我这个看不上眼的弟弟断绝来往了，现在贸然相求，恐怕也会吃闭门羹的。

谁谓天地宽？出门无所之。鼎鼎大名的学者庄周，此时却飘摇于凄风苦雨之中。但是，庄周的心中，却毫无怨天尤人之情，更没有自责的意思。他心里默默地念叨着："知其不可奈何而安之若命，德之至也。"

这一切是谁造成的呢？不是自己，不是他人，而是冥冥中那不可抗拒的天命。命中既然已定，还何必去不平，事实已经如此，也没有必要去伤心。

看着万千雨丝如织而下，地上的水泡此起彼伏，再一看手中那空着的袋子，庄周的脑子里不由自主地冒出一则寓言：

孔子在陈国与蔡国的边界上，生活发生了危机。七天七夜没有生火做饭了，孔子与众弟子都饿得面如土色。但是，孔子左手拿着槁木做成的乐器，右手拿着槁枝敲击它，唱着远古时代遗留下来的歌曲，毫无躁色。

性急的子路听得不耐烦了，便对孔子说："当此之时，夫子的心情还如此愉快吗？"

孔子说："过来，我告诉你。在政治清明的时代，没有一个人贫穷，这并不是哪一个人智谋过人；在政治黑暗的时代，天下没有一个人幸福，这并不是哪一个人智谋不如人。这完全是时势造成的。

"行于水中而不回避蛟龙，是渔父的勇敢；行于陆地而不回避兕虎，是猎人的勇敢；白刃相交，视死若生，是兵士的勇敢。而知道贫穷是由天命造成的，知道个人的幸福是时代决定的，面对大难而不恐惧，才是圣人之勇敢。"

子路听完，心中的悲伤之情消失殆尽，他欣乐地和着孔子歌曲的节拍，舞之蹈之，沉浸在一片宁静的幸福之中。

想完这个寓言，庄周自嘲道："孔丘为了仁义礼智，尚且能临难不惧，我庄周为了适性自由，又有何惧？"

雨不仅没有停，反而下得更大了。家中的妻儿还等着粟下锅。到哪儿去借呢？

庄周猛地想到了监河侯。监河侯虽然是一个愚蠢的贪官，但是，庄周任漆园吏时，他们还经常来往。他也曾殷勤地表示过亲近。退一步讲，就凭当年庄周无偿送给他的那些漆，也能换一袋粟吧。况且，监河侯也曾经说过，有什么需要帮忙的地方，就尽管开口。

于是，庄周踏着泥泞的道路，往监河侯的府上赶去。上了年岁的庄周已经不像年轻时那么灵巧了，况且水多路滑，在跨过一个小水沟时，他摔了一跤。

当他气喘吁吁地来到监河侯府第的大门口时，已经精疲力竭了。他竟然忘记了自己是来借粟的，他唯一的愿望就是坐在大门口的廊下休息一下。

可是，庄周的屁股刚刚落地，守门人便过来了，恶狠狠地说："滚开，穷要饭的！"庄周望了那看门狗似的守门人一眼，平静地说："请你们老爷出来，就说故漆园吏庄周求见。"

势利的守门人一听"漆园吏"三字，觉得此人有些来头，急忙到里面通报去了。

监河侯正在吃午饭。他比以前更胖了，满脸的肉，将一双小眼睛都埋在里面了。他刚刚在嘴里塞了一块肥猪肉，费劲地咬着，油顺着他的两个嘴角往下流，一直流到下巴和脖子上。

他一听庄周来访，便皱起了双眉。在这样的大雨天，他到我这儿来，还能有好事吗？他将那块肉使劲咽下去后，对守门人说："将他带到客厅。"

监河侯擦掉下巴与脖子上的油，抬起肥胖而笨拙的身子，来到厅门上一看，淋得落汤鸡一般的庄周，在那儿瑟瑟发抖。监河侯一进门，便十分热情地哈哈大笑道：

"庄先生今日雅兴，雨中游览，路过寒舍，尚肯进来一叙，还看得起我这个粗俗之人嘛，失迎，失迎。"说着，便过来拱手施礼。

庄周一边还礼，一边心中暗想：听语气，这监河侯不是不知道我现在的处境，就是在拒绝。但是，现在已到了山穷水尽的地步，既然已来到他家里，也只好厚着脸皮了：

"监河侯，多日不见，一家尚好吧？"

"承问，还好。"

少顷，庄周啜啜言道："今日相访，别无他事，唯求借粟一袋，以度过这霖雨之日。"

监河侯一听，拍拍庄周的肩，十分爽快地说：

"没问题！等到秋天我的俸禄领到手，我借给你三百两金子。"

"可眼下……"

"眼下嘛——"监河侯摸了摸肥得像皮球似的后脑勺，显出十分为难的样子，用余光扫了扫庄周："小弟也是吃了上顿没下顿啊！"

庄周猛地感到一种被戏弄了的耻辱。他定定地看着这猥琐粗俗的监河侯，十分后悔地想到，明知这是个趋炎附势的小人，自己就不应该到这儿来。受这种没趣，唉！也是自己急了眼，才会有这种结果出现。

庄周的这种耻辱感一闪而过。他盯住监河侯的眼睛，四目相对，监河侯心虚地低下了头。

"不能让这种小人太得意。"庄周想到。于是他心平气和地对监河侯说："我给你讲个故事吧，你不是曾经声称喜欢听我讲故事吗?

"有一天，我正在路上行走，突然听到有声音在喊我。我环顾四周，没发现一个人影，低头一瞧，原来一只鲋鱼在干枯的车辙之中叫我。我走过去，对鲋鱼说：'鲋鱼，你喊我有什么事吗？'

"那鲋鱼的口一张一合十分痛苦地说：'我本来是东海之神手下的一位大臣，不幸让雨水将我带到此地，难以返回，我现在口干舌燥，性命难保，你能不能行行好，到附近去搞一斗水来，救救我的命？'

"'当然可以。不过，你必须等着，等我去到南方游说吴国与越国的君主，让他们迎西江之水来救你，好吗？'

"那鲋鱼一听，气得面色发紫，说：'我失去了正常的生活，流离失所，只求眼下有一斗之水能救活我的命，而你却说出这种话来，真是远水不解近渴。你还不如明天就到卖鱼干的市场去找我哩！'"

说完这个寓言，庄周也不等监河侯送客，便披上蓑衣，戴上竹笠，拿着空口袋与手杖，愤然离去。

出了监河侯府宅的大门，雨已经停了。太阳从乌云中露出，明亮的日光刺得庄周头晕目眩。半个月没晴天了，人们似乎已经习惯了阴暗，对明朗的阳光反而有些陌生了。

是的，人类就是这样。自从远古时代的淳朴之风丧失以来，人类就生活在漫漫长夜之中：尔虞我诈，钩心斗角。正直、善良的人反而成为人们嘲弄的对象。

何时才能让光明之神重返大地？何时才能让天下之人都沐浴在温暖而明媚的阳光之下？何时人与人能够坦诚相待，互相同情，互相理解，就像大海之中的鱼一样？

"泉涸，鱼相与处于陆，相呴以湿，相濡以沫，不如相忘于江湖。"

庄周就这样一边走一边想，不知不觉来到蒙泽边上。雨后初晴，彩虹当空，乌云尽退，水天一色。草木都被雨水洗刷一新，翠绿欲滴，虫鸟啾鸣其间，静谧中夹着欢快，一片欣欣向荣的景象。他站在湖边，尽情地欣赏着大自然这美丽的景色，吸进一口凉凉甜甜的空气，心旷神怡，心胸也顿然开阔。他的精神像蓝天那样深远广阔，像湖水那样明洁清静，又像草木那样生机勃勃。他与这美好的景色融为一体，忘记了自我，忘记了一切。他在大自然的怀抱中找到了自己的归宿，就像婴儿依偎在母亲怀中那样安逸、宁静、幸福。

不知过了多长时间，蔺且出现在庄周身旁，轻轻地将鱼竿递给庄周，"先生，我们钓鱼吧！"

庄周如梦初醒，从物我合一的美的境界中回到了现实。他记起来了，自己是出来借粟的，当时还下着雨。

默默地接过鱼竿，庄周将渔钩甩进了水里，钓起了鱼。蔺且在一旁也不说话，其实，师徒二人都明白，但谁也不想捅破这层纸。

第二天，蔺且来到庄周面前，"先生，看来我们必须另谋生计了，仅凭钓鱼，也难以维持一家人的生活。"

庄周说："依你之见，如何为好？"

蔺且说："我看湖边长着很多葛草，很适合做屦（草鞋），到市场上去出售，一定不错的。况且，这种生意投资小，较为稳定。"

庄周笑着说："我忘了你从前是做过生意的，关键时候还能派上用场哩！就这么定了吧！"

于是，庄周与蔺且、儿子还有颜玉便通力合作，开始了采葛织屦的工作。蔺且到湖边去采葛，颜玉带着儿子在家中编织，庄周到市场上摆地摊叫卖。卖屦虽然是桩小本生意，但收入用来维持四口之家的生活还是可以的。不多久，庄周的家庭便摆脱了贫困，可以保持温饱了，当然，也还不能说富裕。卖屦所得，勉强够买粟，家中从来没有吃过猪肉与狗肉，更不用说牛肉了。

庄周每天都到蒙邑的市场上去卖屦。他坐在小贩们中间，向来来往往的人们兜售草鞋，一点也不感觉到窘迫，反而觉得怡然自得。他宁可这么自食其力，也不愿与当政者同流合污，像监河侯那样榨取民脂民膏。

卖屦的，当然要经常看别人的脚。肥的、瘦的、大的、小的、长的、短的……有的穿着革履而来，有的光着脚丫子而来……应有尽有，不一而足。

当然，也有很多没脚的人。他们远远望着庄周摊子上的屦，眼睛里流露出复杂的感情：忏悔、嫉妒、绝望、仇恨……他们是因为什么而被砍掉了脚呢？是偷盗，还是抢劫？还是因为在路上捡起了别人丢掉的东西？也难怪，当今的刑法如此严酷，受刖刑的人比比皆是。于是庄周想起了"踊贵屦贱"的故事。当初齐景公动用酷刑，滥罚无辜，以至国都的市场上，没脚人穿的踊的价格上涨了数倍，而有脚人穿的屦却几乎无人问津。于是晏子谏道："国之诸市，屦贱踊贵。"

也许，晏子说得有点夸张，但是砍掉人脚的刑法却是自古至今都存在的。一想到这些，庄周便觉得很庆幸，自己虽然如此贫困，但是身体还是完整的。

大学者庄周到市场上卖屦的事，不胫而走，传遍了宋国，也传到了其他诸侯国。不知道是哪一位多事的人还将此事告诉了宋君。这宋君虽然残暴，却也懂得士对于一个国家的重要。于是，有一天，宋君派人装载了一车粟，一路招摇过市，到蒙邑来，慰问庄周，以表示他的爱士之心。

庄周正在吃午饭，听得外面人声鼎沸，便出来观看。原来全村的人都出来了，男女老少们围着满满一车粟在欢呼雀跃。百姓以为是国君送来了救济粮，十分高兴。那使者却问："庄周先生家住何处？"

百姓们指着站在门口的庄周说：

"他便是庄周。"

于是使者便过来对庄周行礼，说："国君听说先生生计艰难，特使我赐粟一车。望先生笑纳。"

围观的村民听后，嗡嗡地议论起来。有的嫉妒、有的失望、有的羡慕、有的不可理解、有的漠然。

庄周却说："我虽贫穷，然尚可自食其力，不敢取无功之禄。"说着，转身就往自己家门口走去。

使者茫然不知所措，他还从来没有碰上过如此不晓事的人，连送上门来的粟都不要。于是，他说了一句"真笨"，便驾车回去了。

颜玉站在门口，望着远去的粟车拐过村口，望不见了，才回来。

她埋怨地对庄周说："我跟你这么多年了，从没有嫌过你穷。但是，今天的事我却有点不理解。宋君之粟，不可量数，他既然送上门来，你为何辞而不受呢？"

庄周笑着说："你有所不知。宋君之暴虐，有过虎狼，他赐粟于我，是黄鼠狼给鸡拜年，没安好心。我如果接受了他的粟，就必须做他的御用文人，替他粉饰黑暗，摇旗呐喊。这不等于助纣为虐吗？"

颜玉听后，也笑了："反正我们也穷惯了，就像你说的，知其不可奈何而安之若命吧。"

蔺且在一旁插言道："师母也成了哲人了！"

颜玉笑道："这还不是你们几个整天在那儿念叨，时间久了我也学了几句。"说着，转身编织屦去了。

二

这天，庄周从市场上卖屦回来，看见村子里停着很多马车，一眼望去，不大的村子简直成了一个停车场。

他一进门，就问颜玉："哪来的这么多马车？"

颜玉说："听孩子们说，是曹商回来了。"

庄周点点头，若有所思地说："真让我说准了：无耻者富，善言者显。"

颜玉问道："此话怎讲？"

庄周便将当年与曹商同学于蒙山学堂的事对颜玉说了一遍。颜玉听后，感慨地说：

"唉，这世道，也太不公平了。"

第二天，曹商主动上门拜访庄周。庄周虽然十分厌恶曹商的为人，但是，他已不像年轻时候那样心高气盛了，几十年的风风雨雨使他变得平和多了。因此，他还是热情地接待了曹商。

曹商对庄周讲了这些年来在睢阳的政治活动，庄周也对曹商讲了自己的经历。末了，曹商对庄周说："你看见村子里停的那些马车了吗？"

庄周说："看见了。"

曹商说："这在历史上也是少见的，除了国君，谁能拥有这么庞大的车队呢？"

庄周没有说话，只是看着他笑。

曹商继续说："我得到这些车，也不容易啊！当年宋君派我去秦国访问的时候，也不过给我配备了数辆马车。可是，当我千里跋涉到达秦都咸阳，见到秦王时，却凭着三寸不烂之舌，使秦王大为满意。他待我为上宾，并与我同寝同食，寸步不离，我离开秦国时他破例赐给我私人百乘马车。"

庄周还是没有说话，只是微笑着。

曹商说得高兴了，不免忘形："当年我就给你说过，要在这个弱肉强食的世界上生存下去，必须注意自己的言行。你看，你现在住在这样的穷乡僻壤之中，每天到市场上去卖点屦，面色发黄，脖颈细长，生活多么乏味，多么单调，多么可怜！当然，你可以说，你也知足了。我可不能知足于此，这也许是我的短处。

"但是，在万乘之主面前摇鼓三寸不烂之舌，而得到百乘马车，却是我的长处。"

说着，曹商有意无意看了一眼地下堆着的葛麻。

庄周早已在心中编好了一个寓言，便对曹商说："我听刚从秦国回来的一位医生说，秦王得了一种恶疾，浑身长满了脓包，而且还有痔疮？"

曹商一听，觉得很茫然，我见秦王时，他身上穿着衣服，没见有什么脓包呀！正在疑惑，庄周又问：

"你与秦王同寝同食，连他身上的脓包与痔疮也不知道吗？"

曹商本来是虚张声势，一听庄周追问，便只得说："是的，那脓包与痔疮可厉害了！"唯恐显得他不知道秦王的事。

庄周又说："听说秦王有令：能使脓包溃散的，可得车一乘；如果不嫌脏臭，用舌头去舔那痔疮上的脓血，便可得车五乘。所治愈卑下，得车愈多。真有其事吗？"

曹商答道："有的，我亲眼见那些医者用舌头去舔秦王的痔疮！"

庄周说："那么，你用舌头舔过多少次秦王的痔疮？不然，怎么能得到这么多的车呢？"

曹商张口结舌，无言以对。

庄周开心地大笑起来，笑得连眼泪都流了出来。

曹商面色如灰，双手发抖。

庄周笑完了，大声说："你快走吧！免得你的臭嘴污染了我屋子里的空气！"

庄周的葛屦生意越做越兴隆。他的屦不仅质量好，而且价格低廉，因此，在蒙邑的市场上颇受欢迎。有时候，他刚一送到市场上，便让顾客们抢光了，他也落得清闲，可以早早回家。

有一次，他卖完屦，正在收拾摊子，过来了一位小贩，对庄周说：

"以后，我将你的屦全包了。"

"此话怎讲？"庄周抬起头问道。

"实不相瞒，你的屦价廉物美，若运到当今天下最大的商业都市陶邑去，肯定可以赚更多的钱。"那小贩说。

"我并不想赚太多的钱。不过，你若能将我家的葛屦全部包销，却也省得我费时费力地零售。"

两人当即说定，由那位小贩以零售价将庄周家编织的葛屦全部买下。于是，庄周便带着小贩到自己家中，对蔺且与颜玉讲述了缘由。蔺且与颜玉都很高兴，庄周已经是五十多岁的人了，经常到市场上卖屦，他的身体也受不了。这下可好了，不用再去跑市场了。

从此之后，庄周就更加清闲了。他有时候帮助蔺且到野外去采葛，实际上也只不过转一趟，因为蔺且怎么也不让他动手。有时候他在家中帮助妻子锤锤葛麻，偶尔也试着编屦。但是，他编的屦，不是套不到脚上，就是肥大得像船一样，惹得妻子与儿子嘲笑他。

闲着没事，他还是去钓鱼。现在钓鱼，跟以前钓鱼可不一样了。还没有经营葛屦生意的时候，日子过得比较紧张，虽然在湖光水色之中垂钓，但是心事往往在生计上。钓不到鱼，一家人吃什么啊！因此，良辰美景，无心欣赏，青山秀水，空自多情。眼下可好了，葛屦生意已经打入了陶邑市场，庄周再也不用为吃饭而发愁了。他可以静下心来，在蒙泽边手持鱼竿，眼观水色，耳听山风，让大自然的美尽情往自己胸中灌注。

钓鱼，就像静坐、鼓琴、读书、谈论一样，成了庄周很重要的一种养生手段，甚至是最重要的。静坐，可以使人五官封闭，身心俱遣，进入幽冥之境。鼓琴，可以在美的音乐之中达到物我两忘的境界。读书，可以神游千古，暂时忘记世间的烦恼。谈论，可以通过语言来塑造一个美丽的世界，或者讽刺、嘲弄那丑恶的现实。

但是，所有这些，都没钓鱼那样让庄周倾心。因为钓鱼不仅可以在静默之中让自己的精神达到极高的自由，跨越时间、跨越空间，逍遥于宇宙之中，而且可以让自然界的形象与声音以它毫无歪曲、毫无阻拦的姿态进入自己的胸中。庄周平生最喜欢两个东西：精神的自由与自然的风景。而钓鱼于湖畔，却可以一举两得。

清风徐来，水波不兴。鸟飞于空中，鱼游于水下。远处的蒙山倒映于湖中，天上的白云也钻入了水底。松涛阵阵，鸟鸣啾啾。一切都令人心旷神怡。庄周置身于其中，觉得人的幸福莫过于此。

这天，庄周的合作者从陶邑给他捎来一封信。信上说他最近事务太忙，希望庄周将织好的屦送到陶邑去，路费由他负担。庄周笑着对蔺且与颜玉说："生意人真是斤斤计较，什么路费不路费。我倒是想去一趟陶邑。"

于是，庄周便雇了一乘牛车，将最近织的屦装好，往陶邑去了。

庄周走后第三天，蔺且出门采葛去了，颜玉正在家中织屦。突然，儿子从外面慌慌张张跑进来，说：

"有两个大官模样的人到我们家来了！"

颜玉倒不慌忙，自从进了庄周的家门之后，她见过各种各样的人。有来求道的，有来炫耀的，有来送粟的。今天，又是来干什么的呢？

颜玉还未收拾掉手中的活，一胖一瘦两个官人已进到了门口：

"请问，这就是庄周先生的家吗？"

"是的。"颜玉一边答话，一边来到门口。

"庄周先生不在家吗？"

"他到陶邑去了。"

"何时回来？"

"他出门从来都没有期限，什么时候游玩够了，什么时候回家。"

那两个官人互相看了一眼，又嘀咕了几句颜玉听不懂的话，问道：

"他去陶邑什么地方？"

"我也不清楚。只知道是到葛屦店送屦去了。"

那两个官人看了看院子里堆着的葛麻，屋子里堆着的葛屦，没有说话，转身就要走。

"且慢。"

两位官人吃惊地回过头来，没有想到这位村野妇人还会主动跟他们说话。

"你们来找庄周先生有何贵干?"

"我们是楚国的大夫,楚王派我们来聘庄先生为楚国的宰相。"胖子说。

"你们不要白费力气跑到陶邑去找他了,他肯定不会答应的。"

"你能做庄周先生的主吗?"瘦子问道。

"知夫莫若妻。我了解他的个性。"

两位大夫不信庄周能够拒绝如此尊崇的地位与待遇,再加上楚王有令,二人便直奔陶邑而来。

陶邑真不愧为天下第一商业大都。当年范蠡帮助越王勾践灭吴复仇之后,深知官场之事祸福相倚,便辞官归隐,北游于齐,最后定居于陶邑,并改名为陶朱公,在此地经商,"三致千金"。陶邑能成为天下商业大都,与它的地理位置有密切的关系。它北临济水,东北有荷水沟通泗水,水路交通十分便利。陶邑的东北是商业发达的卫国,向东是齐国与鲁国,向西是魏国与韩国。南方的楚国商人也将陶邑作为向北贩运货物的主要目标。因此,陶邑成为"货物所交易"的"天下之中"。

一进入陶邑之城,满街都是店铺。讲着各种方言的商人在叫卖着种类繁多的商品。来来往往的顾客在挑选着自己需要的东西,并跟商贩们讨价还价。

两位楚大夫询问了好多家葛屦店,都没找到庄周。最后,他们好不容易在一个不太起眼的地方,找到了一家葛屦店,这家店铺的主人就是庄周的合作者。但是,主人告诉他们,庄周听说陶邑北边的濮水风景优美,已到濮水游玩去了。

两位大夫失望地离开葛屦店,又直奔濮水而来。这一下,可真如大海捞针,谁知道庄周在濮水的什么地方游玩。

两位楚大夫在濮水两岸寻找了四五天,也不见庄周,当地的百姓也不认识他,这可急坏了他们。若非楚王有令,必须带回庄周先生的回话,他们真想返回楚国了。

这天中午,两位楚大夫正在河边长吁短叹,忽见有一个人在僻静的河湾处钓鱼，便想过去碰碰运气。瘦子上前问道：

"你知道庄周先生吗？"

"鄙人正是。"庄周回头看了一眼，看到两位身着楚服的大夫。

"哎呀，真是踏破铁鞋无觅处，得来全不费功夫。巧遇！巧遇！"两位楚大夫高兴得手舞足蹈起来。

"你们找我有何贵干？"庄周一边继续钓鱼，一边问道。

"庄周先生，你可让我们找得好苦啊！从蒙邑追到陶邑，从陶邑追到濮水，风餐露宿，日夜兼程。回到郢都，您可得在楚王面前给我美言几句啊！"胖子急切地说。

"到郢都去干什么？"庄周虽然猜到了几分两位的来意，却装糊涂问道。

瘦子过来站在庄周旁边，慢条斯理地说：

"噢，我们还没有告诉您特大的好消息哩！庄先生，您时来运转了，再也不必风尘仆仆地跑到陶邑来卖葛屦了，楚王特派我们来请您到楚国去，担任楚国的宰相。"

"庄周无意于为仕。"

"庄周先生，这话怎讲？当今天下，诸国争雄，而有能力一统天下者，唯秦、楚两国而已。天下万民，都希望早日结束诸国交战的局面。而您的学说，又以反战为核心。难道您能抛下那些流离失所的百姓不管吗？难道您不想一展宏图，实现自己多年来的愿望吗？"瘦子大夫企图晓之以理、动之以情，因为他感觉到庄周这样的人是不会为利禄动心的。

庄周为了不让这两只讨厌的乌鸦继续烦人，便干脆说："我没有什么宏图要实现，也无力拯救万民，你们请回吧！"

胖子失望地看了瘦子一眼，觉得没什么希望了。但是，瘦子还不死心，继续说：

"庄周先生，楚王知道您年轻的时候漫游过楚国，而且知道您对我们楚国的风土人情十分喜欢。楚王读过您的一些寓言，十分欣赏您的学说，十分佩服您的文章。您来担任楚国的宰相，是最合适不过的了。"

庄周一听，心中暗自发笑。这楚王看来真是下了一番功夫，做了充分的准备，才派来人请我的。但是，我庄周虽然喜欢楚国的风土人情，却不喜欢楚国的相位，因为郢都的政治角斗场可不是沅湘之间的祭祀歌舞啊！于是，他手持鱼竿，也不回头，说：

"我听说楚国有一只神龟，楚王将它杀死，用其甲占卜，每占必灵。楚王将死龟的骨头用布巾包好，装在漂亮的竹箱中，供于庙堂之上，可有其事？"

"有。"两位大夫异口同声地答道。

"对于这只龟来说，它是愿意死亡而将骨头留在世上让人视为宝贝呢，还是愿意活着而在泥水之中拖着尾巴自由自在地游玩？"

"当然愿意活着在泥水之中拖着尾巴自由自在地游玩。"胖子赶紧接着说。

"既然如此，你们赶快走开吧！我也愿意做一只活着的乌龟在泥水之中摇尾而戏，而不愿让楚王将我的骨头供养于庙堂之上。告诉楚王，让他死了这条心吧，我庄周终生不愿出仕，宁愿在江湖之中逍遥自得。"

说完，庄周将鱼竿一提，一条大鱼上钩了。

两位楚大夫大眼瞪小眼，彻底灰心了。

三

这些日子，惠施的心中颇不平静。自从他出仕魏国，取得了梁惠王的信任，并担任魏相之后，魏国的外交政策都是按他的思想制定的。二十多年来，魏国一直坚持团结齐楚、抵御强秦的方针。魏国虽然在西部被强秦占去很多土地，但是，东部与南部的边防却是稳定的。

可是，现在却半路杀出个张仪来，张仪的外交活动是为秦国服务的，他企图采取合纵政策，让山东诸国之间互相征战，然后秦国乘虚各个击破，最后由秦国来统一天下。张仪的策略深得秦王称赏，秦王派他以特使名义周游诸国，对各诸侯诱以重饵，胁以利害，软硬兼施，力图瓦解山东诸国的抗秦联盟。张仪首先瞅中了魏国，因为魏国是秦国以西向东推进的第一道屏障。

于是，张仪便到魏国来游说魏王。张仪主张让魏国、韩国与秦国联合起来攻打齐国与楚国。梁惠王虽然多年来一直很信任惠施，但是，在张仪富于煽动性的言辞面前，却难以拒绝。于是，梁惠王便向其他大臣们征询意见。而张仪早已用金银财宝收买了魏王手下的所有重臣，当然，惠施例外。

因此，在上一次的朝廷大辩论中，满朝文武只有惠施一人主张继续实行联合齐楚的政策，而其他的官员都同意张仪的意见，让魏国与秦国结为同盟。

眼看苦心经营了二十多年的政绩就要毁于一旦，惠施痛心疾首，寝食不安。这天，他独自一人来见梁惠王，做最后的努力。在去宫中的路上，惠施苦思冥想说服惠王的方法。这些年来，惠施在从政之余，也学习了不少关于辩论的知识，认识了一些以辩论为职业的人。那些人能将白的说成黑的，无的说成有的，什么"鸡三足""卵有毛"等。惠施虽然认为以辩为职业而造奇谈怪论是毫无用处的，但是说话讲究条理，讲求名实之分，则是很有意义的。经过多年的磨炼，再加上他好辩的天性，惠施已经成了天下无敌的辩者。多么奇怪的问题他都能回答，多么饶舌的论题他都能澄清。

今天，他要施展出浑身的本领，说服惠王放弃张仪的邪说。

惠王正与张仪密谋，一听惠施求见，便独自出来接待他。不等惠施开口，便先说：

"先生，您不要再说了。满朝文武尽言联合秦国、攻打齐楚是有利可图的，难道他们都是错的，而只有你一个人才是正确的吗？"

惠施一听，计上心来："大王，问题可没有那么简单。我今天不再讲联合齐楚的利处，我只想让您明白一个妇孺皆知的道理。"

"什么道理？"

"如果攻打齐楚真是有利可图，那么，满朝文武都说有利可图，就说明满朝文武都是智者，智者难道有这么多吗？如果攻打齐楚真是无利可图，那么满朝文武都说有利可图，就说明满朝文武都是愚者，愚者难道有这么多吗？

"凡是谋划的策略，都只不过是主观的设想，都有疑问存在。有一半人怀疑是正确的，有一半人怀疑是错误的，才是正常情况。现在满朝文武众口一词，说明大王您已失掉了一半的人心，他们都被张仪收买了。失掉一半人心的国君，灭亡无日矣。"

魏王还未答话，张仪便从屏风后面转出身来，说道："惠施，你的花言巧语也该收场了吧。正确的谋略总是让绝大多数人赞同，只有你的那种无稽之谈才唯有自己相信。魏王已经决定，限你三日之内，离开魏国！"说完，嘴角流露出得意的微笑。

惠施看着魏王，魏王低下了头。

惠施彻底失望了。他收拾行装，带着几十个忠诚的门客，凄凉地离开了凝聚着他半生心血的大梁。

但是，惠施偃兵息战的政治愿望并没有消亡。他又选中了楚国，想在楚国实践自己的理想。

经过长途跋涉，惠施一行终于来到了楚国。楚王十分欢迎惠施这位大名鼎鼎的政治家、学者，欲委以重任。但是，大臣冯郝却对楚王说：

"张仪是当今天下举足轻重的人物，他把惠施从魏国驱逐出来，而您却接纳了惠施，这势必要构怨于张仪，引火烧身。"

"依你之见，若何？"

"惠施是宋国人，宋王一直想聘请惠施，但是惠施嫌宋国太小。现在他已到了山穷水尽的地步，大王不若将他送到宋国。"

于是楚王便对惠施说：

"我本想重用您,又怕埋没了您的才华。您还不如到宋国去,宋王对您的仰慕之情是天下共知的。"

可怜惠施,又像一只皮球一样被楚王踢到了宋国。在去故乡宋国的路上,他一直在想,蒙山依旧吗?蒙泽无恙吗?庄周还好吗?

宋君偃已经接到了楚王提前送来的消息,说惠施要来宋国。宋君偃十分高兴。夺位以来,他一直怀有与周围大国一争高低的雄心,可惜没有才智之士替他出谋划策。宋国太小了。有能力的士都往秦国、齐国、楚国、魏国、韩国、赵国跑,而不愿效力于宋。

这下可好了,老天助我,张仪逐走了惠施,楚王又将惠施送到宋国。有了惠施这样聪明过人、能言善辩的人才,宋国可就有希望了。

这天,宋君偃举行了盛大的宴会,欢迎惠施的到来,宋国的文武大臣都参加了。宋君偃当众宣布聘请惠施为卿大夫。

宴会散后,宋君偃将惠施留下,问道:

"依先生之见,实行何种内政外交政策,才能成为天下枭雄?"

惠施说:"对内则爱民,对外则罢兵。"

宋君说:"请言其详。"

惠施以为宋君对他的主张感兴趣,便滔滔不绝地说道:

"民众是一个国家的根本,国君如果得不到一国之民的支持就危险了。不要过于贪婪,不要过于奢侈,要让民众生活得好一些。对外也不要发动侵略战争,只要能维护自己国防的安定就行了。"

宋君一听,失望之极。他没想到声名远扬的惠施竟然是个窝囊废。他本想让惠施辅佐他用武力与计谋实现霸业,可是惠施说的却尽是些迂腐无用的东西。

初见惠施时的兴奋与激动,就因为第一次谈话而跑得无影无踪。宋君虽然对惠施很好,却再也没有向他问过国策。

惠施在睢阳住了一个多月,闲着没事,这天,他对宋君说,极想回老家蒙邑去看看。宋君为了表示他对惠施的热情,也为了让天下之人知道他礼贤下士，便给惠施配备了二十乘马车，让他还乡省亲。惠施极力拒绝，无奈宋君十分坚决，也只好答应了。

这天，庄周正在蒙泽边上垂钓，隐隐听见远处车声雷动，进了村子。不一会儿，儿子跑来气喘吁吁地说：

"又有一个大官到我家来了，有好多好多的车！"

"哪来的大官，来干什么？"

"说是你的故人。"

"故人？"庄周有些莫名其妙。

"你看，他们已经过来了！"儿子指着从村子里来的一群人，急切地将庄周的头硬转过来，让他看。

庄周一看，有十几位衣着华丽的官员朝这边走来，为首的那个人，好像有些面熟。

"庄兄，真是好兴致啊！钓了不少的鱼吧？"

庄周一听声音，才反应过来为首的那位就是惠施。老友相见，激动不已，庄周放下手中的鱼竿，跑过去抓住惠施的手，两眼从上往下地打量着他。惠施也细细地端详着庄周。两人无言地对视着，仿佛一个世纪没有见面了。千言万语在胸中，却谁也不知说什么才好。

少顷，庄周说："你的双鬓已经发白了！"

惠施笑道："你的额头也平添了如许皱纹啊！"

庄周笑着说："是的，我们都老了。"又转身看了一眼蒙泽，感慨地说："可蒙泽还是像从前那样年轻。"

"是啊，"惠施深情地凝视着小时候经常来游玩的蒙泽，口中喃喃地说："山河不老，青春易逝！"

"到家中去吧，这儿风大。"

"不，我们还是在这儿吧！你让我好好看看这儿的草，这儿的水，这儿的鸟。我已经有二十多年没有见过它们了，魂牵梦萦啊！"

年轻的时候，庄周每天都跑到蒙泽边来游玩，惠施总觉得不理解。现在，经过二十多年的风风雨雨、酸甜苦辣，惠施的心中也逐渐萌发了对自然的热爱之情。今天，面对着一草一木都十分熟悉的家乡风景，他更是深深地陶醉了。他暂时忘记了张仪，忘记了惠王，忘记了楚王，忘记了宋君，忘记了政治上的失意。蒙泽那清澈见底的水洗清了他多年来胸中存积的郁闷，就像母亲用她温柔的手拭去儿子脸上的眼泪。

他就这样呆呆地站在湖边，忘记了旁边还有庄周，还有门客。少顷，庄周说：

"惠兄，旧地重游，有何感受？"

"美不美，家乡水啊！"惠施从迷醉中回到了现实，转过身来对庄周说。

"功成名就之人，还留恋这穷乡僻壤吗？"

"何谈功成名就，我现在形同丧家之犬啊！"惠施苦笑道。

"此话怎讲？"庄周有些愕然。

于是惠施告诉庄周他怎样被张仪用诡计逐出魏国，又怎样被楚王像踢皮球一样踢到宋国，又怎样被宋君冷落。说到最后，黯然神伤，语声喑哑。

庄周听见惠施的诉说，又见他伤心的样子，心中也为老友难过。他虽然对官场浮沉早已看破，但是，惠施毕竟是自己多年来唯一的知己，再加上惠施的学说以爱民为核心，他与那些一味追求富贵的贪官污吏毕竟不同。

但是，庄周毕竟是庄周。他不仅没陪着惠施一块儿伤心，反而哈哈大笑着说：

"惠兄，你也真够气量狭小。古代圣贤连天下都辞而不为，你失掉一个小小的相位就如此伤心吗？"

"那魏国可凝聚着我半生的心血啊！"惠施到底难以解脱。

"你的心血就不应该耗费在那儿！"庄周一脸不屑地说。

惠施有点后悔了。他不应该在庄周面前失态。庄周的为人他又不是不知道，视天下如弹丸，视官位如粪土。但是，多年来积压在胸中的悲愤，在自己最好的朋友面前，却怎么也抑制不住地要发泄出来。

"我当年就对你说过，到头来，你除了两鬓霜白，什么也不会得到的。"庄周继续戳他的痛处。

"可是，我毕竟给魏国的百姓做了不少好事啊！"惠施又恢复了他好辩的本性。

"你做的那些好事，比起魏王与魏国大大小小的官吏们所做的坏事来，真不如九牛之一毛！"庄周也来劲儿了。

"虽然是九牛之一毛，但是，好事总是好事嘛！"惠施不服气地争辩。

"你做的好事，不仅不能从根本上解决问题，反而有害于大道。"庄周也不让步。

"你也别太过分了，怎么能说有害于大道呢？"惠施甚至有些生气了，不满地问。

庄周却心平气和地说："你对百姓做一点好事，就像在大火之中泼了一盆水，不但不能救火，反而使火势更旺。"

"请言其详。"

"天下之士就是因为有像你这样的人，才相信有清官存在，相信有开明的政治存在。于是，他们讲仁义、讲礼乐、讲兼爱、讲尚贤，而忘记了绝大多数的官吏是贪得无厌的，忘记了所有的帝王都是残暴无情的。这样一来，纷纷扰扰的天下就永远没有出头之日了。"

"争辩了半天，还是道不同不相谋啊！"

"事实已经证明，你斗不过那些人，你不得不认输。"庄周笑道。

"只要一息尚存，我就要与他们斗到底！"惠施激昂地说着，好像他现在已经不是一位被谗言逐出的亡命之徒了。刚才哭丧着脸向庄周倾诉不幸的惠施不知跑到哪儿去了。

庄周一看惠施如此激动、如此亢奋，便知道他并没有真正从梦中醒来，他还在追求那些幼稚的幻想。不幸的打击不但没有使他看清现实，反而使他对自己的理想更加执着了。"可悲！可悲！"庄周在心中暗暗地自语。

但是，眼下最要紧的是不要让他太悲伤了。庄周了解惠施，他认准了的事很难改变，是个认死理的人。他又是一个十分重感情的人，很难从悲愤之中摆脱出来。

于是，庄周对惠施说："到家中再谈吧！"说着便收拾鱼竿。

惠施也过来给庄周帮忙，他提起庄周盛鱼的瓦盆，掂了一下，挺沉的，便招呼站在一旁的门客来抬。

庄周走过去，制止了他们，笑着对惠施说：

"惠兄，要不了这么多鱼。"

他捞出五条较大的鱼放在草地上，然后端起瓦盆，连水带鱼全部泼进了泽中。蒙泽的水面上哗啦哗啦溅起了不少涟漪，那些鱼儿飞快地钻入了水底，跑得无影无踪了。

惠施不解地看着庄周："这……"

庄周微笑着说："够今天晚上吃的就行了，何必多求？"

聪明的惠施马上就领会了庄周的用意，原来他是在开导我啊！老朋友毕竟是老朋友，争辩的时候互不相让，但是，内心深处还是在为我着想，想方设法让我减轻一些思想负担。

惠施感激地说："庄兄真是用心良苦啊！"

"用口舌说服不了你，也就只能如此了。"

"我真是惭愧。像你这样穷居山野，尚能抛弃多余之鱼，而我身为卿大夫，却不忘旧日之功。真是惭愧！惭愧！"说着，惠施将五条大鱼放入瓦盆之中，提起来，与庄周一起回村。

来到庄周的家门口，惠施站住了。他刚才已经进去了一次，看见庄周家中只有三间茅屋，而且到处堆放着葛草、葛麻和织好的屦，实在无法容纳他这十多人的队伍。但是，他又极想与庄周聊上几天，舍不得就这样匆忙地离去。于是，他对众门客说：

"你们先回睢阳去吧，十日之后，再来接我。"

众门客便驾起马车，离开村庄，返回睢阳去了。

进得屋来，惠施指着葛屦对庄周说："生意不错吧！"

庄周答道："尚能维持温饱。"

惠施开玩笑道："你这个人也真有意思。当年写信让我保荐你当漆园吏，虽然说是迫于生计，我总以为你走上了正路。没想到你当了几年又扔下不干了。这倒好，做起葛屦生意来了。真是变化无常啊！"

庄周一边洗鱼，一边说：

"善变不是坏事，而是好事。顺应时势，趋时而动，才是圣人之智。孔子就是善变的。"

"孔子如何善变？"

"孔子活了六十岁，自从他懂事以来，他每年的思想都在变化。始而是者，卒而非之；始而非者，卒而是之。谁能说出来他的思想究竟是什么？"

"孔子善于思考，总是针对当时的政治情况提出相对的策略，与你的变化不同。"

"孔子到晚年的时候完全抛弃了这一套，而过着任其性命之情的生活，只不过他的这些言行没有被记载下来。"

"那你如何知之？"

"知之于不知。"

惠施笑着摇了摇头，说："你啊，总是改不了杜撰故事的毛病。"言谈之间，鱼已经炖好了。蔺且打葛草也回到家中。庄周为二人互相介绍之后，风趣地说：

"蔺且，你还欠惠相爷五十两银子哩！"

惠施不解地问："此话怎讲？"

蔺且笑着说："吾师当年进相府，就是由我押送而去的，我得了您五十两赏银。"

惠施拍了拍脑门，哈哈大笑着说：

"有这么回事！有这么回事！当初可真是有意思，没想到数十年之后，我们三人还能在此地相聚啊！"

第二天，庄周陪着惠施转了许多他们少年时代游玩过的地方，二人都感慨颇深。惠施感慨的是，当年志向多么远大，而现在年近六旬，还没有实现自己的愿望，觉得时光易逝，事业难成。庄周感慨的是，自然永恒，人寿有限，而自己的生命已过大半，还没有完全达到超越一切、无拘无束的境界。惠施想的是，何时才能返回魏国，重整旗鼓，再展宏图，而庄周想的却是，怎样才能忘我忘物，忘是忘非，永远与天地精神合为一体。

庄周力图说服惠施忘记过去的一切是非好恶，退出政治，回到蒙邑来，而惠施却固执己见，欲以有生之年，为天下做些好事。于是，两人发生了口角。惠施说：

"庄兄，你以前也是一个挺热情的人，你曾经在大路上拦住押解罪犯的军官跟人家强辩，怎么现在变得越来越冷酷无情了？"

"是的，经过几十年的人世沧桑，我原先的那些热情完全被冻成了冰块。冷眼看世，冷肠待世，是我的处世哲学。"庄周回答说。

"难道说，作为一个人，能没有感情吗？"惠施质问道。

"正是，作为一个真人，就应该泯灭感情。"

"没有感情，还能叫作人吗？人与动物、植物的区别就在于人有感情啊！"

"天道赋予我人的生命与形体，怎么能说不是人呢？"

"既然叫作人，怎么能没有感情呢？"

"你所说的那种情，不是我所说的情。我所说的情，并不是人之所以为人的那种自然天性，而是指是非好恶之情。因此，我所说的无情，是指不要因为得失祸福、是非好恶而从内部伤害了自己的身体，完全听凭自然，而不要想着凭借身外之物来人为地增益自己的性命。"

"不用外物来增益自己，怎么能保持自己的身体呢？"

"天道赋予你人的生命与形体，你只要任其自然地发展就行了，不要因为是非好恶之情而损害它。而你现在，又要与政治上的敌人斗争，又要与天下之辩者辩论，劳精伤神，无益于性命。你看，你五十多岁的人，就已两鬓霜白，面带灰气。天道赋予你人的形体，你却为了坚白同异之辩与合纵连横之分而消耗了它。你对得起天道吗？"

惠施听后，到水边照了照自己的容貌，确实显得与实际年龄不符，像个六十多岁的人。但是，要做到无情，对于世事无动于衷，这怎么可能呀！于是，他对庄周说：

"我虽然对不起天道，但是，我对得起自己的良心。"

"良心值什么？你对不起自己的性命！你将自己的性命浪费于毫无意义的所谓良心中去了，你自己还不知道哩！"

两人谁也说服不了谁，便宣布暂时休战了。

四

休战不多久，烽烟又起。一日之内，小战不断，大战时有。虽然两人的观点不同，但是，都能真正理解对方思想的实质所在，因此争论起来还是挺有劲头的。两人有时候窃窃私语，有时候大声吵嚷。好几次，颜玉都以为两人吵起架来了，但是，不一会儿又传来了爽朗的笑声。

这天，庄周对惠施说：

"我给你讲一个故事。吴王有一次乘舟溯江而游，来到一座众猴聚集的山前。吴王从舟上看那些猴子们很好玩，便登上山来，想看个仔细，众猴见有人过来，纷纷逃向树林之中去了。唯独有一只猴子，十分胆大，不但不逃跑，还来回跳跃于树枝之间，向吴王卖弄它的灵巧。

"吴王一看，便拿出箭，搭上弓。可是，连射数箭。都被那猴子很敏捷地避开了。

"吴王一气之下，便命随从们百箭齐射。可怜那灵巧的猴子，顷刻之间便丧命于乱箭之下。

"吴王回头对他的朋友颜不疑说：

'这只猴子，恃其灵巧，夸其敏捷，来傲视我，因此而丧命。你可要当心点，不要在我面前卖弄你的智慧！'

"颜不疑虽然是吴王的朋友,但是,他的处境与那只猴子也差不多。

"你虽然身为宋国的卿大夫,但是,处境与那只猴子也没有多少区别。"

惠施听后,说:

"我有一棵大树,人们都称之为樗。此树之大根臃肿而不中绳墨,其小枝卷曲而不中规矩。直立于大路之旁,木匠们往来于其侧,从来都不看它一眼。

"你所讲的这一套,虽然宏阔天涯,深远不测,但是毫无实用价值,真是大而无用,人们不会相信你这些无稽之谈的。"

庄周笑道:"惠兄,你真是我的知音!我所追求的,正是无用。你难道没有见过那狸猫与黄鼠狼吗?卑伏着身子,等待着小动物的出现。东西跳梁,不避高低。但是,一旦踏中机关,就会死于网罗之中。再看看那牛,庞大的身躯犹如天边的云块,却捉不到一只老鼠。

"你现在有这么一棵大树,不要愁它无用。你将它移植到无何有之乡、广漠之野,任意地在树旁徘徊,自在地在树下睡觉。斧头不会来砍伐它,旁物不会来伤害它。你会在永不消失的荫凉之中得到精神的自由。无所可用,不仅不是坏事,反而是好事!"

惠施听完,说:

"我不认为无用是好事。魏王曾经赠送给我大瓠的种子,我将它种在后院中,结了一个容量五石的果实。用它来盛水盛汤,其脆软而不能举起;剖开它用作水瓢,而瓢大无处可容。虽然它体积庞大,我还是认为它没有用处而将它打碎扔掉了。"

庄周笑道:"先生利用大瓠的本领也太低了。我给你讲一则寓言。有一个宋国人善于制造使手不皲裂的药,因此,他家世代以漂洗丝絮为业。有一位客人听到这种药品就来到宋国找到了这位制药的人,说:'我用百金购买你的药方。'这位制药者一听,十分高兴,将自己的家族召集起来,对他们说:'我家世代以漂洗丝絮为业,所积累的不过数金,今天卖出药方,一旦可得百金。我的意见是卖给他,你们看呢?'家族中男女老少异口同声地说：'卖给他！'这位客人得了药方，就来游说吴王。这年冬天正好吴越之间发生大规模的战争，吴王最怕的就是兵士们由于气候寒冷而手脚皲裂。这位客人拿出他配的药，吴王一看十分欢喜，就任命他为将军，与越人水战。结果越国士兵的手因冻裂无法持枪，而吴国的士兵则由于有了药的帮助，手上毫无裂纹而大获全胜。吴王将这位客人封为万户之侯。

"同样是一种药物，有人拥有它，只不过世代以漂洗丝絮为业，有人拥有它，则可以封为万户之侯。同样一个东西，利用的方式不同，达到的效果就不一样。

"现在你有一个五石之瓠，为什么不把它制成一个巨大的腰舟，而浮游于江湖之中？你嫌弃它，说明你的心还茅塞不开啊！

"你听了我的故事，认为宏阔而不实用，为什么不能在其中领会到一种逍遥自在的精神，以此来浮游于人世的大海之中呢？"

惠施说："我承认你的故事之中蕴含着一种逍遥自在的精神。但是，这种逍遥自在的精神不能适用于任何社会问题，也不能解决任何人的温饱，因此，先生虽然自视颇高，却也是曲高和寡。"

庄周说："当今天下之士，纷纷埋头于是非之辩、热衷于利禄之场，而丧失了人作为人的真精神。一个人，如果没有精神的自由，活着就如同牲畜。有了精神的自由，即使贫困潦倒，也是上上真人。"

惠施说："总而言之，你所说的这些，都是无用的。"

庄周说："惠兄，你可真是榆木脑袋！无用乃有用之本，你可知道？"

"请言其详。"

"土地之广，无以数计，但是，人立其上，仅求容足而已。如果从人的四周一直挖下去，至于九泉之下，让人只站在脚下的那一块土地上，人还有用吗？"

"无用。"

"那么，无用之物为有用之物之根本，有用之物凭借无用之物才发挥其用，这个道理不就明白了吗？"

惠施若有所思地说:"你说的确实有道理。但是,我还是不能完全做到无用。我们还是求同存异吧!"

又有一天,惠施对庄周说:

"我在魏国的时候,认识了一些辩者,他们所讨论的命题很怪。"

"什么命题?"

"我给你举几个比较有意思的:鸟卵有毛;鸡有三足;郢都可有天下;犬可以为羊;飞鸟之影未尝动也;一尺之棰,日取其半,万世不竭……"

庄周不耐烦地打断他:"这些奇谈怪论,有什么意义?"

"当然,这些命题其中有一部分只是诡辩,毫无意义。但是其中有一些还是可以启人深思的。他们的缺点在于脱离了实在,而专在名词上耍花样。但是,在他们的启发之下,我也创立了十个命题。"

"愿闻其详。"

"至大无外,谓之大一;至小无内,谓之小一。最大的东西没有边际,最小的东西不可再分。"

庄周点了点头:"还有点深度,但是,你没有认识到至大即至小,至小即至大,大小本无界限。第二个呢?"

"无厚,不可积也,其大千里。没有厚度的东西,薄得无法测量,但是其广阔可至千里。"

"第三个呢?"

"天与地卑,山与泽平。"

"第四个呢?"

"日方中方睨,物方生方死。"

庄周没等他说完十个命题,便问道:"惠兄,你的这些命题与辩者的命题难道不是一丘之貉吗?"

惠施不服气地说:"我的命题都是我长期观察自然界事物的变化规律得来的,都有客观实在的依据,怎么能说与辩者的花言巧语相同呢?"

"你企图凭借自己的智慧而追究无穷的事物，是不可能的。追逐万物而不返回自己的内心，就像要与自己的影子赛跑一样，永远没有结果。"庄周惋惜惠施的聪明才智，想劝他放弃那些于道无补的辩论。

"可是，运用这些命题，可以论证我兼爱万物的学说，在同儒学、墨学、杨学、还有以公孙龙为代表的辩学的论战中，很有用处。"惠施得意地说。

庄子说："你们各家各派之间互相论战，都自以为得到了天下之至道，但是究竟谁得到了天下之至道呢？"

"都得到了各自认为是天下之至道的至道。"惠施用上了他的辩才。

"那么，射箭者没有一个预期的目标，将箭随便射到什么地方，就可以说是善射者，于是，天下之人都成了神羿，行吗？"

"行。"

"天下之辩论，没有一个公众承认的真理，而人人自以为是，天下之人都成了尧舜一样的圣人，行吗？"

"行。"

"方今天下，儒学、墨学、杨学、辩学为四派，再加上你，一共五派，究竟谁说的是真理呢？"

"我。"

"你也真会大言不惭，我看你跟鲁遽一样。"

"鲁遽为何人？"

"鲁遽的弟子有一天对他说：'先生，我学到你的道术了。我能够在冬天让一鼎之水不用火就烧沸，在夏天将一鼎之水结成冰块。'

"鲁遽自负地说：'这只是以阳气聚集阳气，以阴气聚集阴气，并不是我所谓的道术。来，我让你看看我的道术。'于是他将两只瑟的弦调成一样的音律，将一只放在堂中，一只放在室中。鼓室中之瑟，而堂上之瑟相应而鸣，鼓宫而宫应，鼓角而角应。

"鲁遽的道术与他弟子的道术究竟谁的正确呢？还不都是骗人的把

戏吗？"

"但是，儒墨杨辩四派纷纷与我辩论，虽然他们费尽苦心，寻找好的言辞，甚至声色俱厉地恐吓我，也不能说明我的学说就是错误的，又该如何解释？"惠施还没有心服。

庄周见惠施如此顽固，便说：

"齐国有一个人将他的儿子送到宋国去当看门人，一见所有的看门人都没有脚，便砍下了自己儿子的脚，但是他随身携带的一件小钟却用布包好，唯恐丢失。

"还有一个人，自己的儿子丢掉了，只知道在自己的家中寻找，没有想到应该在门外找找。

"还有个楚国人，寄住在别人家中，却同这家的看门人吵架；行于途中，在夜半无人之时又同船夫争斗。

"你现在的思想，难道不是同这些愚者一样吗？丧失了自己最宝贵的东西，而将那些毫无价值的东西视为真理，局限于狭小的自我意识之中，还认为穷尽了天地之道。"

庄周与惠施就这样往来辩论，往往通宵达旦，甚至连吃饭都顾不上。转眼之间，十天就过去了。惠施的门客来接他回睢阳，于是两位见面就争论的朋友又难分难舍了。惠施请庄周到睢阳去，庄周不愿去。于是惠施答应没事就来看他。

惠施回到睢阳不久，魏国的政局就发生了很大的变化。这个变化完全是由于梁惠王驾崩而造成的。惠施被逐之后，张仪掌握了魏国的大权，魏国一直是秦国的附庸。但是，梁惠王的太子却不赞同张仪的外交政策。因此，惠王一死，太子继位为襄王。襄王要恢复与齐楚等东南诸国的关系。于是张仪在魏国失势，被驱逐回到秦国。

惠王的灵柩还未出葬，襄王便派人到宋国来迎接惠施。宋君偃反正也不赞赏惠施的学说与政策，便痛快地答应了，乐得做个人情。

惠施听完魏国使者诉说了近几个月来的风云突变，高兴得流下了眼泪。他虽然坚信自己的理想会得以实现，但是，没有想到这么快就能回到魏国。

临走之前，他让魏国使者稍候数日，因为他要到蒙邑与庄周话别。同时，他也想让事实告诉庄周，正义总是会战胜邪恶的，并不是像他说的那样，善恶美丑没有界限，没有区分。

这一次，惠施独自一人乘一辆马车，轻装上路，直奔蒙邑而来。由于心情畅快，他觉得路上的行人都在对他微笑，连一草一木也是那样令人心暖。

他把马车停在门口，三步并做两步跑进茅屋，兴高采烈地说："庄兄，我又来了。"

庄周正在帮着妻子捶葛麻，一见惠施这么兴奋，便问道："什么好事，如此激动。"

"当然是好事！我要回魏国去了。"惠施将这几个月来魏国政治的变化对庄周说了一遍，并告诉他，魏襄王已派使者来接他回魏国。

庄周冷笑道："惠兄，此次去魏，恐怕凶多吉少。"

"何以见得？"

"惠王当年待你不薄，最后还是抛弃了你。襄王虽然派人来接你，也只不过注重你的名声，想以此来招徕天下之人心。你的那套学说，不会有哪个君主真正欣赏的。"

"襄王还是欣赏我的，要不，他怎么能将张仪赶走？"惠施自信地说。

庄周见一时难以说服他，便也由他自己去了。每个人都有自己的信念，尤其是惠施这样的人，是不到黄河心不死的。于是庄周便再也没有同他争论。当夜惠施住下。一宿无话。

第二天一早，庄周对惠施说：

"当年你我欲同游濠水，未能称愿。此次分别，又不知何时才能见面，今日到濠水一游如何？"

惠施本想及早赶到魏国，他此时可真是归心似箭！但是，庄周既然说出了口，惠施也不好拒绝，便答应了。

今天真是个好天气，秋高气爽，晴空万里。太阳已经没有盛夏那么毒热了，照在人身上暖洋洋的，让人十分舒服。凉风阵阵吹来，又使人清爽无比。庄周与惠施在濠水岸边漫步而游，心情都很畅快。

他们时而脱掉鞋子在浅水中洗洗脚，时而在水边的草地上躺一会，看一看天上的云朵，完全忘记了两人所争论过的问题。

他们顺水而下，一处河水较窄的地方，有一座小桥跨过水面。二人登上小桥，看着濠水不停地流着。

惠施口中喃喃而语："子在川上曰：逝者如斯夫！"

"是啊！人生一世，就像河水中的浪花一样，忽然而已。"庄周也颇为感慨地说。

"时光若能倒流，我就可以做更多的事，研究更多的问题。"惠施觉得人生实在太短暂了。

"光阴似水，不可能倒流。迷途知返，回头是岸啊！"不知不觉，两人又争论上了。

突然，一条鲦鱼"噼啪"一声从水中跃出，一闪之后，又钻回了水面。

"你看那鲦鱼，多么自在啊！悠悠哉游于水中，它肯定非常快乐！"庄周好像自己也变成了那鲦鱼，情不自禁地说。

"你又不是鱼，怎么知道鲦鱼快乐呢？"惠施觉得人就是人，鱼就是鱼，鱼肯定不会像人那样感觉到快乐的。

"你又不是我，你怎么知道我不知道鱼儿是快乐的呢？"庄周反问道。

"我不是你，当然不会知道你的心思；可是，你也不是鱼，你当然也不会知道鱼是快乐的。我不知你，你不知鱼，这不两清了吗？"惠施得意地说。

庄周觉得跟惠施辩论这个问题，根本就不会有什么结果。因为他们两人对待自然界的态度是完全相反的。庄周对待自然事物，总是物我合一，物我交融，因此，他似乎能够体会到花鸟虫鱼的性情。而惠施则以观察、研究的态度对待自然事物，他注意的是各个事物之间的大小同异，而从来不留意于自然事物的喜怒哀乐。

因此，告诉惠施鱼之快乐，就像告诉一头牛说琴声是美的。于是，庄周不想再与他争论下去了，便诡辩道：

"我们还是回到一开始。你说：'你怎么知道鱼是快乐的？'这说明你已经知道我知道鱼是快乐的而故意问我。我现在告诉你，我知之濠水之上。"

惠施再也没有发问，因为他知道庄周的脾气，每当他诡辩的时候，就是想结束这场争论。

于是两人便下了那座小桥，继续散步。

眼看天色将晚，庄周游兴正隆，想留在河边看日落景色。惠施因为急着明日一早动身去睢阳，便催促庄周回来了。

第二天，送走惠施之后，庄周想了很多很多。像惠施这样的人，对政治那么热心，自以为抱着救世之心，哪知是将自己的生命徒劳地浪费了。给他讲人生的道理，他根本听不进去，而且还以为我所说的是无用之言。

相比之下，他很庆幸自己的选择。读书、鼓琴、钓鱼，与二三知己聊聊天，多么快活呀！虽然并不富裕，但是，织屦所得，完全够维持生计了。只要能够得到精神上的自由，悠悠终生，足矣。

却说惠施回到魏国之后，魏襄王仍然任命他为相。生活待遇，车马俸禄沿照旧例，但是，却很少请教他国事。

因为魏襄王年轻气盛，欲与当今天下之诸侯逐鹿中原，对惠施那一套爱民、偃兵的学说并不欣赏。

惠施的满腔热情又碰上了一盆冷水。闲着没事，他便整天与慕名而来的辩者们争论各种各样的问题，以此消愁解闷。

第七章
著书七篇 所以穷年

一

这些天来,庄周越来越感觉到他应该写点东西。一方面是蔺且与苏玉再三请求,说先生已是年过六十的人了,最好是亲自动手写些文章,免得先生百年之后,弟子们没有学习的书本。另一方面,天下流传的书太多了,而这些书又大多不能探源人生的真精神,或者大谈仁义礼乐,或者钻研纵横权术,或者辩论坚白同异,将天下读书人引入歧途。

庄周又不想如孔墨那样聚徒讲学、周游列国地去宣传自己的思想,虽然自己写的、蔺且记载的那些零零碎碎的寓言故事也早已传遍了天下,但人们并不了解他思想的全貌与真相,有时候甚至发生了误解。作为一个士,唯一能对人类有些贡献的,就是将自己对人生的体验、对人生的理解写出来,昭之天下。

百无一用是书生,贫困潦倒唯笔墨!政治上没有自由,不能实现自己的愿望,就只有退而求之于文字了。我庄周虽然以标榜不材无用而著名天下,但是,这哪儿是我的初衷啊!无才无用只不过是逃避那些残暴无情的当权者,不愿与他们同流合污。有些人甚至将我的思想与杨朱"拔一毛而利天下，不为也"的"唯我"主义混为一谈，实在可悲！

"我庄周是有才的！我庄周是有用的！"庄周在心中默默地呐喊。我要用我的笔，写出人生的真境界，写出人类的真出路，写出宇宙的真归宿。我要让那些整天沉溺于各种琐碎小事之中而忘记了天道的人们重见光明。我要给你们太阳，让你们从漫漫长夜之中觉醒，让你们睁开眼睛，看看另外一个春光明媚的世界。

蔺且与苏玉一听庄周愿意著书了，都十分高兴。苏玉说："以后天下之人读书，就不仅有孔子曰、墨子曰，也有了庄子曰……"

"没有什么庄子曰，"庄周打断苏玉的话，"我不想以正襟危坐的方式，板起面孔来教训世人。"

"那……"苏玉有些茫然。

"你是怎么相信我的学说的？"

"因为先生的那则寓言。"

"我的书也要以寓言的方式呈现。"

苏玉拍了拍脑门，恍然大悟："是啊！先生的寓言妙趣横生，感人至深。如果您的著作也用寓言故事的方式表现，肯定会获得更多的读者。"

蔺且在一旁问道："寓言故事妙则妙矣，不过，能登上大雅之堂吗？"

"什么大雅之堂！我可不想让人们将我的著作当成经典来供奉，只要有人能够在寓言中体会到一种逍遥自得的精神就可以了。因此，我的著作也是卮言。"

"何谓卮言？"蔺且与苏玉异口同声地问道。

"卮乃盛酒之器。酒，人皆可饮，饮而有味，并且能借酒之力而获得一种忘我忘物、忘是忘非的境界。我的著作，就像一杯味道醇厚的美酒。在里边，你找不到什么是非之辩，也找不到什么善恶之别。读着它，你慢慢就会陶醉，你会觉得一切离你而去，甚至美酒的味道也离你而去，你的精神将邀游于六合之外。"

"那么，道呢？"蔺且毕竟很关心道，因为在他看来，著书的目的首先是要传道。

"道即在著作之中。蔺且，你想想，我所谓的道是什么？不就是一种遇物而化、忘是忘非的精神自由吗？与其告诉人们什么是道，还不如就让他们在道中漫游。老子说'道可道，非常道'，我却要说：'道可道，真常道。'"

几天之后，蔺且从蒙邑买来了一匹帛，庄周就开始了著书。

庄周呷了一口酒，双目凝视着窗外那清澈的湖水，明洁的天空，脑子里浮现出两个意象：水中那自由自在的鱼、空中那展翅高飞的鸟。海阔凭鱼跃，天高任鸟飞。鱼儿、鸟儿，你们就是我心中的偶像！于是，庄周挥笔写下了第一篇的题目"逍遥游"。

蔺且在一旁看着，说："先生，您的题目好怪啊！"

庄周也不答话，往下写道：

北冥有鱼，其名为鲲。鲲之大，不知其几千里也。化而为鸟，其名为鹏，鹏之背，不知其几千里也。怒而飞，其翼若垂天之云。是鸟也，海运则将徙于南冥。南冥者，天池也。

（北海之中有一条鱼，它的名字叫作鲲。这鲲是一条十分巨大的鱼，它的背，不知有几千里长。有一天，它变化为鸟，这只鸟的名字叫鹏。鹏也十分巨大，它的背，不知有几千里长。鹏鸟鼓动翅膀而飞于高空之中，它的翅翼就像挂在天边的云彩。这只鸟等到海风运动起来，就乘风移到南海之中去，复又化为鱼。南海，是自然的大池。）

蔺且读后，觉得庄周所写就像藏在云雾之后的月亮，朦朦胧胧，不可辨认。他问道："先生，你以前讲的寓言，我也能大概知其含义所在，这则寓言，学生却难以明了。首先，这么大的鱼，为什么给它起一个人们用来称呼小鱼的名字鲲呢？"

"蔺且啊！世间之物，原本无大小之别。世人不知：争雄之诸国，曾不如蜗牛之角；毫末之微，却可容四海之水。大与小，只是相对的。从道的角度来说，至大即至小，至小即至大。知大鱼名为鲲，即可知大小之理。"

"那么，鱼为什么要变化为鸟呢？"

"得道真人，随物而化。在水为鱼，在天为鸟。凭水乘风，同为逍遥之游。若固守一端，则与物多忤，生命尚且不保，何谈逍遥之游！"

"鲲鹏为什么要从北冥飞往南冥呢？"

"我已经写了：'南冥者，天池也。'南冥象征着楚越南部蛮民所居之地。那真是一片毫无污染的自然的大海啊！他们不知礼义，不知君王；日出而作，日入而息；自然而处，自然而动。我年轻的时候去过那个地方，那是一块圣地。因此，我让我的鲲鹏，从北方飞向南方。"

蔺且听完庄周的讲解，才明白了这则寓言的高妙与深奥。他赞叹地说："先生，这则寓言，确实融进了您毕生的思索与追求。"

然后，庄周怕世人不相信他讲的这个表面上不合情理的寓言，又假托《齐谐》这本书中曾经记载过这个故事，而且蜩与学鸠还以自己的无能嘲笑这只展翅高飞的鲲鹏。

他转念一想，世人往往最迷信历史上的圣人，于是，又假托商汤曾经从其大臣棘那儿听说过这个故事，而且信以为真。

但是，仅凭寓言，毕竟不能一针见血地说出"逍遥游"的精义。于是，他又写道：

若夫乘天地之正，而御六气之辩，以游无穷者，彼且恶乎待哉？故曰：至人无己，神人无功，圣人无名。

（如果乘着天地万物之本性，驾驭阴阳六气之变化，以游于无限广阔的境域，还有什么依待呢？所以说：至人忘掉了自我，神人忘掉了功利，圣人忘掉了名声。）

然而，让汲汲于利禄的天下之人无己、无功、无名，是多么困难啊！

人们常说：千里来做官，为的吃和穿，又说人为财死，鸟为食亡，多么愚蠢！于是，他又编了一个"尧让天下于许由"的故事：尧当了天子，但是，他认为许由更有资格当天子，便要让位于许由。许由却说："偃鼠到河中去饮水，腹满则为止；鹪鹩居住在森林之中，却只占一枝之位。你赶快回去吧！我不会去当天子的。庖人虽然不能胜任他的工作，尸祝之人也不会越俎代庖！"

写到这儿，他似乎又到了濮水之畔，手持鱼竿头也不回地拒绝了楚王的聘请。

他本来想就此作为第一篇的收尾。但是，第二天他重读了昨日所写之后，发现自己的文章确实有些惊世骇俗。读惯了"子曰""诗云"的儒士们，见了这样的文章，肯定会认为是无稽之谈。于是，他又编了一则寓言，告诫那些儒士，要欣赏我的文章，仅凭肉眼肉耳是不行的。

肩吾问于连叔曰："吾闻言于接舆，大而无当，往而不返。吾惊怖其言，犹河汉而无极也。大有迳庭，不近人情焉。"

连叔曰："其言何谓哉？"

曰："藐姑射之山，有神人居焉。肌肤若冰雪，淖约若处子。不食五谷，吸风饮露。乘云气，御飞龙，而游乎四海之外。其神凝，使物不疵疠而年谷熟。吾以是狂而不信也。"

连叔曰："然。瞽者无以与乎文章之观，聋者无以与乎钟鼓之声，岂惟形骸有聋盲哉！夫知亦有之。是其言也，犹时女也。之人也，之德也，将磅礴万物，以为一世蕲乎乱，孰弊弊焉以天下为事。之人也，物莫之伤：大浸稽天而不溺，大旱金石流土山焦而不热。是其尘垢粃穅，将犹陶铸尧舜者也，孰肯以物为事！"

（肩吾有一天问连叔道："我在接舆那儿听了一些话，觉得阔大而不合乎实际，超越而不回到人世，我很吃惊，也很害怕，觉得他的话就像天上的银河一样没边没际。他所说与我们常人的实际生活相差太远,真可谓不近人情。"

连叔说:"他说了些什么?"

肩吾说:"他说:在遥远的姑射之山上,住着一位神人。他的肌肤就像冰雪那样洁白晶莹,他的风姿绰约娴静,犹如待字闺中的处女。他不吃五谷,而吸风饮露,乘着云气,驾驭飞龙,而到四海之外去遨游。他的精神凝静深沉,能够让万物没有病亡,能够让五谷自然成熟。所以,我认为这样的人是不存在的,接舆口吐狂言,难以让人相信。"

连叔说:"是的,你当然不会相信。不能让瞎子看丝织品上的花纹,不能让聋子听钟鼓发出的声音。不仅人的形体有聋盲,人的智慧也有聋盲。这话,就是为你这样的人说的!接舆所说的那种人,他的德量,能够广被万物,他将要为整个人类施予幸福,而哪里肯专门以当今天下为事务。这种神人,外物没法伤害他,大水漫过天顶,他也不会被淹死,大旱熔化了金石,烧焦了土山,他也不会感觉到热。他的尘垢糠秕,都能造出尧舜来,哪里肯以具体事物为务。")

写到此处,庄周又想起了惠施来访时两人的争论。惠施说庄周的寓言是无用的,并比喻成樗树与大瓠。庄周却说我追求的正是无用。于是,他将这两段对话附在了"逍遥游"的后面,以昭告世人,要读我的著作,不要想在里边寻求经世之方,只要能从精神上得到一种洒脱不羁的享受就可以了。

《逍遥游》写完一个月之后,庄周又想好了第二篇的题目:"齐物论"。蔺且看后,问道:"先生,'齐物论'为何意?"

庄周回答说:"当今天下之士,纷纷放言高论,都自以为所言所论是至道至理。但是,从道的角度来说,这些物论都只不过是充满着是非之辩与好恶之情的一家之见。不驳倒这些乱人心智的言论,我的学说怎么能让世人接受呢?"

"但是，您既然写了文章参加这场辩论，怎么能够说明自己的言论就不是一家之见呢？"

"世人的言论，都是从自己的利害出发的。而我的言论则是从自然之道的角度出发的。因此，世人的言论有是非好恶之辩，而我的言论则像美妙的音乐，可以让你陶醉于其中，却没有什么是非好恶之辩。"

话虽如此说，"齐物论"三字写好已有二十多天了，正文却没有写出一个字。《齐物论》比《逍遥游》还难写。因为要驳倒百家之言，就必须辩论，而辩论又不是庄周所喜欢的著书方式。他总想让读者在轻松愉快之中领略到深刻的哲理。这些天来，他一直在寻找一个合适的寓言，作为《齐物论》的开头。

这天，庄周凭几而坐，闭目养神，意态飞扬，精神不羁，不知不觉仰天而嘘，口中发出一种奇怪的声音：似歌非歌，似咏非咏，又像鸟鸣，又像风吹。他摇头晃脑，自得其乐，旁若无人，似乎进入了一种迷醉的境界。

蔺且在一旁听着，觉得庄周的这种怪声虽然没有一定的规则，却自有它美妙动人的地方。时而如秋风扫落叶，时而如春雨滴梧桐，时而如天空之惊雷，时而如琴瑟之悠扬。

忽然，他闭住嘴巴，低下了头，似乎睡着了。蔺且问道："先生，您往昔凭几而坐，都是深沉凝静，今日为何发出此种怪声？"

庄周抬起头，缓缓答道："蔺且，你问得真好。我这一辈子，在山林之中度过的时间恐怕有一大半。我熟悉自然界的各种声音，它们经常在我耳边回响，渐渐地，它们在我脑海中幻化成一种无声的音乐。这种无声的音乐只有我自己能听到，它是那样的奇特、那样的美妙、那样的不可思议。它忽而来，忽而去，不可捉摸，令人心旷神怡。它是道的化身，它是生命的升华。刚才，我在静坐之中，又感受到了它。你听到的，恐怕就是我用嘴巴对它的模仿吧！"

突然，庄周觉得《齐物论》的开头已经有了：

南郭子綦隐机而坐,仰天而嘘,答焉似丧其耦。颜成子游立侍乎前,曰:"何居乎?形固可使如槁木,而心固可使如死灰乎?今之隐机者,非昔之隐机者也。"

子綦曰:"偃,不亦善乎,而问之也。今者吾丧我,汝知之乎?汝闻人籁而未闻地籁,汝闻地籁而未闻天籁夫?"

子游曰:"敢问其方?"

子綦曰:"夫大块噫气,其名为风。是唯无作,作则万窍怒号。而独不闻之翏翏乎?山林之畏佳,大木百围之窍穴:似鼻、似口、似耳、似枅、似圈、似臼、似洼、似污者。激者、谪者、叱者、吸者、叫者、譹者、宎者、咬者。前者唱于而后者唱喁。泠风则小和,飘风则大和。厉风济,则众窍为虚。而独不见之调调之刁刁乎?"

子游曰:"地籁则众窍是已,人籁则比竹是已。敢问天籁?"

子綦曰:"夫吹万不同,而使其自已也。咸其自取,怒者其谁邪?"

(南郭子綦凭着几案而坐,仰天吹气,口中发出各种各样的声音,似乎忘记了自己身体的存在。颜成子游侍立在跟前,问道:"怎么回事呢?形体安定固然可如干枯的树枝,心灵寂静固然可如熄灭的灰烬吗?你今天凭案而坐的情态,与昔日凭案而坐的情态,大不一样啊!"

子綦回答说:"偃,你问得真好!今天,我忘却了自己,你知道吗?你听过人籁的声音而没有听过地籁的声音;你听过地籁的声音,却没有听过天籁的声音。"

子游说:"什么是地籁与天籁?"

子綦回答说:"大地吐气,叫作风。这风不发则已,一发作则千万种窍穴一起怒号。你没有听过长风呼啸的声音吗?山林中高下盘回的地方,百围大木的窍穴,有的像鼻子,有的像嘴巴,有的像耳朵,有的像梁上的方孔,有的像杯圈,有的像舂臼,有的像深池,有的像浅洼。而这些形状不同的窍穴,发出的声音也各不相同:有的像湍流冲击的声音,有的像羽箭发射的声音,有的像叱咄的声音,有的像呼吸的声音,有的像叫喊的声音,有的像号哭的声音,有的像深谷发出的声音,有的像哀切感叹的声音。前面的风发出吁吁的声音,后面的风发出喁喁的声音,前唱后和,宛若一曲美妙的音乐。微风轻吹,则和声细小,飘风急来,则和声宏大。大风一停,则万窍复归于寂静。但是,你还可以看到草木在摇摇曳曳地摆动,犹如余音绕梁,袅袅不绝。"

子游说:"地籁是风吹众窍发出的声音,人籁则是人吹竹箫发出的声音。那么,天籁是什么呢?"

子綦说:"就是我刚才吹气发出的那种声音。吹气发出的各种声音虽然不同,但是,它们都自生自灭,来去无迹,我自己无法控制它们,因此称之为天籁。")

蔺且看后说:"先生,您这段文章确实写得超绝不凡,尤其是对大风的描写,可谓惟妙惟肖。但是,这三籁与'齐物论'有什么关系呢?"

庄周仰视着碧蓝的天空,耳边还回响着那些美妙的自然的箫声,他的思绪也随着那长风飞往四海之外。一听蔺且问话,他才恍然若醒,答道:

"人吹箫管发出的音乐本来就够美了,而自然界的各种声音却更加使我迷醉。但是,最让我心旷神怡的还是那无声的、在脑海之中像泉水那样流动的音乐。老子说'大音希声',此之谓也。

"我愿天下人放弃物我之间的对待,放弃名利的追求,放弃那些充满是非好恶的辩论,都来体验这忘我的无声之乐——天籁。在这种无声之乐中,你可以把握到生命的真髓,把握到天地之大全,你的精神就像无所不能的飞龙,遨游于虚无寥辽的宇宙之中。"

"为什么有了是非之辩论,就不能把握到天籁呢?"

"问得好,蔺且。在洪荒蒙昧的古代,天道与言论是合为一体的。道未始有封,言未始有常。那时候,人们出口为言即道,没有什么是非好恶的辩论。道的境界是一个大全,是一个浑沌,自从有了是非好恶之辩以后，道就被损害了，被毁灭了，因为是非好恶就是大全与浑沌的对立面。"

"但是，人们都自以为所言所论是正确的，并不存在好恶之情、一己之偏见，这又怎么办？"

"来，我给你讲一个'辩无胜'的道理，其实，任何人所言所论都有正确的一面，同时又有错误的一面。可乎可，不可乎不可。物固有所然，物固有所可。无物不然，无物不可。但是，从别的言论来说，任何言论都不可能是完全正确的。因此，在所有的言论之中找一种完全正确的是不可能的。唯一的办法就是和之以天倪，因之以曼衍，所以穷年也。"

"何谓和之以天倪？"

"天倪即天道。是不是，然不然，是若果是也，则是之异乎不是也，亦无辩。然若果然也，则然之异乎不然也，亦无辩。忘年忘义，振于无竟。"

（有是便有不是，有然便有不然，因此，是即不是，然即不然。是果真是是，就肯定与不是有区别，但是无须去辩论。然果真是然，就肯定与不然有区别，但是无须去辩论。忘掉时间的流逝，忘掉道德伦常，遨游于无穷的境域。）

说完，庄周将这段话写到文章之中。

庄周想起了他年轻时在蒙泽边上做的那个梦。梦中，他变成了一只愉快的蝴蝶，在空中飞呀，飞呀。《齐物论》之后，就应该得到这种物我两忘、物我不分的境界。因此，在本篇结尾，他现身说法，昭示人们齐物之极境：

昔者庄周梦为蝴蝶，栩栩然蝶也。自喻适志与！不知周也。俄然觉，则蘧蘧然周也。不知周之梦为蝴蝶与，蝴蝶之梦为周与。周与蝴蝶，则必有分矣。此之谓物化。

（从前，庄周做过一个梦，在梦中变成了一只蝴蝶。他觉得自己就是一只蝴蝶，自由自在地飞来飞去，心志十分愉快，完全不知道自己还是庄周。一会儿醒来之后，才发现自己分明是庄周。刚才的梦，不知是庄周在梦中变成了蝴蝶，还是蝴蝶在梦中变成了庄周。庄周与蝴蝶，本来是两个东西，但在梦中却变成了一个东西。这就是物化之境。）

庄周晓梦迷蝴蝶！

人们如果能够获得一种忘记自我，与万物融为一体的境界，则万物自然齐一。世人啊，齐物之境其实并不飘忽，只要在观照万物时忘掉物我之间的界限，忘掉自己的偏好，就能与宇宙天地相交融。你们将得到大美，你们将得到大乐，这种乐无法用语言文字表现出来，它只能停留在体道者的心中。

二

《逍遥游》与《齐物论》两篇写完之后，庄周决定暂时停止著书，到梓庆家去一趟。他想征求一下梓庆的意见。梓庆虽然是个木匠，文化程度不高，但是，他的雕刻技艺之中却蕴藏着深刻的哲理，是位了不起的同道。

梓庆已经退休在家了，由他的儿子顶替他的工作。他虽然比庄周大十几岁，但是看上去像个六十多岁的人，精神矍铄。他斟上两杯美酒，以欢迎老友的来访。

庄周喝了一口，道："好酒！好酒！就像我的书！"

"你的书？"梓庆诧异地问。

"是的。我最近写了两篇文章，想听听您的意见。"说着，从怀中掏出《逍遥游》与《齐物论》递给梓庆。

梓庆一气儿读完，拍案而叫："好书！好书！就像我的酒！"

"不过，我觉得意犹未尽，想继续写下去。"

"应该！我虽然是个粗人，但是觉得你写的这些，比起孔墨的言论来，不仅意思深远，而且文采飞扬，真乃天下之至文！"

"过奖。但是，我眼下还难以另辟蹊径。"

"依我之见，应该从养生的角度专写一篇。"

"高见！高见！先生真我师也。"

第二天，庄周从梓庆家回来的路上，脑子里一直在翻腾着这么几个名词："养生——技艺——道。"工匠们的技艺之中包含着丰富的养生之理，梓庆说得好："以天合天。"以我之天合物之天，就可以在人世的大海之中自由自在地游泳。

一进家门，庄周也顾不上与颜玉打招呼。便伏案疾书，唯恐心中的那个寓言故事跑掉：

庖丁为文惠君解牛，手之所触，肩之所倚，足之所履，膝之所踦，砉然响然，奏刀騞然，莫不中音，合于《桑林》之舞，乃中《经首》之会。

文惠君曰："嘻，善哉！技盖至此乎？"

庖丁释刀对曰："臣之所好者，道也，进乎技矣。始臣之解牛之时，所见无非全牛者。三年之后，未尝见全牛也。方今之时，臣以神遇而不以目视，官知止而神欲行。依乎天理，批大郤，导大窾，因其固然，技经肯綮之未尝，而况大軱乎？良庖岁更刀，割也；族庖月更刀，折也。今臣之刀十九年矣，所解数千牛矣，而刀刃若新发于硎。彼节者有间，而刀刃者无厚，以无厚入有间，恢恢乎其于游刃必有余地矣。是以十九年而刀刃若新发于硎。虽然，每至于族，吾见其难为，怵然为戒，视为止，行为迟，动刀甚微，謋然已解，牛不知其死也，如土委地。提刀而立，为之四顾，为之踌躇满志，善刀而藏之。"

文惠君曰："善哉！吾闻庖丁之言，得养生焉。"

（庖丁为文惠君宰牛，手所触及的，肩所倚着的，足所踩着的，膝所抵住的，砉然响然，奏刀之声然。他手、肩、足、膝并用，配合默契，犹如桑林之舞姿那样协调优美；牛肉分解的声音，就像经首之乐曲那样富于节奏感。

文惠君看呆了，赞叹道："嘻嘻！真妙！宰牛之技艺怎么如此高超呢？"

庖丁放下手中的刀，回答说："我所喜欢的，是道的境界，这比技艺本身重要。刚开始我学宰牛的时候，见到的牛，都是浑全不分的牛。三年之后，一眼望去，牛的骨节肉理了然于心，就看不到完整的牛了。现在，我只用意念去感受而不用眼睛去看，感官已经停止，而精神自然运行。顺着牛身上自然的纹理，劈开筋肉的间隙，导向骨节的空缝，顺着牛的本来结构去用刀，即使经络交错的地方都不会碰着刀，何况那大骨头呢！好厨子一年一换刀，因为他们用刀割肉；普通的厨子一月一换刀，因为他们用刀砍骨。我的这把刀到现在已经用了十九年了，所解之牛已逾数千，可刀刃就像刚在磨刀石上磨过一样。牛骨之间是有空隙的，而刀刃则没有厚度。用没有厚度的刀刃切入有空隙的骨节，当然是空空旷旷、游刃有余了。因此，我的刀虽然用了十九年，却像刚磨过的一样。虽然如此，每当碰到筋骨盘结的地方，我还是小心谨慎，目光专注，手脚缓慢地行动。然后，手中之刀微微一动，牛便哗哗啦啦解体了，如同泥土散落，而牛还不知它已经死了。这时候，我提刀站立起来，张望四方，感觉到一种自由的快适，觉得心满意足，悠然自得。我把刀子揩干净收藏起来，便离开了。"

文惠君说："真妙！听了你的话，我得到了养生之理。"）

写着写着，庄周手中的笔好像变成了庖丁手中的刀，在三尺绢帛上游刃有余。他放下笔，离案而起，四面张望，踌躇满志，大有自得之感。是啊，世人总是看不起那些工匠们，认为他们是社会的下等公民，但是，他们在劳动之中却可以获得美的享受，他们可以在各种技艺中悟到心手合一、物我两忘的境界。比起那些整天大谈养生之道却毫无体验的人来，他们更有资格做道的承担者。

他呷了一口酒，从头到尾读了一遍这则寓言，又抬起头来凝视着梓庆送给他的那只飞龙，心潮起伏。

自古以来的哲人们，都将眼光投向朝代的更换、国家的兴衰，他们哪里知道，真理其实很简单，它就在人们日常生活的一举一动之中。只要能抛开那些身外之物，老老实实去干自己应该干的事，专心致志，投身于其中，物我不分，物我合一，你就可以获得养生之理。像梓庆，年过七旬，却鹤发童颜，毫无衰老之态。人的知识越多，追求越多，失望也就越多，疑问也就越多，这是养生的大敌啊！无知无欲，清静淡泊，就能活得轻松自在。"吾生也有涯，而知也无涯。以有涯随无涯，殆已。"人的生命是有限的，而知识与欲望是无限的。以有限的生命去追求无限的知识与欲望，是多么危险！

然后，庄周才给这篇文章加了个题目："养生主"。养生的根本在于精神的宁静，并不在于地位的高贵。文惠王这样的一国之主，也要向庖丁学习养生之理。世人啊，看看那些村野农夫，看看那些市井工匠，他们没有读过多少书，有些人根本就不识字，但是，他们却活得悠然自得，无忧无虑。

放弃对名利的追求吧！放弃对知识的追求吧！保持你们平静的天性，守住你们自然的元气。生命是宝贵的，此生只有一次。体验每一刻，抓住每一刻，享受每一刻！

这天，庄周正在修改润色《养生主》这篇文章，一个从魏国来的生意人捎来了惠施的一封书信。他展绢一读，上面写道：

> 弟自归魏以来，未见襄王重用。遥忆濠梁之游，真有归欤之感！然壮志未酬，民生涂炭，不忍就此罢休。寄书一通，稍释忧虑，吾兄当知！

唉！我早就知道有今天，你不听我的话，害得自己好苦啊！

庄周离案而起，在屋中来回踱步。他深为惠施的勇气而赞叹，同时也为惠施的遭遇而难过，但是，他更为惠施的固执而惋惜。

当今的国君，就像虎豹那样残暴无情，天下之士，纷纷助纣为虐，以求富贵名利。而像惠施这样正直、善良的人却总是受到冷遇、排挤。

像惠施这样抱着改良社会的愿望而主动出仕的人恐怕还不少。要说服这些人退隐江湖，也是不可能的。因为他们有坚定的信念，有超人的毅力，他们不到生命的最后一刻，是不会放弃自己的追求的。

但是，总不能让这些善良的人白白送命啊！一向厌恶官吏、厌恶入仕的庄周，不禁对这些人发出了深深的同情，决定要专门为这些人写一篇文章，让他们虽然身在仕途，却能保全性命。于是，他写下了第四篇的题目："人间世"。

蔺且一看，说："先生，'人间世'写的是处世之方吧？"

"是，又不是。"庄周凝视着惠施的信，缓缓答道。

"此言何谓？"

"'人间世'的处世之方，是为身在仕宦的人而写。"

"怎么，先生也主张出仕吗？"

"这不是我主张不主张的问题。我著书，是为天下之人指出一条光明之路。世上确实存在那么一些人，他们是为了天下百姓的幸福才去谋仕的。要说服他们弃世是不可能的。因此，我想对这些人敲敲警钟，让他们也学一些处世之法，免得将性命也送掉。"

"先生，您可真是大慈大悲啊！"

"但愿今世后世之人，都能理解我的这番苦心！"庄周仰视着碧蓝的天空，似乎在自言自语，又似乎在向上苍祈祷。

庄周首先写了一个游说的寓言。因为要出仕，首先就要游说，游说若不谨慎，就会送命。

颜回跟随孔子学习了几年之后，想到卫国去游说。这天，他来与孔子辞行。孔子问道："你到卫国去想干什么？"

颜回回答说："我听说卫国的君主，正当少壮之年，他独断专行，残暴无度，驱使一国之民与别国打仗，死者相枕于野，百姓已无法忍受了。您经常教育我们'治国去之，乱国就之'，我想去劝说卫君，阻止他的残暴之举。"

孔子说："危险啊！你这样去，只能成为他的刀下鬼。你有思想准备吗？"

颜回说："我打算内直而外曲。"

"什么意思？"

"内直者，保持我本来的思想。天子是老天的儿子，我也是老天的儿子，我们是完全平等的，我何必低声下气来求你呢？外曲者，暂时拳曲自己，执人臣之礼，曲意逢迎，获得他的信任。"

"不行啊！颜回。你这样做，连保全自己都很难，何谈感化卫君呢？"

"那该怎么办？"

"我教你心斋之法。专注你的心志，不要用耳目感官，也不用耍心智思虑，让你的胸中只剩下虚静之气。感官只能视听，心智只能思考，而虚静之气，却可以得到道的光明。"

"实行心斋之后，我连自己也忘记了。"

"好！真不愧为我的学生。守住这虚静之气，神灵就会保佑你。能言则言，不能言则退。处心至一之道，不得已而后动，就差不多了。"

然后，庄周又写了一个出使的寓言，当今天下诸国争雄，为人臣者，主要的工作就是出使别国，完成外交使命。稍有不慎，就会葬身罗网。

叶公子高奉楚王之命，将要出使齐国。他临行之前，对孔子说："楚王派我去，寄予了很大的期望，也给予我很大的压力。但是，齐国人对待我，肯定是很有礼貌，却迟迟不肯解决问题，因为我知道，楚王的要求太高了。我确实很害怕，还没有出发，就已得了内热之病，每天吃很多冰块，还是心神不宁。我该怎么办？"

"知道事情肯定办不成，就像对待天命那样平静地对待它，是最高贵的德性。你不要过分地忧虑，任事情自然地发展，为人臣者，办不到的事情太多了。寄托于外物,以使自己的精神达到自由自在的境地,任所有无可奈何的事如过耳微风,保养自己的天性,就可以了。"

接着,庄周又讲了第三个寓言。这个寓言是关于太子傅的故事。

颜阖即将当卫灵公太子的师傅,来请教蘧伯玉,说:"太子其人,品德败坏,天性喜欢杀人。我若放任其流,则国家人民危险;我若以法度制之,则先害己身。我该怎么办?"

蘧伯玉回答说:"你问得真好!戒备啊!谨慎啊!首先求无害己身。表面上要亲近他,内心里要保持距离。亲近不能同流合污,保持距离不能独出心裁。同流合污,则与其一同灭亡;独出心裁,则招来祸害。

"伴君如伴虎啊!你难道没有见过养虎的人吗?从来不敢拿活着的动物让它吃,怕的是激起它的杀气;从来不敢拿完整的动物让它吃,怕的是激起它的怒气。

"你若想用自己的言行劝说太子,就像螳螂用它的臂阻挡车轮一样,是绝对不可能的。"

苏玉正好在一旁,他看完这三个故事后,对庄周说:

"先生,您对君主的描写真是入木三分。比如宋君吧,反复无常,喜怒不定。他的残暴有过于虎啊!"

"是的。可惜那些汲汲奔走的士,并没有认识到这一点,他们都被君主们爱士的表面现象迷惑了。爱士者,杀士者也!"

于是,庄周又想起了几年前在伐木场碰见的那些不材之木。天下之臣,若能将仕宦只作为一种寄托,作为保护自己的一种手段,就不至于丧身其间。想到这儿,一个寓言已经形成了:

有一个叫匠石的木匠,要到齐国去,路过曲辕这个地方时,见到一棵栎树,植于村社之中,被村民们当作社树。社树高大无比,其荫可遮蔽数千头牛。树干有百围之粗,高达十仞之上,才有小枝。这棵树的树干若用来做舟,够做十多个舟的木料。树旁边围观的人就像集市上的人那么多。

匠石扫了一眼,继续赶路。他的弟子却贪婪地欣赏着这棵高大的树,驻足其下，赞叹不已。饱看之后，弟子追上匠石，问道：

"师傅，自从我拿起斧斤跟随您以来，从来没有见过如此美材的树。而您却不正眼看它，为何？"

匠石回答说："不要再提它了。它不过是纹理散乱的无用之树。以其造舟则沉于水下，以其为棺则很快就腐烂，没有一点用处，所以才一直长在那儿，没人愿意砍伐它。"

当天晚上，匠石做了一个梦。他梦见栎社树对他说：

"匠石啊，你只知道我无用，却不知道无用正是我长寿的原因。你看那些有用的木材，有些还没长成就被人砍伐了，正因为它有用，才被世俗利用，被利用，就是它生命的结束。我若有用，早就丧命了，还能活着吗？"

匠石醒来之后，觉得梦中所闻，十分在理，就对弟子说了。弟子反问道：

"它既然追求无用，又为何要当社树呢？"

匠石说："这正是它的高明之处。它只不过寄身村社之中，免得那些不了解自己的人去砍伐它。如果不是社树，恐怕早就被那些不识货的人砍掉了。"

也许，有人看了这些故事之后会说：庄周毕竟尘心难脱啊！竟然教起人们怎么做官来了。但是，我的一片苦心，能有多少人理解啊！在这个世界上生活，首先必须面对眼前的现实，一味地鼓动人们放弃仕途，是不可能的，只要那些身在仕途的人能够保住自己的血肉之躯，我庄周受到不白之冤也心甘情愿！

在本篇的结尾，庄周不厌其烦地警告世人：

　　山木自寇也，膏火自煎也。桂可食，故伐之；漆可用，故割之。人皆知有用之用，而莫知无用之用。

　　（山木自招残害，膏脂自受煎熬。桂树可食，故被砍伐；漆树有用，故被切割。世人只知道有用的用处，却不知道无用的用处。）

三

当年在蒙邑市场上卖屦时，庄周经常见到那些没有脚的兀者。兀者那自惭、自卑的眼光，还有正常人盯着他们时那种得意、嘲弄、好奇的眼光，庄周总也忘不掉。当然，他更忘不掉曹商瞪着自己时的那种蔑视的眼光。

人的形体相貌与人的内在精神有必然的关系吗？残缺不全与面貌丑恶的人就一定不如那些四肢健全、面貌俊俏的人吗？

"唉！"庄周不禁发出一声长叹。他悲哀世人只注重人的外形而舍弃了人的精神。孔子就曾经说过："吾未见好德如好色者也。"当今天下，上起国君，下至百姓，都看不起那些相貌丑恶的人。但是，人们却不知，在他们丑恶、残缺的形体中蕴含着巨大的精神力量。

于是，他决定写一篇《德充符》，告诉世人，人的精神是首要的，而形体是次要的。还是假托孔子来说吧！

鲁国有一个兀者，名叫王骀。不远千里来跟随孔子学习，与之游处的人，与孔子的弟子差不多。

常季觉得很奇怪，一个没有脚的人，哪儿来的如此巨大的魅力呀！于是，他来问孔子：

"王骀，只不过一个兀者，却与先生平分秋色。他不教训学生，也不发表议论，但是弟子们各有所得。难道真有行不言之教的人吗？难道真有形体丑陋而内心充实的人吗？这是什么样的人啊？"

孔子回答说："王骀，是真正的圣人。我孔丘不及他啊！我将要拜他为师，何况你们这些不如我的人呢？"

常季又问："兀者王骀既然能超过先生，他肯定有独特的品性。他的品性怎么样？"

孔子回答说："任何事物，从相异的地方来看，肝胆之间犹如楚越之远；从相同的地方来看，万物齐一。王骀能认识到这个道理，因此，他对待自己失去的脚，就像失掉了一抔土。所以，他的精神永远保持平和的境界，没有什么喜怒哀乐。"

常季又问："王骀有这样的心境也就罢了，为什么人们都要跑去向他学习呢？"

孔子说："人们不会到流动的水前去照自己的影子，而是到静止的水前去照自己的影子，因为只有静止不动的东西才能统率众物。王骀只不过是在精神上驾驭了天地万物，逍遥自得，并没有故意招徕世人。"

写到这儿，庄周又想起了另外一个寓言故事。在这个故事中，老子比孔子还要高一筹。

鲁国有一个兀者，名叫叔山无趾。他以踵行路，来拜见孔子。孔子一看他这样，便说：

"你不谨慎，已被砍掉了脚，才到我这儿来学道，太晚了！"

叔山无趾说："我以前确实没有保护好我的身体，但是，我今天来，为的是学习比脚更重要的东西。天地无私，恩德浩荡。我听说您的恩德犹如天地，没想到您也是如此褊狭！"

孔子听后，惭愧地说："我实在孤陋寡闻，道心未深。先生请进，孔丘愿执弟子之礼。"

叔山无趾也不客气，对孔丘讲了天地人生的道理，孔丘十分佩服。

叔山无趾走后，孔子对众弟子说："弟子们，可要努力啊！叔山无趾只不过是一个残缺不全之人，尚能达于道境，而况你们这些身体健全的人呢？"

叔山无趾从孔子那里出来之后，又来见了老聃，对老聃说：

"孔丘还不能称为圣人啊！他还拘守于世俗的偏见，看不起形残之人，他整天想的是諔诡幻怪之事，企图以此获得名利，他哪里知道，这些东西对圣人只是一种束缚。"

老聃听后，说："你为什么不告诉他死生为一条、是非为一贯的道理，而解除掉他的这些束缚呢?"

叔山无趾说:"像孔丘这样的人,天性愚顽,况且中毒又深,可不容易啊!"

庄周又想起了那些相貌奇特、丑陋骇人的人。他自己就是一个其貌不扬的人。他曾经受过多少白眼啊!在学校里、在旅店中、在市场上,他经常能感受到那些愚蠢的人们射过来的鄙夷的眼光。曹商甚至不屑于与他共出一门。在世人心目中,面貌丑恶的人就是妖怪。

他倒不仅仅是因为自己受到别人的轻视,才发出这种感叹的。几十年来,他漫游过不少地方,接触过很多人。那些凡是生相美丽的人,都能受到人们的尊重,尽管他们腹中空空如也。而那些生相丑恶的人,却事事受到冷遇,尽管他们的德行很高尚。这已经成了一种普遍的社会风气。可悲!可悲!

于是,他又奋笔写道:

鲁哀公很奇怪地对孔子说:

"卫国有一个相貌奇丑的人,叫哀骀它。男子与他游处,思念他而不能离去。少女们老远见到他,就深深地爱上了他。有很多少女回家对自己的父母说:'宁愿当哀骀它的妾,也不愿当别人的妻!'真是连礼义廉耻也不要了!哀骀它的魅力也太大了。

"从来没有听过他主动发表议论,也没有什么特殊的地位,他的智慧也很平常,况且,他那丑陋的相貌又是天下共知,但是男子与妇女都如此喜欢他,他可真是个怪人啊!

"我听说这个人之后,就将他召到宫内,想与他交个朋友。一看,他的相貌果然是天下第一丑。但是,我与他游处了不到一个月,就感觉到他的为人不同寻常,他有一种奇特的魅力,一种说不出却不可抗拒的魅力。

"不到一年,我就产生了一种想法:将君位让给他。因为我越来越觉得,在他面前,我就像太阳底下的一盏小灯。

"哀骀它一听我要将君位让给他,满脸不高兴的样子——我还从来没见过他不高兴哩，但是沉默了半天之后，他还是答应了。

"我心头的一块石头总算落了地。但是，数天之后，哀骀它失踪了。他没有与我辞行，独自一人离开宫廷，不知所终。

"我整天神思恍惚，若有所失，落地的石头又悬起来了。好不容易碰到了一个德行高尚的人，却又离我而去。他好像对我，对鲁国，一点儿也不感兴趣。这是一种什么样的人呢？"

孔子听后，说："我有一次到楚国去，在路旁看见一群猪崽，趴在母猪的腹下抢着吃奶。那母猪已经死了，可是猪崽们不知道。过了一会，有一头小猪发现母猪的眼珠不动弹了，便'吱吱'地叫着跑开了。其他小猪见状，也知道母亲已死，便纷纷乱跑，离母猪而去，如树倒猢狲散。

"为什么会这样呢？因为猪崽们爱它们的母亲，并不是爱母亲的形体，而是爱主宰形体的精神。母亲死了，精神便消失了，即使形体如旧，猪崽们也会弃之而去。

"猪崽尚能如此，人还不明白这个道理吗？精神高于形体。人能够感动别人，并不是因为他的相貌，而是因为他的精神。

"哀骀它这个人，虽然相貌丑陋，但是他精神充实、品性高尚，因此，他不说话，别人却相信他，没有功劳，别人却亲近他，甚至您都愿意将君位让给他。

"这说明，一个人只要精神境界高尚，就是一个好人，而不在于他的形体。"

庄周的想象力越飞越远，他似乎在虚无缥缈的境界中发现这么两个人：

有一个人，两腿曲蜷，伛偻残病，而且没有嘴唇，众人视之为妖怪，他来游说卫灵公，卫灵公十分喜欢他。久而久之，灵公看惯了他，再看正常人，两个肩膀扛着一个脑袋，真难看。

又有一个人，得了粗脖子病，颈项犹如盛水的大瓮，众人视之为妖怪，他来游说齐桓公，齐桓公十分喜欢他。久而久之，桓公看惯了他，再看正常人，两个肩膀扛着一个脑袋，真难看。

当然，这只是梦想中的事。庄周深知，君主们是不会喜欢这种人的。但是，现实既然如此不完美，人生既然如此不如意，何不以荒唐之言、悠谬之说，塑造一个理想的境界呢？

这样的理想，也许不会变为现实，永远只能是一种幻想。但是，这美丽的幻想毕竟带给庄周一丝的快意。天下相貌丑陋之人，形体残缺之人，读了这则寓言之后，能够从内心深处产生一种共鸣，能够找到一个知音，能够给他们的人生带来一些自信，就够了。

蔺且将五篇文章整整齐齐地装订好，让庄周过目。庄周看后，说：

"蔺且，这第六篇，你猜我要写些什么？"

"学生不才，难以猜测。"

"第六篇，我欲写'大宗师'。"

"大宗师？就是世人应该学习的大宗之师吗？"

"正是。"

"前面数篇中的人物，不就是大宗之师吗？为什么还要专写一篇《大宗师》呢？"

"前面数篇中出现的人物，虽然有一部分是体道者，但是，并不是严格意义上的人类的宗师。"

"人类的宗师是什么样的人？"

"真人。"

"何谓真人？"

"说起真人，一言难尽，又无以名言。真人，就是真正的人，与假人、非人相对。

"真人，在弱小面前并不暴横，在成功面前并不自雄。做了错事，不后悔；做了好事，不自得。因此，他登高不怕，入水不溺，入火不热。他有了道，因此他是真人。

"真人，睡觉的时候不做梦，醒来的时候没忧愁。他吃饭，不耽滋味，他呼吸，深之又深。众人用喉咙呼吸，真人却用脚后跟呼吸。因为他虚静内敛，引气贯脉，故呼吸自深。

"真人，不喜欢活着，也不害怕死掉。静悄悄来到人世，静悄悄离开人世。他忘不掉生命的原始，却也不探求生命的所终。

"真人，其内心专一，其举止寂静，其额头宽广。他发怒，就像秋天的风雨，他喜悦，就像春天的阳光。他的喜怒，就像四时季节的推移，莫不自然而然。"

蔺且听完，赞叹道："先生，您可真是出口成章啊！您用诗一般的语言描写了真人的内心与情状，听起来优美动听，而且能从灵魂深处启发人。不过，您还是会用寓言来描写真人的生活吧！"

"是的。蔺且，你真不愧为我的弟子。好，我再写一个寓言故事。"

蔺且在一旁看着，只见庄周写道：

子祀、子舆、子犁、子来四人互相交谈说：

"谁能够将虚无作为自己的脑袋，将生命作为自己的脊背，将死亡作为自己的屁股，谁能够懂得生死存亡只不过是一体的道理，我就与他为友。"

四人相视而笑，莫逆于心，于是成为好友。

过了一段时间，子舆得了病，子祀知道之后，去看望他。子祀进门一看子舆病得不轻，身体都已经扭曲了。子祀不但没有惊奇，反而赞叹道：

"真伟大啊！造物者将你弄成了这个样子！伛偻曲腰，背骨发露。五藏之管向上，脑袋隐于脐部，肩膀高于头顶，顶椎之骨指天。"

同样，子舆也知道，形体的变化是因为阴阳之气不调，因此，他心闲无事，怡然自乐。听了子祀的话，他步履蹒跚地来到院子里的井前，照了照自己的形体，感叹道：

"嗟呼！造物者将我弄成了这个样子！"

子祀听后，问道："你感到厌恶吗？你感到害怕吗？"

"不！我有什么可厌恶的！我有什么可害怕的！假如造物者将我的左臂化为鸡，我就可以让它来报晓，假如造物者将我的右臂化为弹弓，我就用它来打鸟烧着吃，假如造物者将我的屁股化为车轮，我就以精神作为马，驾驶着它，游于六合之外，省得我坐车了。有所得，只是偶然的时机，有所失，也是必然的趋势，安心于得失的时机与趋势，哀乐便不会入于胸中。我有什么厌恶的！我有什么害怕的！"

又过了一段时间，子来得了重病，气喘吁吁，即将死亡。他的妻子与子女们围在旁边，哭得十分伤心。

子犁来看望子来，正好碰上子来的家人在哭泣。他站在门口，喝道：

"别哭了！离开他！你们不要害怕自然的变化，这是正常的，哪个人不死呢？"

然后，他也不进屋去安慰子来，只是靠在门框上，对子来说：

"真伟大啊！造物者这一次不知又将你化为何物，将你转生在何处。将你化为老鼠的肝吗？将你化为小虫的臂吗？"

子来挣扎着坐起来，喘着粗气说：

"子女对于父母，说东则不能到西，说南则不能到北，唯命是从。人类对于阴阳，就更是不可抗拒了。它让我死，我若不听，就是抵抗阴阳的规律。

"大道给我形体，给我生命，又让我老，又让我死。谁给予了我生命，谁就要收回我的生命。

"铁匠铸铁，一块铁踊跃地说：'我要做镆铘之剑！'铁匠肯定会认为这是一块不祥之铁。我今天一旦有了人的形体，就整天说：'我是人啊！我是人啊！'造物者肯定会认为我是一个不祥之人。

"我今天以天地为大炉，以造物者为铁匠，任其铸造，到哪儿不一样呢？"

说完，他就像睡着了一样，安详地闭上了眼睛。

蔺且在一旁看着，庄周文不加点，立时而成。庄周放下笔，笑道："真人何如？"

蔺且说："这样的真人真是了不起啊！读之让人尘俗脱尽，天机自露，物我两忘，身心俱遣。"

庄周呷了一口酒，品尝着，那酒意渗透了全身。他浑身上下，感到一种无拘无束的轻松感。他的思绪，也借着酒意飞扬起来了。

子桑户、孟子反、子琴张三人想交朋友。他们几乎是异口同声地说：

"谁能相交于无相交，相助于无相助？谁能登上天，在云雾中漫游，用手去触摸那无极之处，忘生忘死，不知所来，不知所终？"

三人相视而知，莫逆于心，于是成为好友。

过了一段时间，子桑户死了。还没有到埋葬的日子，孔子听说了，就派子贡去凭吊。

子贡来到子桑户的家中，到门口一看，子琴张在调整琴弦、孟子反在编写歌曲。他们也不管子贡，对着子桑户的尸体一个弹琴，一个唱歌，歌曰：

嗟桑户呼！

嗟桑户呼！

而已反其真，

而我犹为人猗！

子贡一听，觉得太放肆了，便三步并做两步进到屋中，说：

"临尸而歌，是合礼的行为吗？"

二人相视而笑，对子贡说：

"你哪里知道礼的真意！"

子贡回来之后，将所见所闻告诉了孔子，并问道：

"行为不修，而放浪形骸之外，对着尸体唱歌，而颜色不变，这是什么样的人啊？"

孔子回答说：

"那些人是方外之人，而你我是方内之人。内外不相及，道异不相谋，让你去凭吊，是我的错误啊！

"他们那些人，与造物者为友，而神游于天地之间。他们将生作为人身上的毒瘤,他们将死作为毒瘤的溃散。他们忘其肝胆,遗其耳目,不知端倪,逍遥乎六合之外,他们怎么能固守世俗之礼呢?"

子贡问道:"那么,先生愿做方外之人,还是愿做方内之人?"

"我虽然顽劣,却也愿意与你们共同向方外之人学习。"

"如何学习?"

"鱼儿只有在水中,才能体验到乐趣,人也只有在道术之中,才能体验到乐趣。鱼得水则养给,人得道则心静。所以说:鱼相忘乎江湖,人相忘乎道术。"

"那些奇人,太不可理解了。"

"奇人者,对一般人来说奇特,却合乎自然的天性,因此反而是真人。所以说:对于天性来说是小人的人,对于一般人来说却是君子;对于天性来说是君子的人,对于一般人来说却是小人。"

"咚咚!咚咚!"

颜玉在一旁捶葛制麻。

庄周放下手中的笔,来到颜玉旁边,想接过她手中的锤子:

"你去歇一会吧,我来捶。"

"你还是写你的书去吧。看你,几个月伏案不起,都已经瘦了一圈了。"颜玉没有松手。

"我瘦了吗?"

"不信你问蔺且。咱家又吃不上多少肉,整天粗茶淡饭,你写书又费脑子,能不瘦吗?"

"有钱难买老来瘦啊!"

"还要贫嘴!这样下去,不到一年,你就该入土了。"

"入土就入土,真人不是忘生忘死吗?"

"什么忘生忘死,大白天的,别再瞎说了。说正经的,你也要悠着点,累坏了身子,不有害养生吗?"

"噢!你可是以子之矛,攻子之盾啊!不过,有时候灵感一来,下笔不能自休啊!"

他摸着老伴那干裂粗糙的手,内疚地说:"颜玉,你这一辈子,跟上我,受了不少罪啊!"

"什么受罪不受罪,能吃饱肚子就不错了。瞧,这不比以前好多了吗?你还记得那时候,下着大雨,孩子饿得起不了床,你去借粟的事吗?"

"记得,怎能不记得!"

于是,庄周又想起了一则寓言。这则寓言,一半是他的亲身经历,一半是他的幻想:

子舆与子桑是好朋友。天连续不断地下了十天雨,大水淹没了道路,冲坏了庄稼。

子舆心想:"子桑恐怕断粮了吧!"便将自己仅有的够一顿饭的粟煮熟,用荷叶包好,揣在怀中,冒着大雨来看子桑。

他来到子桑门口,隐隐约约听到有人在里边唱歌。

他推门进去一看,子桑已饿得面色发灰,精疲力竭。但是,他心闲意定,逍遥自得,在几案前一边鼓琴,一边唱歌。歌曰:

父邪? （难道是父吗）
母邪? （难道是母吗）
天乎? （难道是天吗）
人乎? （难道是人吗）

他那沙哑的嗓音犹如破锣,忽而急促,忽而舒缓。歌声就像从地底下发出,细微不堪,好像那瘦弱的身体连这毫无分量的声音也负担不起了。

子舆过去,将饭从怀中掏出,放在几案上。子桑也不说声谢谢,便狼吞虎咽地大嚼起来。

等子桑吃完,子舆问道:

"你为什么唱这样的歌?其意为何?"

"这几天,大雨瓢泼,我饿得头晕眼花,但是,我想,是谁让我如此贫困呢?我思索了几天,也得不到答案。父母亲难道想让我如此贫困吗?不会。天地之德,浩荡无私,因此,天地也不会单单让我贫困。

"最后,我没有办法,只有将这归之于命。命,一切都是命!"
说着,又鼓琴唱了起来:

父邪?
母邪?

子舆也情不自禁地拍手击节而和:

天乎!
人乎!

雨在哗哗地下着。两位真人在茅屋之中,反复唱着这支简单的歌曲。在他们心中,有一种精神在鼓荡着,给他们无穷的力量。

四

《逍遥游》《齐物论》《养生主》《人间世》《德充符》《大宗师》六篇文章写完之后,庄周长叹了一口气,心想:著书的任务已经完成了。

这天晚饭时,庄周与蔺且把酒论文,兴高采烈,不知不觉喝多了。

"世人若读了我这六篇文章,并能从中领会其真意,定能神游于六合之外!"庄周得意地说。

"是啊!先生,这六篇文章,分而观之,若明珠落地,闪闪发光;合而读之,若大江东流,一气而下。真乃天下之至文!"

"我庄周今生今世,不才无用,能有这六篇文章传世,也不枉当一回人……"

话还没有说完,庄周便呼呼睡着了。

恍惚之中,庄周来到了魏王的宫廷。魏王端坐在几案前,好像没有看见庄周。他手中拿着一把宝剑,对侍立一旁的文武大臣发号施令:

"集合全国所有的军队,向齐楚两国,同时开战!"他的声音,在空旷的大庭中回响。

顷刻间,中原大地上血流成河、尸骨遍野。

庄周掏出怀中的书,对魏王说:

"请大王一读!"

魏王转过头去,口中说:

"那里边,没写如何做帝王!"

忽然来了一阵轻风,又将庄周吹向鲁国首都曲阜的馆舍。鲁侯鄙夷地看着庄周,说:

"先生,鲁国的士人又穿起了儒服,我还要以仁义礼智作为长治久安之方!"

于是,鲁国的老百姓面目痴呆地互相拱手行礼,洙泗河畔,诵经之声不绝于耳。

庄周又掏出怀中的书,对鲁侯说:

"请大王一读!"

鲁侯转过头去,口中说:

"那里边,没写如何做帝王!"

"帝王!帝王!为什么都要做帝王!"庄周气愤地大声呼喊。

"我们就是要做帝王!"

"帝王!"

"帝王!"

大大小小的君侯们,对着庄周怒吼。

"什么帝王，你们都是混蛋！"庄周也不示弱。

"杀死他！杀死他！"

"烧了他的书！烧了他的书！"

一群青面獠牙的刀斧手将庄周逼到万丈悬崖前，口中恶狠狠地叫着。那刀就要砍在庄周的头上了，他惨叫一声：

"啊！"

"你醒醒！你怎么了？"颜玉抓住他的手，口中叫着他的名字，"庄周！这是在家中。"

"我做了一个噩梦。"庄周惊魂未定，用手擦了一下脸上的汗水。

"你好长时间都不做梦了，今天是怎么了？"

"我的书不能结束，我还要写一篇。"说着，他披衣下床，点上灯，展开帛，陷入了沉思。

颜玉见他这样着急，也就由他去了。

是啊，我的书中没写如何做帝王。上至大国的君侯，下至小国的大夫，哪个不梦想自己当上帝王呢？而我庄周却犯了一个大错误，竟然将帝王之术忘记了。这也难怪，因为我从来就不承认帝王是合乎天道的东西。

但是，天下之人，尤其是诸国的君侯们，帝王意识是非常浓厚的。他们都想如天帝那样，将天下的版图、天下的财富、天下的人民作为自己的私有物，握在自己的手掌上。

不是吗？他们还没有统一天下，就纷纷自封为"王"了，而且，秦国与齐国，还自称为"西帝""东帝"。而那些摇舌鼓唇的策士们，也整天将"横则秦帝、纵则楚王"挂在嘴上。

帝王，帝王，帝王真是救世主吗？什么样的人才能当上帝王？什么样的帝王才是真正的帝王？

帝王并不是救世主，想当帝王的人当不了帝王，没有帝王才是真正的帝王。

庄周在心中自问自答。

但是，事实上，天下之人的命运却掌握在那些整天做着帝王梦的国君们手中。他们可以发动战争，让百姓惨死在刀枪之下；他们可以提倡仁礼，让士人的生命消耗在经书之中。

应该专写一篇关于帝王的文章。这么想着，庄周又拟定了第七篇的题目："应帝王"。

东方已经发白。一个夜晚，庄周在沉思中度过。太阳出来的时候，他却伏案而睡了。

蔺且每天都起得很早，他要乘太阳还不毒热的时候，到外面去打葛草。

他路过庄周房间的窗户时，见庄周伏案而睡，觉得很奇怪。他进屋一看，几案上展着绢帛，上面只有三个字："应帝王"。

颜玉也已起床，她对蔺且说：

"你的师傅，可真是天下第一的怪人。半夜里从梦中醒来，要写文章，却只写了三个字就伏案而睡了。"

庄周被颜玉的说话声惊醒了。他抬起头，指着"应帝王"三字对蔺且说：

"这是第七篇的题目。"

"不是已经结束了吗？怎么又要加一篇什么帝王的文章！"蔺且似乎有些不快。

于是，庄周将昨晚的梦，原原本本地告诉了蔺且。然后说：

"吹不散乌云，就见不了明媚的阳光；搬不开石头，就走不了平坦的大路。帝王是乌云，帝王是石头。我们虽然痛恨他，但是，他却是道术之大敌。"

"可是，您却要写'应帝王'，而不是'灭帝王'。"

"这正是我文章的高妙所在。我所谓应为帝王者，却是无帝王。"

于是，蔺且便出门干活去了，庄周提笔写道：

缺向王倪问帝王之术，四问而四不知。缺高兴得跳了起来，跑来告诉蒲衣子。

蒲衣子说："你今天才知道王倪的品性吗？我来告诉你帝王之术。

"有虞氏这样的帝王，不如泰氏这样的帝王。有虞氏虽然不发动战争，天下一片安定，但是，他还用仁义礼智来教育人，表面上看起来让人们过着人的生活，实际上，仁义礼智束缚了人的天性。因此，那时的人，都是非人。

"泰氏，他睡觉的时候安然无梦，他醒来的时候无知无欲。百姓呼之为牛，他点头答应；百姓呼之为马，他点头答应。他率性任真，品德高尚。那时候的人，虽然没有礼义廉耻的教条，但是，他们过的是真正的人的生活。"

这个故事，是针对那些企图以仁义礼智来治天下的"帝王"写的。庄周又想起了那些专横独断的"帝王"。于是，他又编了一个故事：

这天，肩吾遇到了狂接舆。狂接舆听说肩吾向日中始学习了帝王之术，便问道：

"日中始对你讲了些什么？"

肩吾说："日中始告诉我，统治百姓的人，只要凭自己的好恶制定出经式法度，百姓谁敢不听从呢？"

狂接舆说："此乃自我欺骗的德行。用这种方法来治理天下，就像要在大海中凿出一条河来，就像要让蚊子负起一座大山。

"真正的圣治，是治理百姓的心性，而不是约束他们的行动。让他们凭着自己的天性去行动，让他们干自己能干的事、想干的事。

"鸟儿见到矰弋之害，就高飞于空中以避之，耗子见到熏凿之患，就深藏于神丘之下以躲之。百姓见到严刑酷法，就跑到深山老林中以躲避。

"你难道连鸟鼠都能懂的道理也不懂吗？"

写到这儿，庄周的笔下又流出另外一个故事：

有一个名叫天根的人在殷阳之地游玩，这天，他来到蓼水之上，正好碰见了一个名叫无名人的人。

天根向无名人问道："治天下之术如何？"

无名人一听，不耐烦地说："走开！你这个卑鄙的小人，怎么问起这种无聊的问题来了，也不嫌烦人！

"我将与造物者为友，骑着那莽眇之鸟，飞到六合之外，来到无何有之乡游玩，居住在圹埌之野。你却用治天下这种肮脏的事情来打扰我。真烦人！"

天根不但没有走开，反而又问了一遍。

无名人说："你游心于冲淡之境，合气于虚静之域。让万物万民顺其自然而行，不要用你的一己之私心去限制他们，天下自然大治。"

那么，究竟什么样的人才应为帝王呢？庄周不由想起了传说中的那个浑沌之神。

浑沌，没有眼睛，没有耳朵，没有鼻子，没有嘴巴。

它什么也看不见，什么也听不见，什么也闻不到，什么也不会说。外界事物对它没有任何诱惑力，它的内心也没有支配外物的欲望。

它就是世界，世界就是它。它是整体，它是永恒。

但是，魔鬼却破坏了这整体，破坏了这永恒。它看见了世界，却失去了自我。世界得到了它，却失掉了平衡。从此之后，世界上有了知识，有了是非，有了不平等，有了悲哀与痛苦。

浑沌兮，归来！

想到这里，庄周怀着惋惜的心情，写下了最后一个寓言故事：

南海之帝为儵，北海之帝为忽，中央之帝为浑沌。儵与忽，时相与遇于浑沌之地。浑沌待之甚善。儵与忽谋报浑沌之德，曰："人皆有七窍，以视听食息，此独无有，尝试凿之。"日凿一窍，七日而浑沌死。

（南海的帝王叫作儵，北海的帝王叫作忽，中央之地的帝王叫浑沌。儵与忽有一天共同来到浑沌的地盘游玩，浑沌热情地接待了他们。儵与忽想报答浑沌对他们的恩德，互相商议说："其他人都有眼耳鼻口七窍，用来视、听、食、息，而唯独浑沌没有。我们应该替他凿开这七窍。"倏与忽每天凿一窍，第七天时，七窍俱全，而浑沌已死。)

这不仅是一种惋惜，而且是一种期望。
他期望浑沌这样的帝王再生，也期望倏、忽这样的帝王灭亡。
七窍开而浑沌死！
七窍合而浑沌活！
这浑沌的寓言，就成了庄周的绝笔之作。浑沌不仅象征着理想的帝王，也象征着理想的人生，理想的人类，理想的宇宙。
人生的真境界是什么？浑沌！
人类的真出路是什么？浑沌！
宇宙的真归宿是什么？浑沌！
归来兮，浑沌！
七篇之书写完之后，庄周的两鬓已添了不少银丝。他自嘲地对蔺且说："最懂得养生之理的人，却最不善于养生。劳心费神，著此七篇，而能解其中真味的人，又不知几何？"

"先生，这七篇之书，是有文字以来最伟大的著作。它是不朽的，它将流传万世。"

"知我罪我，其惟七篇乎！"

第八章
大梦一觉 视死如归

一

七篇文章在各国慢慢传播开来,士人们争相传阅。有人视为无稽之谈,有人视为异端之说,有人视为神仙方术,也有人视为旷世至文。

魏国王室的后裔,中山国的公子魏牟,读了七篇之后,拍案而起,叫道:

"绝妙!绝妙!天下奇文!"

庄子那汪洋恣肆、仪态万方的文笔,奇趣迭出、思深意远的寓言,飘逸旷达、放浪无际的意境,完全征服了一向目空一切的魏牟。

魏牟,不仅是一位挥金如土的贵公子,更是一位主张纵性任情的学者。他早就听说过宋国有一位安贫乐道、傲视王侯的学者庄周,也读过一些传抄的庄周讲述的寓言故事。但是,这并未引起他充分的注意。因为天下有不少的隐士,信奉老聃的学说,在山林之中过着与世隔绝的生活。庄周,也许只是一位隐士。

今天,因一个偶然的机会,一位朋友向他推荐了庄子所著的七篇文章。他一口气从鲲鹏展翅读到了浑沌之死。

侍卫们端来饭，他不吃。

宫女们来为他跳舞，被他气愤地轰了出去。

达官贵人来求见，他推病不出。

整整一天一夜，他沉浸在这个奇妙的世界之中。这不是一般的书。它没有讲多少道理，也没有多少华丽的词句。但是，它那行云流水般的文章中却蕴含着一种不可抵抗的魅力。它让人忘记尘俗中的忧愁与烦恼，忘记一切不愉快的东西，游心于辽阔无穷的境域。它像诗一般优美，又像哲学一般深邃。它像春天的阳光那样温馨，又像秋天的微风那样清爽。

公子牟抬起头来，望着从窗户射进来的朝阳，心情十分激动。

他在卧室中来回踱步，脑海中不断地翻腾着展翅怒飞的大鹏的形象。他突然产生了一种欲望：骑马到郊外一游！

公子牟独自一人纵马急驰，向着太阳升起的方向奔去。

"此生此世，读得如此奇文，也没白活！"

他微闭着眼睛，任马自由地在旷野中飞驰，口中喃喃地自言自语。

庄子呀，庄子，你真是了不起的圣人，你说出了我想说而难以自圆其说的话。我认为，人应该无拘无束地活着，自由自在地活着，完全抛开那些仁义礼智的虚伪框框。但是，文王与他身边的大臣，还有那些学者们，都说我这种主张是禽兽之行，非人之行。可是，庄子却说，这是真人之行。他说得那样令人信服，说得那样令人陶醉。

马蹄在"得得"地响，树木山丘统统向后飞去，太阳越来越近。

他就这样驰骋着，一直到午时才回到宫中。侍卫们急得像热锅上的蚂蚁，以为公子走失了，见他回来才松了一口气。

公子牟吃过午饭，又展开庄子的七篇文章欣赏。一位门客通报：

"赵平原君门客公孙龙求见。"

"公孙龙？就是那个说白马不是马的公孙龙吗？"

"正是。"

"让他进来吧！"

公孙龙二十多岁，已在天下学林中出名了。因为他凭着自己的诡辩，论证了"白马非马"的命题。公孙龙与公子牟施礼之后，见公子牟的几案上展着绢帛，便问道：

"公子所读何书？"

"庄子之书。"

公孙龙道："说来真巧，我也正在研读庄子的那七篇文章。但是，说实话，我实在读不懂——我公孙龙还从来没见过读不懂的文章哩！

"我从小学习了先王之道，长大之后明白了仁义之行。何况，我还能合同异、离坚白：将对的说成错的，将好的说成坏的，将白的说成黑的，将无的说成有的。

"我遇到过不少的学者，但是，没有谁能说服我。我认为，我是天下最伟大的学者。当然，在您面前不敢。

"可是，在庄子的那些文章面前，我却说不出一句话。不知是我的智慧低下呢，还是辩才有限。公子，您既然正在读庄子的文章，您能说说这是为什么吗？"

公子牟坐于几案之前，仰天大笑，说：

"你难道没有见过浅井之中的虾蟆吗？虾蟆对东海之中的大鳖说：'我真快乐！我出来，在井栏杆上跳跃着游玩，回去，在破砖缝中休息。游到水中，井水浮起我的两腋，托着我的两腮。跳到泥中，只能淹没我的脚背。回头看看井中的赤虫、螃蟹、蝌蚪，都没有我这样的快乐。我独占一井，称王称霸，真是天下最大的快乐！先生，您何不到我的井中一游呢？'

"东海之鳖听完虾蟆的话，想去一试。它的左脚还没有伸进井去，右腿已经被绊住了。于是，他从容而退，对虾蟆说：'我来告诉你大海吧！千里之远，无法形容它的大；万仞之高，难以形容它的深。禹的时代，十年有九年是水灾，可大海不见增多，汤的时代，八年有七年是旱灾，可海岸也不浅露。不因为时间的长短而有所改变，不因为雨水的增减有所改变，这是大海的快乐。'

"浅井之虾蟆听后，茫然自失，闭口不言了。"

不知不觉，公子牟也学会了庄子编寓言的本领。公孙龙听后，说：

"我可不是浅井之虾蟆，庄子之文章，也不是大海啊！"

公子牟继续说：

"你的智慧只限于是非之辩，而不了解是非也有个尽头，你怎么能读懂庄子的文章呢？这就像蚊子要背起大山，蚂蚁要渡过大河一样，是不可能的！

"庄子之文章，是极妙的文章，就像大海那样深远不测；而你的智慧却如一曲之辩士，只知眼前的名声与利益。你不像那浅井之虾蟆，还像什么？

"庄子的精神，下入黄泉而上登苍天，不知东西，不辨南北，四面通达而毫无阻碍。无拘无束，入于不测之地，逍遥无为，出乎玄冥之境。

"而你，却用肉眼来观看它，用辩论来分析它，难道不像用一根小管来窥视无边无际的苍天吗？难道不像用锥子来测量广阔无穷的大地吗？

"你走开吧！公孙龙先生。

"你难道没有听说寿陵的少年到邯郸去学习走路的故事吗？不但没有学到邯郸人走路的样子，反而忘掉了自己以前走路的样子，没办法，只得爬着回家。

"你若再与我讨论庄子之文章，不仅无法了解它的深妙，反而会忘记你所学的辩者之业，你难道不怕失去了辩才吗？"

公孙龙听后，又惊又怕。这位一向自称为天下第一辩才的公孙龙，竟然张着嘴巴合拢不到一起，翘着舌头收不回去，就像个吊死鬼一样灰溜溜地逃走了。

从此之后，公孙龙再也不敢向人提起庄子和庄子的文章了。

近几个月来，魏牟每天早上起床后的第一件事，就是吟诵一段庄子的文章。这天早晨，他睁开眼睛，从床头拿起《齐物论》吟道：

毛嫱丽姬，人之所美也，鱼见之深入，鸟见之高飞，麋鹿见之决骤。四者孰知天下之正色哉！自我观之，仁义之端，是非之涂，樊然殽乱，吾恶能知其辩！

（毛嫱、丽姬这样的美女，人见了都说她们漂亮，愿意与之亲近。但是，鱼见了她们，沉入水底，鸟见了她们，飞向高空，麋鹿见了她们，急驰而去。人、鱼、鸟、鹿四个东西，究竟谁能了解天下之物的真情呢？谁也不能。在我来看，世人所重的善恶之分，是非之别，一片混乱，没有一点区别！）

"说得真好！"公子牟情不自禁地赞叹道。

他又继续吟道：

是其言也，其名为吊诡。万世之后，而一遇大圣，知其解者，是旦暮遇之也。

（我说的这些话，在一般人看来，是至异之言。一万年之后，也许会碰到一位大圣，他能理解我的至异之言。我并不着急，一万年之遥，犹如旦暮之近。）

"一万年，太久了！我就是这位大圣，我就是您的知音！"魏牟放下手中的帛书，自言自语道：

"我要到宋国去，拜访这位了不起的人。"

魏牟带着两位门客，也没有与父王告辞，就出发了。历经两个多月，才来到宋国蒙邑。这天，他们来到庄周的家门口，只见一位白发苍苍、长须飘然的老人，端坐在门前的树下闭目养神。

蝉儿在树上高唱着轻快的歌曲，鸟儿在树周围叽叽喳喳地击节伴奏。微风阵阵吹来，掀动着老人的胡须，就像垂柳轻柔的枝条。

老人的面前陈放着一只几案，案上放着一把五弦琴，还有一只酒壶，一只酒杯。

老人脸上流露出一种慈祥、安逸、闲静、超脱的表情。那无数的皱纹，在述说着老人坎坷的遭遇，而那不易察觉的微笑，却又表明老人的内心是那样的知足、那样的安然。

他像一尊木刻，一动不动地端坐着。他像是睡着了，远离这个有着蝉鸣、鸟鸣、风鸣的世界，而进入了一个无声、无形的浑沌之境。

公子牟在一旁站立良久，静静地打量着这位老者。不用问，这肯定是庄周了。老者身上散发出来的那股气息，已经告诉了公子牟。

他曾经从七篇文章中感受过这股气息。这是鲲鹏的气息，这是蝴蝶的气息，这是庖丁的气息，这是王骀的气息，这是浑沌的气息。

"目击而道存！"

公子牟在心中暗暗自语。

他在离庄周数丈之远的地方坐下，从门客手中接过五弦琴，边弹边低声吟唱：

凤兮！凤兮！
何如德之衰也。
来世不可待，
往世不可追也。
……………

琴声悠扬而轻越，歌声清亮而明洁，犹如一股清泉，流进了庄周的心田。他微微睁开眼睛，见一位英俊潇洒的青年坐在自己的对面，弹琴唱歌。

当年，庄周就是在蒙泽边唱这支歌时认识了渔父的，因为这支歌，他与渔父成了忘年之交。为了纪念渔父，为了纪念自己少年时代的那种情怀，他将这支歌写进了《人间世》这篇文章。

今天，庄周已到了渔父的年龄，而一位素不相识的青年却对着他唱起了这支歌。

庄周听着听着，自己也被感染了，他情不自禁地双手抚琴，和着青年一起唱道：

天下有道，
圣人成焉，
天下无道，
圣人生焉。
方今之时，
仅免刑焉。
福轻乎羽，
莫之知载，
祸重乎地，
莫之知避。
…………

一曲终了，琴声戛然而止。一老一少，都沉浸在歌的境界之中，两个灵魂在无声地交流。

良久，公子牟离琴施礼，说：

"晚辈中山国公子魏牟特来拜见先生。"

"你我已神交于琴曲之中，何必再行俗礼。你叫什么名字，来自何方，都不重要，重要的是，我们已莫逆于心。"

两人相视而笑，就像《大宗师》篇中的真人们那样，一切尽在不言之中。庄周挽起魏牟的手，同时招呼他的两位门客，一齐来到茅屋之中，并让蔺且与他们相见。

分宾主坐定之后，魏牟先说：

"先生，您的文章读之令人忘俗、忘利、忘名，而神游无何有之境，比起孔子与墨子的言论来，真如天上之文。您是怎么写出来的？"

庄周微微笑道：

"我的文章，不是写出来的。"

"不是写出来的？"公子牟诧异地问。

"是的，我的文章是从心中流出来的，而不是从笔端写出来的。天地之灵气，盘桓于我的心中，慢慢地，它变成了一种图像，变成了一些故事，它非要流出来不可，就像天籁之自鸣。这就叫作'充实而不可已'。"

"噢。"公子牟若有所思地点点头，这才理解了为什么庄子的文章那样自然天成，那样一气贯通。他又问道：

"先生，您所宣扬的那种境界，确实十分迷人，令我陶醉不已。但是，要在实际生活中完全做到这一点，又是十分的困难。我读了'尧让天下于许由'的那一段之后，真想远离宫廷，隐居于江湖。但是，还真难以割舍哩！

"现在，我虽然身居于宋国的山野之中，但是，内心还不能完全忘掉高大的宫殿。这是为什么？"

庄周说："好样的！年轻人。你能毫无隐瞒地袒露自己的心声，说明你是一个诚实的人。只有诚实的人，才能悟道。我最看不起的，就是那些满口仁义道德，满肚子男盗女娼的人。

"来，我告诉你。你要重生，将生命看得高于一切，这样，就会将富贵名利看得很轻。"

公子牟说："这个道理我也懂，但是，不能完全控制自己。"

庄周说："不要去控制自己，不要去强迫自己。控制自己，强迫自己，不但不能忘掉富贵，反而会使自己的精神与肉体受到压抑，这就是重伤，重伤的人，绝对不会长寿。"

"那么，我该怎么办？"

"不要急，慢慢来。只要有意于求道，精进不已，总有一天会水到渠成的。"

然后，两人又各自谈了一些所闻所见。庄周向魏牟述说了自己当年南游楚越时的经历。魏牟也向庄周述说了他与公孙龙那一次关于庄子文章的对话。庄周听后说：

"公孙龙，我听说过这个人。他的诡辩完全钻入了死胡同，没有一点意思，我的文章，他那种人绝对看不懂。"

公子牟在庄周家中住了数日，心情十分畅快。白天，他与庄周一起到湖边垂钓，或者在家中看颜玉母子编织葛屦，晚上，便与庄周通宵长谈。

这天，公子牟对庄周说：

"先生，您的文章在天下流传得太少了，很多人还不知道。我要回到中山国去，组织人力、物力，大批抄写，到各国去宣传。"

庄周捋一捋胡须，摇摇头，笑道：

"我看不必了。桃李不言，下自成蹊。"

"那不一样。天下人所读之书，大多为孔墨之书。他们代代相传，师授弟受。而您，又不聚徒讲学，因此，很多人都不知道。我愿意为您著作的传播效犬马之劳。"

蔺且在一旁说：

"公子，您的想法与我不谋而合，只是我没有这个能力。我这儿记载了不少先生平日所讲的寓言故事，所写的短篇文章，还有一些先生本人的事迹。能不能将这些与七篇文章一同发行？"

"太好了！让我看看。"

蔺且将厚厚一沓绢帛拿过来，递给了公子：

"请公子过目。"

公子牟粗略地翻阅了一下，惊喜地说：

"这里头也有不少精辟的故事！"

庄周见公子牟与蔺且如此热心，自己也有些心动了。著书还不就是为了让天下人读吗！没人读，这书不就成了一堆废帛了吗？

于是，他离案而起，来到内室之中，从箧中取出他早年写的关于"盗跖怒斥孔丘"的文章，交给魏牟：

"这是我的少作，我一直很喜欢它。你拿去，一同发行吧！"

魏牟感激地说："多谢先生！"

"我不谢你，你倒谢起我来了！"

说得大家都笑了。

第二天，魏牟带着庄子交给他的那些帛书，打道回府，直奔中山国去了。

不久，各诸侯国的士人们，几乎人手一册《庄子》。庄周的书，流传到了天下每一个角落。

二

昨天，惠施接待了一个辩者。

那辩者硬说鸡蛋里面有毛，而惠施却坚持鸡蛋里面没毛。

"鸡蛋里面没毛，孵出的小鸡怎么有毛？"

"你见过鸡蛋里的毛吗？鸡蛋里明明只有蛋清和蛋黄！"

"从鸡蛋里出来的小鸡身上的毛，不就是鸡蛋里的毛吗？"

"那是小鸡身上的毛，不是鸡蛋里的毛！"

"那是鸡蛋里的毛！"

"那是小鸡身上的毛！"

"鸡蛋里的毛！"

"小鸡上的毛！"

"鸡蛋！"

"小鸡！"

…………

两人争得面红耳赤，甚至动了点肝火，但是谁也不服谁，谁也说服不了谁。

今天，惠施闲着没事，正在整理门客记录的昨天那场争论。回想起昨天的争论，倒也觉得很有意思。反正襄王将我投置闲散，以辩论作为消磨时间的手段，也未尝不可。要不然，这满腔愁闷，何处发泄啊？

其实，倒不在于谁输谁赢，关键是辩论本身就可以得到一种乐趣。虽然在争论的时候，双方就像两只相斗的公鸡，但是，过后细细思量，那情景，真够刺激，真来劲儿。过几天不找几个辩者来一展谈锋，他心里就有点痒。

温故而知新，不亦乐乎？看看昨天争论的记录，他想，如果再来一次，我肯定能说服他！

惠施正在自鸣得意，忽然一个门客慌慌张张闯进来，手中拿着一本书，口中嚷道：

"先生，有人在书中攻击您！"

"攻击我？什么书？"惠施诧异地问。

"一本叫《庄子》的书。"

"《庄子》？"惠施心中疑惑了一下，"拿过来我看。"

"我们准备将那几个摆摊卖书的人轰走！"门客气愤地说。

惠施粗略地翻了一下，便知是庄周所著。他松了一口气，对门客说：

"此书乃我的好友庄周所著，你们不必大惊小怪。"

"可是……"

"书中所写，都是实情。我与他是几十年的老交情了。你出去吧，我仔细看看。"

这家伙，把我们俩的争论都写进去了！什么有用与无用、有情与无情、濠梁之游……文笔倒也流畅，可惜太玄乎了，有几个人能解其真意？

他详细地读了一遍《庄子》，还是受到了不少的启发。对于政治，对于功名，不能太执着。太执着，则失望太多，失望太多，则伤身体。这也是他几十年来在宦海浮沉中慢慢总结出来的，庄周说得还是有道理的。只不过，我惠施很难做到。

但是，庄周在书中反对我与辩者们以辩为乐，就是他的不是了。人总得有点活干。老闲着，心里就发慌、发闷。在条分缕析的辩论中，也有莫大的快乐，虽然辩论的那些事，没有什么实用价值，但是，也可暂时忘记这无边的闲愁。

时间一天一天地过去了，惠施的头发已经完全变白。他整整五年没有见过襄王了。襄王好像将这位自己请来的元老完全忘记了。

他数次呈上奏折，议论政事，阐述他爱民、罢兵的主张，都如泥牛入海，毫无音信。

这天，他独自一人来到王宫前面的广场上散步。这块地方，他是多么熟悉啊！他曾经无数次地从这儿出入王宫，与惠王共谋国家大事，纵论天下局势。当初，他是何等的春风得意！

可如今，物是人非，花落水流。英雄失路，唯有哀叹！

他深情地望着宫门，回忆着一桩桩往事，心潮起伏，老泪纵横。

突然，两队卫兵手持长枪，从宫中整齐地跑了出来。随后，一辆雕刻着龙凤的四马御舆缓缓而出。

惠施赶紧擦掉眼中的泪水，仔细一看，不禁一阵狂喜：那是魏王的车！

一看到那辆车，热血就涌上了他的脑门。他的车，曾经跟在这辆车后二十多年！

可现在，他却只能远远地看着那辆车。

不！我要见到襄王。我虽然老了，但是脑子还没糊涂。我要向他述说我的看法。天赐良机啊！

惠施不顾一切地冲过去，跪倒在魏王的车前。驭者吃了一惊，奋力勒缰，前面的两匹马人立而起，发出了"嘶——嘶——"长鸣。

好玄啊！马蹄再往前两步，就踩到了惠施的头上。

"唰！"

前边的士兵迅速回过头来，几十只长枪将惠施牢牢压住。

魏襄王从窗帘中伸出头来，喝道：

"何处刁民，如此大胆！"

"臣乃先宰相惠施。"

"惠施？"襄王吃惊不小，这老惠施在宫门外拦驾有何事？他一挥手，士兵们收起了长枪。

"有话起来说。"

惠施站起来，走到车窗前，对襄王说：

"大王，您忘了我吗？"

襄王笑道："惠公，我怎么能忘了您呢？您可是魏国的救命恩人啊！"

"那，我给您呈的那些奏折，您都看了吗？"

"看了。惠公，您的那套学说在十年前确实有用处。但是，眼下是武力与权谋的时代，您的那一套已经过时了。"

"过时了？真理永远是真理啊！"

"惠公，我劝您还是好好休养自己的身体吧！国家大事，也不用您老操心了！"襄王说完，示意驭手开路。

"慢！"不知从哪里来的力气，惠施将御舆死死拖住，"大王，您给我三年的时间，我会让魏国变个样子！"

"三个月也不用了，您还是回家休息去吧！"

魏王一挥手，驭者的鞭子在空中"啪啪"一响，四马奋力一拉，御舆飞驰而去，惠施差点被摔倒在地。

他突然觉得两腿发软，两眼发黑，就什么也不知道了。

守宫门的老阍者，十分敬仰惠施的为人。他见魏王的车队远去了，便将昏倒在地上的惠施背到自己的小屋中，给他喂了些水。

良久，惠施睁开眼睛。他感激地握住老阍者的手："多谢老丈相救！"

"相爷，您说哪儿去了！"

"别叫我相爷了。"惠施黯然神伤地说。

"大梁的父老百姓，永远都将您当作相爷！"

"那是以前的事了。现在，我连一条狗都不如了。"

老阍者陪着惠施落泪：

"相爷，想开些，一切都是命啊！"

"是的，一切都是命！"

惠施拖着沉重的步子，离开宫门，慢慢来到住宅。

庄周的书，还展在几案上。他随手一翻，只见上面写着：

终身役役，而不见其成功，然疲役，而不知其所归，可不哀邪！人谓之不死，奚益？其形化，其心与之然，可不谓大哀乎？

（终生劳劳碌碌，却没有什么成功，疲倦困苦，却不知道自己休息的归宿，这不很可悲吗！这样的人，虽然没有死，活着还有什么意思？形体一天天地枯竭衰老，而精神也一天天地消耗殆尽，难道不是莫大的悲哀吗？）

一句句话，就像一根根针一样刺在惠施的心上。是啊，我在魏国苦心经营了几十年，有什么成功？我费尽了心血，最后又得到了什么？得到了满头的白发！得到了满脸的皱纹！得到了流血的心！

"不如归去！"

惠施对魏国彻底绝望了。魏王既然如此对待我，我还赖在这儿，有什么意思呢？回到蒙邑老家去吧，那儿有我的老朋友庄周，有我熟悉的山山水水。

秋风在呼呼地刮着，树叶铺满了大梁的街道，一派凄凉景象。

惠施的车队，一共有七辆车。一辆装载着简单的行李家具，一辆坐着惠施与家小，另外五辆，全是书，所谓"惠施多方，其书五车"。几个亲信的门客，坐在装书的车上，充当驭者。

惠施不时从车中探出头来，恋恋不舍地凝视着街上的行人与房屋，心中不胜悲凉。

第一次离开大梁，也没有这么凄惨。因为那时候，有张仪在中间捣鬼，惠施对魏王还抱有一线希望。他坚信自己的理想会得到实现。

今天离开大梁，是生离死别。魏襄王像踢开一条老狗那样踢开了我，到别国去重整旗鼓，更是不可能了。

真像做了一场梦，几十年的事在弹指之间就过去了。当年只身到魏国来闯荡的情形，就如同发生在昨天。

七辆马车静悄悄地驶出大梁东门。没有人来为它们送行，只有城墙上的几只乌鸦，发出"哇哇"的叫声，使惠施凄冷的心更加凄冷。

这天傍晚，庄周正在与蔺且说话，院子里捶制葛麻的儿子喊道：

"父亲，外面来了几辆马车！"

庄周与蔺且出门一看，原来是惠施。数年不见，他更加苍老了，微微有些驼背，眼睛中流露出疲倦的光。

"您这是……"庄周一看惠施身后跟着家小，不解地问。

"辞官归隐，投奔庄兄。"惠施有气无力地说。

"这就好，赶快进来吧。"

颜玉听外面有人说话，也出来了，见此光景，便拉起惠施妻子的手，到里边去了。众门客将车上的家具、书都搬到院子里，暂时放在屋檐下。

"我打算在这附近修几间茅屋，了度残生。"

"惠兄，我一直在等着你哩！你如今才迷途知返，不过还来得及啊！就先在我这儿挤几天吧。"

当晚，两位老友边饮酒，边聊天，回忆几十年来的坎坎坷坷、风风雨雨，感慨良多。

第二天，庄周与惠施便在离庄周家一箭之远的一块平地上，规划了惠施的住宅。因为还有几位门客，所以，惠施的茅屋要多盖几间。商议定后，便雇人动工了。

一个月之后，新居落成，惠施全家搬了进去。惠施毕竟当了几十年的宰相，有一些积蓄，生活倒也不愁。

两位老友，似乎有说不完的话。惠施总是发泄他那一肚皮牢骚，而庄周，总是多方劝解，晓之以天命。

这天，庄周来到惠施家中，一进门，惠施就说：

"庄兄，我昨天晚上做了一个梦。"

"梦见什么了？"

"我梦见襄王又派人来请我回大梁。"

"白日做梦！"

"是啊！我知道这是不可能的。但是，我的心，却不能像你的真人那样熄灭如死灰啊！"

"惠兄，你的爱民罢兵梦也该醒了。这一辈子的经历还不能说明问题吗？"

"我自己也没办法。我翻开你的书，就好像将一切都忘了，可是，一合上眼睛，大梁、相府、魏王就像鬼神一样钻入我的脑海。我这一生，恐怕没救了。"

惠施说着，痛苦地闭上了双眼。

庄周惋惜地摇摇头：

"只将好梦当作觉，反认他乡是故乡。执迷不悟啊！"

"梦觉之后还是梦，归来故乡无乡情。何者为迷？何者为悟？"

"人世万事皆是梦，故乡只在黄土垅。生便是迷，死便是悟！"

惠施微微睁开双眼：

"如此说来，生人便不悟？悟者即死人？"

"非也。死生实是一贯，犹如昼夜交替，春秋往复。若能参透此理，便能悟出何者为迷，何者为悟。"

"日夜交替无数，春秋往复无数，而人生，只有一次啊！"

"太阳每天都是新的，春风每次都不一样。纵浪大化之中，何悲何喜！"

三

庄周家的葛屦生意越做越好，家境也渐渐好转。儿子已经长大成人，完全有能力独自经营了。按理，庄周与颜玉老两口也该颐养天年才是。

但是，颜玉总是丢不开手头的活。他们一辈子过着穷日子，穷怕了，一心想为儿子留下些财富，好让他成家立业。儿子已经过了而立之年，却还没有定下亲。

她没日没夜地操劳着，身体越来越虚弱。庄周劝她不要过于劳累了，她总是说："闲着没事干，心里就着急。"

这天，庄周与惠施正在惠施家中谈天说地，蔺且忽然跑进来说："先生，师母得病了！"

庄周一听，也没说话，抬腿就回家。惠施也随后跟来。

来到榻前，庄周拉住老伴的手，深情地说："我早就说过，你要好好休息啊！"

"没关系，躺几天就好了。"

"大嫂，你总是放不开你的这个小家庭，就像我放不开天下这个大家庭一样。你跟庄兄过了一辈子，也没有学到他的逍遥啊！"惠施在旁边说。

"哼！我若学到他的逍遥，他早就饿死了！"颜玉看了庄周一眼，但并无责备之意，却流露出无限疼爱之情。

"是啊！我这一生，若没有这么一位风雨同舟的贤妻，恐怕也不会活到今天。"

精通养生、略通医道的庄周，知道妻子的病因。他开了个处方，让儿子到蒙邑买回了药，亲自熬好，端到榻前，让老伴喝下。

这些日子，他不再出门了，整天守在颜玉旁边，给她讲一些笑话，给她弹琴，好让她愉快一些，早日痊愈。

这天，庄周弹完一首曲子，离开几案，来到榻前，对颜玉说：

"其实，人的疾病与人的心情有很大的关系，并不仅仅是身体不舒服。"

"你又胡说了。"

"真的。不信，我给你讲一个齐桓公的故事。齐桓公还没有称霸的时候，有一次与管仲同乘一车到泽边打猎。齐桓公突然看见一个奇怪的东西从水中冒出来，一闪之间又没入水中。桓公以为碰见了鬼，惊慌地抓住管仲的手，问道：'仲父，你刚才看见了什么？'管仲回答说：'我什么也没看见。'桓公更加害怕，以为是不祥之兆，专门对他一个人显现出来。

"回到宫中，桓公就病了。一连数日不能升朝。整个齐国的人都知道了，以为桓公碰上了鬼，得了鬼病。

"齐国有一位士，名叫皇子告敖，不相信有鬼能伤人。他来到宫中，自称能治好桓公的病。

"侍卫们将他带到桓公的卧榻边。

"桓公问道：'世上有没有鬼？'

"'有。'

"'鬼是什么样子？'

"'各处之鬼形状不一。水中之鬼为罔象，丘上之鬼为峷，山中之鬼为夔，野中之鬼为彷徨，泽中之鬼为委蛇。'

"'委蛇之状如何？'

"'委蛇，其粗如车毂，其长如车辕，身着紫衣，头戴朱冠，乃富贵之鬼。它最不喜欢听雷声与车声，一听到雷车之声就捧首而立。谁见到了委蛇之鬼，谁就能称霸诸侯。'

"桓公听后，释然而笑：'寡人所见，正是此物。'于是，穿好衣服，下榻而坐，病不知跑到哪儿去了。"

"我可没有碰见鬼啊！"

"你心里有鬼。"

"什么鬼？"

"就是你没见过面的儿媳妇。"

"……"颜玉被庄周说破了隐痛，便不言语了。

"老伴，你可要想开些。车到山前必有路嘛！你看，我当初比我儿子还可怜，不也娶了你这么个宝贝媳妇吗？"

颜玉被逗得笑了起来。

在庄周的精心照料下，颜玉的病一天天地好起来了，有时候，庄周还搀扶着她在门前散散步。一家人的心情也畅快多了。

这天，天气有些阴沉。吃过午饭，颜玉说眼睛有些花，头有些晕，庄周便将她扶到榻上。一会儿工夫，她便睡着了。

到了吃晚饭的时候，她还没有醒。庄周过去轻轻碰了一下她的手，她没有反应。庄周摇了摇头，叫道："老伴，起来吃饭吧。"她也没有反应。

他赶忙将耳朵贴到她的鼻前，发现颜玉已经断气了。

可是，她的面容，就像睡着了一样，与往常没什么区别。

庄周不相信她已经死了。

但是，她的的确确死了。

她死了，没有留下遗言。她死了，她自己却不知道自己已经死亡。

往事一件件浮上庄周的心头。是她，昏迷不醒地躺在路上；是她，用那温柔的手抹去了庄周心上的孤独与寂寞；是她，帮助庄周渡过了一个又一个难关。

她没有怨言，只有体贴；她没有索取，只有给予；她没有享受，只有苦难。

她是庄周的另一半，她是庄周的精神支柱。

如今，她去了，去得那样匆忙，去得那样突然。

庄周无法忍受这痛苦的现实，竟像个孩子一样号啕大哭起来。

庄周的哭声惊动了儿子与蔺且。他们进来一看，就知道是怎么回事了。他们跪在庄周身后，也哭了起来。

临出葬的这天，惠施来吊。他远远听见有人在唱歌，心中好生奇怪：哪家的人，也太不通情理了，邻居死了人还要唱歌。

来到庄周家门口，却觉得歌声就是从里面传出，便更加疑惑。

进门一看，原来歌者就是庄周自己。

他没有跪着，而是两腿前伸，屁股坐在地上，显得十分随便。好像他面前不是妻子的棺椁，而是一位非常熟悉的老朋友。

他的两腿中间放着一个瓦盆，左右两手各执一根木棍，有节奏地敲击着瓦盆，闭着眼睛，口中唱着歌曲：

吁嗟吾妻，

已归天真。

吁嗟庄周，

犹然为人。

歌声就像冬天的北风吹过干枯的树枝那样舒缓而低沉。

惠施跪在灵柩前，点上香，行过礼，然后来到庄周旁边。他打断庄周的歌声：

"庄兄，你也太过分了吧！你与嫂子过了一辈子，儿子都这么大了，现在她得病而死，你不哭她一哭，这也就算了，还敲着盆儿唱歌，也太过分了。儿子会怎么想？邻里会怎么想？"

庄周缓缓睁开眼睛，凝视着面前的棺椁，答道：

"惠兄，我并不是无情无义啊！她刚死的时候，我也十分痛苦。一起生活了几十年，怎能一下子就将她忘记？

"这几天，我想了很多。人本来并没有生命，人在来到这世界上之前，是什么样子，谁也不知道。人在最初的时候，不仅没有生命，而且没有形体；不仅没有形体，而且没有神气。在恍惚之间，产生了浑沌之气，气的运行凝聚成人形，形体在气的鼓荡下产生了生命。老子云：'万物芸芸，各复归其根。'这个根，就是浑沌之气。人的生命与形体来源于浑沌之气，到了一定的时候，就要回到浑沌之气中去。

"现在，颜玉死了，就是回到浑沌之气中去了。她就像一只迷途的羔羊，找到了自己的故乡。她安详地熟睡于天地之间，没有忧愁，没有烦恼，没有操劳，我应该为她庆贺。

"因此，她刚死的时候我也像常人一样哭泣，但是，现在我想通了。我也理解了越人那种歌舞葬礼。

"对亲人的死亡，与其洒下使生者伤身的泪水，不如唱一曲使亡灵欣悦的歌曲。"

惠施听罢，摇摇头，什么话也没说。

埋葬了老伴之后，庄周越来越变得少言寡语了。他深居简出，整日伏案闭目养神，只有惠施来访，蔺且与儿子才能听到他说几句话。

一年之后，惠施也死了。

当惠施的门客来通报这一消息时，他只说了一句话：

"他也先我而去了。"

颜玉的死，庄周经历了一个由撕心裂肺到渐趋平静的内心过程，而惠施的死，他就完全能泰然处之了。

宇宙是无穷的，而人的生命则是有限的。将有限的生命置于无穷的天地之间，就像一匹白马驹从墙孔中飞驰而过一样，是转瞬即逝的。

人们对待转瞬即逝的人生，不应该惋惜，而应该顺其自然。人，就像自然界的其他生物一样，注然、勃然，兴起而生，油然、漻然，归虚而死。生化为死，死化为生，都是自然的过程，我们不应当以此为悲。

不仅如此，我们还应当将死亡看作人的真正的归宿。人来源于虚无之道，就必须回归于虚无之道。而死亡，就是回归于虚无之道的最高形式，最彻底的形式。

回想起当年楚国骷髅在梦中对自己说的话。庄周不禁哑然失笑。是的，死亡是不值得悲哀的，也不值得恐惧，但是，对于现在的庄周来说，死亡也不值得喜乐。

因为，毕竟生命是可贵的。忘却死亡，超越死亡，还是为了让有限的生命更加愉快，更加充实。以死生为一条，超生超死的真人，就像不再惧怕死亡一样，也不喜乐死亡，就像不再执着生命一样，也不厌弃生命。

忘却生命，才能真正地把握生命，忘却死亡，才能真正地对待死亡。

人到了晚年，最伤心的就是亲戚朋友纷纷谢世，只留孤家寡人在夕阳中独自享受寂寞与无聊。颜玉死了，惠施死了，庄周那颗孤独的心更加孤独了。

在人世间，他最要好的朋友就剩下梓庆了。他面对着几案上梓庆亲手雕刻的那个飞龙像，就像面对淡泊清静而又出手如神的老友梓庆。好几年没有见面了，创造了如此神奇的艺术品的梓庆不知是否还能工作。他真想去拜访一下唯一的老友，但是蔺且与儿子说什么也不让他出远门，他也只好作罢。

说来也有点神秘。这天，庄周正在案前端详梓庆送给他的飞龙雕像，凝视良久，竟然觉得那飞龙腾空而起，化作一股青烟，从窗户飘然而去。庄周慌忙离案而起，追至户外，却见晴空万里，连一片云朵也没有。

庄周正在心中狐疑，欲进屋看个仔细，却见一位陌生人身着丧服来到他面前。

那人行过礼后，问道：

"您就是庄周先生吧？"

"正是。"

"梓庆先生已于数日前仙去，定于后日举行葬礼。先生临终再三嘱咐，务必请庄周先生参加他的葬礼。"

"知道了，您进屋稍歇吧。"

"不用了，我还要去通知先生的其他亲朋好友。"

"如此，则不相留。"

送走那位报丧者，庄周急匆匆赶回屋中，一看那飞龙雕像还在，便放心了。

梓庆也许是一位不同寻常的人。他能够在报丧者即将登门的时刻告诉庄周：我已经脱离了人形，返回浑沌之气中去了。

梓庆肯定会死的，只不过是早死晚死的问题。但是，他所雕刻的那些美的艺术品却永远不会死去。梓庆的灵魂就隐藏在这些艺术品之中。望着那并没有化作青烟腾空而去的飞龙雕像，庄周自言自语道：

"梓庆没有死。"

梓庆出殡的这天，庄周在蔺且的陪同下到梓庆家中吊丧。远远听到一片哭声夹杂在唢呐声中随风飘来，庄周便紧锁双眉，对蔺且说：

"我听到这些哭声，就像听到那种毫无感情的强作欢笑，令人作呕。"

"先生，以哭吊丧，人人皆然，怎么能与强作欢笑相提并论？"

"你听听，这种哭声分明是有声无泪的干号，是一种程式化、庸俗化、礼仪化的东西，里头没有一点悲哀的气息。我本来就不赞同以哭吊丧，更不喜欢这种干号。"

说话之间，两人已经来到梓庆家门口。孝子孝孙身着白色孝袍跪在门前叩头迎客。一见庄周到来，主持丧礼的儒者低首向孝子问明了来人的身份，便向堂内大声通报：

"学者庄周到！"

顿时，歇息不久的唢呐便又齐声奏了起来，在这庄严肃穆而又凄婉伤感的音乐中，儒者领着庄周与蔺且穿过院落来到灵堂前。

按当时的礼仪，每来一位吊丧者，都要奏一曲哀乐，吊丧者进香行礼后，则要放声大哭，而跪在灵柩两侧的死者女性家属与亲戚也要放声陪哭，一直哭到吊丧者在众人的规劝下离开灵柩进屋歇息为止。

年过七旬的庄周，虽然自己也随时都有可能成为别人吊丧的对象，却童心不泯，决心一改旧俗，让众人开开眼界。

蔺且侍立一侧，庄周来到灵柩前点香行礼。这一切，都是按礼而行。

礼毕，庄周便放声大哭。

"啊——我的好友梓庆啊——"

"啊——我的好友梓庆啊——"

"啊——我的好友梓庆啊——"

一听庄周始哭，跪在灵柩两侧的女人们便立刻蒙头盖住脸面，低首哭了起来。但是，庄周只哭了三声，便自己停住了。他也不等旁边的人来搀扶，便竟自起身离开灵柩到旁边的屋中去了。

怀着好奇与看热闹的心情来围观的众人这一次可真是看到了意想不到的热闹，他们的好奇心也得到了极大的满足。

"这是什么礼节啊！"

"这是对死者的不恭啊！"

"……"

众人交头接耳，议论纷纷。

那些正在号哭的女人们也惊奇地揭开蒙头布，眨巴着毫无泪水的眼睛，瞪着这不可理解的一幕。幸好，又来了吊丧者，唢呐声又响起来了，女人们清清嗓子，准备新一轮的哭声。

庄周与蔺且进到客房，寻了个空座位坐定，立即有许多人围了上来。

"庄周先生，听说您是梓庆先生最好的朋友，怎么只哭了三声就罢了呢？"有人问道。

"哭，本来是表达悲哀之情的一种方式，可是，现在人们却将哭作为一种毫无感情内容的礼仪。这样的哭是装出来的，我觉得毫无意义。

"你们看，那些来吊丧的人，他们表面上哭得多么伤心啊！有的像是父母死了，有的像是子女死了，但是，他们何尝是真心哩！"

"那么，您与梓庆先生是莫逆之交，您总会有真情吧？"有人故意刁难。

"梓庆来到这个世界上，是顺应时势；他离开这个世界，也是顺应时势。人生就像一场梦，并不值得流连忘返。死，就像是大梦一觉，就像是回归故乡。因此，我的好朋友死了，我一点也不觉得悲哀。"

埋葬了梓庆，在回来的途中，师徒俩顺便到惠施的墓前看看。

坟上的草已经长到一寸多高了，在微风的吹动下轻轻摇摆。也许，它们就是惠施的躯体变化而成的，要不然，为什么庄周看见它们，就在眼前浮现出惠施那谈笑风生、口若悬河的面庞？

庄周默默地站在坟前，回忆着他们俩共同度过的所有时光。

"先生，自从惠先生仙逝之后，您几乎不开口说话了，这是为什么？"

蔺且问道。

"蔺且，我给你讲一个故事。有一个楚国郢都的人，以捏白善土为生。有一次，他将泥点溅到了自己的鼻尖上，这泥点就像蝇翼一样薄。于是他就请他的好朋友匠石用斧子将这个泥点砍掉。匠石操起斧子，'呼'地一下砍下去，真是运斤成风。郢都人鼻尖上的泥点被砍得无影无踪，而他的鼻尖却没有受到任何伤害。而最妙的是，郢都人站在那儿，连眼睛都没有眨一下。

"后来，宋元君听到了这个故事。他想办法将这位匠石召进宫中，在自己的鼻尖上抹了一块泥点，让匠石为他砍掉。

"匠石听后，哈哈大笑道：'大王，我虽然有如此高的技艺，但是必须有一个对象与我配合。我的朋友郢都人已死，我再也无法表演这种技艺了。'

"自从惠公死后，我言谈的对象就没有了，我何须开口。知音已死，琴有何用！"

也许是受了些风寒，也许是别的什么原因，庄周自从给梓庆送葬，途中看了看惠施的坟回来之后，便一病不起。

庄周的病情一天比一天重，他茶水不进，整天昏迷不醒。蔺且与儿子已经在暗暗为庄周准备后事了。

"叮当！叮当！"

院子里有什么声音吵醒了庄周，他挣扎着爬到窗前，看见木匠们在做棺椁。

蔺且进来了。他一见先生醒了，高兴地说：

"先生，您可终于睁开了眼睛！"

"这院子里是……"

"先生，您这一次可病得不轻啊！无论如何，我们得有个准备。万一有个三长两短……"

"蔺且，我死后，不举行任何葬礼，也不要棺椁。让人们将我抬到山上荒无人烟的地方，随便一扔就行了。"

"这怎么行啊！我们也没有穷到这个地步！再说，没钱，就是借债也要为先生举行隆重的葬礼。您这一生够坎坷了，就让您享受一次吧！"

"蔺且，这就错了。你还不是我的好弟子啊，不能完全理解我的心思。我并不仅仅是为了节约，我更是为了让我的躯体早日融化于自然之中。我以天地为棺椁，岂非有天下最大的棺椁？我以日月为葬璧，它们昼夜陪伴着我，岂非天下最长久的葬璧？我以星辰为珠宝，岂非天下最美丽的珠宝？我以天地间的万物为斋物，岂非天下最多的斋物？大自然给予了我最好的葬具，难道还用你们操心吗？"

"先生，将您扔在山上，我害怕鸟雀吃您的肉啊！"说着，蔺且不禁流下了眼泪。

"看，像个孩子似的！扔在山上，怕鸟雀吃我的肉，埋在地下，就不怕蝼蚁吃我的肉吗？"

"这……"

"你这分明是将我的肉从鸟雀口中夺过来，送给蝼蚁嘛！难道你偏爱那些蝼蚁吗？"

蔺且无话可说了。

入夜，庄周做了一个梦。

他梦见自己变成了一个少年。但是，不是在蒙泽边玩耍，而是在楚国的沅湘之地与蛮子们一起唱歌跳舞。颜玉在那儿，惠施在那儿，梓庆在那儿。奇怪的是，渔父在那儿，母亲也在那儿。

在一片旷野上，绿草如茵，阳光明媚，所有的人都手拉着手，所有的脸上都充满着幸福的光芒。

他梦见自己变成了鱼，在海中自由自在地游泳。他又梦见自己变成了鸟，在空中自由自在地飞翔。

醒来之后，眼前只是一片黑暗。

他摸索着起了身，穿好衣服。轻手轻脚，免得惊动守在一旁的蔺且与儿子。为了避免那不必要的葬礼，也为了寻求梦中的一切，他决定像青年时代南游楚越那样不辞而别。

他要到太阳运行的南方去。他要像《逍遥游》中的鲲鹏一样，到南国去寻找那自然的天池。

第二天，蔺且与儿子发现庄周不见了，便四处寻找。

十天过去了，没有踪影。

一月过去了，没有踪影。

一年过去了，没有踪影。

一代学者，就像他的先师老聃西入流沙不知所终一样，永远没有人知道他的下落。

因此，没有人知道他是什么时候死的，也没有人知道他死于何地。

这对于后来的学者来说虽然是一个谜，而对于庄周来说却是一个自然的事实。无论何时，无论何地，他的死，就像他的著作的最后一个字一样，给予后人的，是无尽的智慧，无尽的诗意。

后记

在北京大学中文系攻读硕士学位时，我虽然在导师张少康先生指导下学习过庄周的著作《庄子》，但是从来没有想过要写一本《庄子传》这样的著作。一方面是因为那时主要从美学、文艺思想的角度去钻研《庄子》；另一方面是由于从纯史的立场来看，庄周其人，几乎无传可写。

因此，当我辞别京华烟云，回到故乡——古朴的兰州定居，收到我兄长般的师友卢永璘先生介绍我为花山文艺出版社写一本《庄子传》的来信时，心情是且喜且忧的。静心思之，却又觉得这个选题是相当有水平的，以文学传记的形式阐发庄周的人品与学问，也许比充满了各种"主义"之类命题的著作更好。尤其是受到了编辑张志春先生的热情鼓励，在写作计划上给我提出了许多有益的意见之后，我的信心更足了。

"文章千古事，得失寸心知。"作为一个"搞理论"的人，要写一本文学传记，也许本来就不胜任，更何况，我对于理论本身就是一知半解。这本书对于专家学者来说也许是"街谈巷语，不足为凭"，但是，对于广大欲了解中国文化中的伟大人物庄周，而没有条件直接阅读庄周著作的读者来说，可能会有些帮助。如此，则笔者一年来查阅资料、伏案爬格的辛劳也就不足挂齿了。

我的朋友张睿，以小说家、诗人的眼光，对本书提出了许多宝贵的意见，其中第二章的部分段落由他捉刀，在此表示感谢。吾妻为本书的写作付出了辛勤的劳动，也在此表示感谢。

作者

一九九一年八月二十日

附录一

《庄子》内篇原文

著者按：

　　现代读者要想掌握庄周的思想、了解庄周的为人，最为主要的途径就是读《庄子》一书。但是，宋代以来，《庄子》一书的著作权便成为学术界的一桩公案。《庄子》本来分内、外、杂三部分，内篇七、外篇十五、杂篇十一。宋以后许多学者都认为只有内篇七才是庄周自著，外杂篇大多是其后学所为。当代学术界除任继愈等少数学者外，绝大多数人认为内七篇可定为庄周自著。笔者同意这种看法，认为内七篇乃庄周手定之文，可视为庄子思想的精华。

　　《庄子》内篇的七篇文章，分而观之，各为一篇首尾完整、结构谨严的文章，统而观之，又是一部互相呼应、互相补充、互相关联的体系严密的著作。这在中国著作史上乃属首见，在此之前的学术著作或为短语集萃，或为语录记载。更为奇特的是，这样一部思维严密、道理清晰的著作，却主要是以寓言的方式写作的。作者是讲故事的能手，善于将抽象的哲理融于具体、形象的故事之中，让读者在诗意的氛围中领略到"道"的境界。因此，这七篇文章，可以称之为中国古代哲学的精品，也可以称之为中国古代文学的佳作。诗意与哲理，在此达到了完美的融合。

　　《逍遥游》一篇乃全书之总纲，主旨在于说明人生的最高境界是绝对的精神自由，而不是物质享受与虚伪的名誉。同时告诫世人，这种精神自由以及表现这种精神自由的言论著作有惊世骇俗、大而无用的特征，并非沉溺于物质享受之中的人所能领会。所以，本篇又有全书"序言"的作用。

《齐物论》一篇是全书的方法论。要达到《逍遥游》所示明的精神自由，就必须忘记物我的差别（齐物）、忘记是非的差别（齐物之论）。本篇对齐是非尤为重视，因为战国时代争鸣之诸家诸派，在庄周看来都无非是局限于利害之端的"小言"，而人类的真正精神生活则被遗忘。只有抛弃这些言论是非而与自然合为一体，人才能获得生命的自由。庄周的这些看法，与现代语言学、哲学、诗学、美学俱有相通之处。

《养生主》乃庄子的养生学，其主旨在于说明人的有限生命是最为宝贵的，只有顺应自然大化，保持精神畅快，才是养生之主。

《人间世》一篇专门论述处世之法，尤其是身在仕途的处世之法。只有忘我忘物、无功无名，才能游于人间而不丧身。

《德充符》畅论形神关系。形体残缺丑陋的人，精神却高尚充实，说明精神重于形体。

《大宗师》从生活态度与生活方式上为世人描绘出一种生活的导师。这种导师就是得道的"真人"——在世俗之人看来是"畸人"的人。

《应帝王》是否定一切世俗帝王的"帝王之术"。真正的帝王是无视无听、无食无息的"浑沌"。本篇表达了庄子的政治理想——无为而治。

古今注庄者不少，唯王先谦的《庄子集解》博采众长又简明扼要，深得庄周学理，故一并附录，供读者参考。

内篇 逍遥游第一
言逍遥乎物外，任天而游无穷也。

北冥有鱼，释文："本一作溟，北海也。"其名为鲲。释鱼："鲲，鱼子。"方以智云："鲲本小鱼，庄子用为大鱼之名。"鲲之大，不知其几千里也。化而为鸟，其名为鹏。鹏之背，不知其几千里也；怒而飞，其翼若垂天之云。是鸟也，海运则将徙于南冥。玉篇："运，行也。"案：行于海上，故曰"海运"。下云"水击"，是也。南冥者，天池也。成玄英云："大海洪川，原夫造化，非人所作，故曰天池。"案：言物之大者，任天而游。齐谐者，志怪者也。司马彪云："齐谐，人姓名。"简文云："书名。"谐之言曰："鹏之徙于南冥也，水击三千里，崔撰云："将飞举翼，击水踉跄。"抟扶摇而上者九万里，崔云："拊翼徘徊而上。"尔雅："扶摇谓之飚。"郭注："暴风从下上。"去以六月息者也。"成云："六月，半岁，至天池而息。"引齐谐一证。野马也，司马云："野马，春月泽中游气也。"成云："青春之时，阳气发动，遥望薮泽，犹如奔马，故谓之野马。"尘埃也，成云："扬土曰尘。尘之细者曰埃。"生物之以息相吹也。成云："天地之间，生物气息，更相吹动。"案汉书扬雄传注："息，出入气也。"言物之微者，亦任天而游。入此义，见物无大小，皆任天而动。"鹏"下不言，于此点出。天之苍苍，其正色邪？其远而无所至极邪？其视下也亦若是，则已矣。其，谓鹏。是，谓人视天。鸟在九万里上，率数约略如此，故曰"则已矣"，非谓遂止也。借人视天喻鹏视下，极言抟上之高。且夫水之积也不厚，则其负大舟也无力。覆杯水于坳堂之上，支遁云："谓堂有坳垤形也。"则芥为之舟，李颐云："芥，小草。"置杯焉则胶，崔云："着地。"水浅而舟大也。风之积也不厚，则其负大翼也无力。故九万里则风斯在下矣，而后乃今培风，王念孙曰："培，冯也。周礼冯相氏注：'冯，乘也。'鹏在风上，故言冯。培、冯声近义通。汉书周继传，继封蒯城侯，颜注：'吕忱蒯音陪，楚汉春秋作冯城侯。'是培、冯音近之证。"背负青天而莫之夭阏者，司马云："夭，折也。阏，止也。言无有折止使不行者。"而后乃今将图南。谋向南行。借水喻风，唯力厚，故能负而行，明物非以息相吹不能游也。蜩与学鸠笑之曰：释文："学，本又作鸴。本或作鹯。音预。司马云：'学鸠，小鸠。'"俞樾云："文选江淹诗'斯高下飞'，李注引庄子此文说之。又引司马云：'鸠，小鸟。'是司马注作鹯，不作鸴。""我决起而飞，李云："决，疾貌。"枪榆、枋，支云："枪，突也。"李云："犹集也。"榆、枋，二木名。枋，音方，李云："檀木。"时则不至而控于地而已矣，王念孙云："则，犹或也。"司马云："控，投也。"奚以之九万里而南为？"借蜩、鸠之笑，为惠施写照。适莽苍者三飧而反，释文："苍，七荡反，或如字。崔云：'草野之色。'三飧，犹言竟日。腹犹果然；适百里者宿舂粮；隔宿捣米储食。适千里者三月聚粮。之二虫谓蜩、鸠。又何知！借人为二虫设喻。小知不及大知，释文："音智，本亦作智。下大知同。"小年不及大年。上语明显，设喻骈列，以掩其迹。奚以知其然也？朝菌不知晦朔，列子汤问篇："朽壤之上，有菌芝者，生于朝，死于晦。"晦谓夜。释文："朔，旦也。"惠蛄不知春秋，此小年也。释文："惠，本作蟪。司马云：'惠蛄，寒蝉也，一名蜓蛒，春生夏死。夏生秋死。'"楚之南有冥灵者，以五百岁为春，五百岁为秋；上古有大椿者，以八千岁为春，八千岁为秋。"楚之南"下，全引列子汤问篇。"楚"，彼作"荆"。而彭祖乃今以久特闻，李云："彭祖，名铿，尧臣，封彭城，历虞、夏至商，年七百岁，故以久寿见闻。"众人匹之，言寿者必举彭祖为比。不亦悲乎！此段从"小年"句演出。汤之问棘也是已。汤问篇"殷汤问于夏革"，张湛注："汤大夫。"棘、革古同声通用。穷发之北，有冥海者，天池也。有鱼焉，其广数千里，未有知其修者，其名为鲲。有鸟焉，其名为鹏，背若泰山，翼若垂天之云，汤问篇："终发北之北，有溟海者，天池也。有鱼焉，其广数千里，其长称焉，其名为鲲。有鸟焉，其名为鹏，翼若垂天之云，其体称焉。"按：列子不言鲲化为鹏。又此下至"而彼且奚适也"，皆列子所无，而其文若相属为义。漆园引古，在有意无意之间，所谓"洸洋自恣以适己"者，此类是也。抟扶摇羊角而上者九万里，司马云："风曲上行若羊角。"绝云气，负青天，然后图南，且适南冥也。引汤问再证。斥鷃笑之曰：司马云："斥，小泽。鷃，鷃雀也。斥，本作尺。"古字通。夏侯湛抵疑："尺鷃不能陵桑榆。"文选七启注："鷃雀飞不过一尺，言其劣弱也。"案：雀飞何止一尺？下文明言"数仞"矣。"彼且奚适也？彼，鹏。我腾跃而上，不过数仞而下，翱翔蓬蒿之间，此亦飞之至也。而彼且奚适也？"又借斥鷃之笑，为惠施写照。此小大之辨也。点明。

　　故夫知效一官，行比一乡，李云："比，合也。"德合一君而徵一国者，郭庆藩云："而读为能。能、而，古字通用。官、乡、君、国相对，知、行、德、能亦相对。"司马云："徵，信也。"其自视也亦若此矣。此谓斥鷃。方说到人，暗指惠施一辈人。而宋荣子犹然笑之。

司马、李云："荣子，宋国人。"崔云："贤者。"谓犹以为笑。且举世[1]誉之而不加劝，举世非之而不加沮，郭象云："审自得也。"定乎内外之分，郭云："内我而外物。"辨乎荣辱之境，郭云："荣己而辱人。"斯已矣。成云："荣子智德，止尽于斯。"彼其于世，未数数然也。言不数数见如此者也。虽然，犹有未树也。司马云："树，立也。至德未立。"案：言宋荣子不足慕。夫列子御风而行，成云："列御寇，郑人，与郑缥公同时。"案列子黄帝篇："列子师老商氏，友伯高子，尽二子之道，乘风而归。"下又云："随风东西，犹木叶干壳，竟不知风乘我邪，我乘风乎？泠然善也，郭云："泠然，轻妙之貌。"旬有五日而后反。彼于致福者，未数数然也。成云："致，得也。得风仙之福。"案：言得此福者，亦不数数见也。此虽免乎行，犹有所待者也。难免步行，犹必待风。列子亦不足慕。若夫乘天地之正，而御六气之辩，司马云："六气，阴、阳、风、雨、晦、明。"郭庆藩云："辩读为变，与正对文。辩、变古字通。"以游无穷者，彼且恶乎待哉！无所待而游于无穷，方是逍遥游一篇纲要。故曰：至人无己，神人无功，圣人无名。释文："己音纪。"成云："至言其体，神言其用，圣言其名，其实一也。"案：不立功名，不以己与，故为独绝。此庄子自为说法，下又列四事以明之。

　　尧让天下于许由，司马云："颍川阳城人。"曰："日月出矣，而爝火不息，字林："爝，炬火也。"其于光也，不亦难乎！时雨降矣，而犹浸灌，其于泽也，不亦劳乎！夫子立而天下治，而我犹尸之，成云："尸，主也。"吾自视缺然，请致天下。"许由曰："子治天下，天下既已治也。而我犹代子，吾将为名乎？名者，实之宾也，吾将为宾乎？鹪鹩巢于深林，不过一枝，李云："鹪鹩，小鸟。"郭璞云："桃雀。"偃鼠饮河，不过满腹。李颐云："偃鼠，鼹鼠也。"李桢云："偃，或作鼹，俗作鼹。"本草陶注："一名鼢鼠，常穿耕地中行，讨掘即得。"说文"鼢"下云："地行鼠，伯劳所化也。"李说误。归休乎君！予无所用天下为。庖人虽不治庖，尸祝不越樽俎而代之矣。"释文："传鬼神言曰祝。"案：引不受天下之许由，为己写照。言非此不能独全其天。

　　肩吾问于连叔成云："并古之怀道者。"曰："吾闻言于接舆，释文："皇甫谧云：'接舆躬耕，楚王遣使以黄金百镒、车二驷聘之，不应。'"大而无当，释文："丁浪反。"案：当，底也。往而不返。吾惊怖其言，犹河汉而无极也，成云："犹上天河汉，迢递清高，寻其

---

[1] "举世"下，王孝鱼点校庄子集释本（以下简称集释本）有"而"字。下句"举世"下同。

源流，略无穷极。"大有迳庭，宣颖云："迳，门外路；庭，堂外地。大有，谓相远之甚。"不近人情焉。"连叔曰："其言谓何哉？"曰："藐姑射之山，释文："藐音邈，简文云：'远也。'姑射，山名，在北海中。"有神人居焉，肌肤若冰雪，淖约若处子，李云："淖约，好貌。"释文："处子，在室女。"不食五谷，吸风饮露。乘云气，御飞龙，而游乎四海之外。"乘云气"三句，又见齐物论篇，"御飞龙"作"骑日月"。其神凝，三字吃紧。非游物外者，不能凝于神。使物不疵疠而年谷熟。司马云："疵，毁也。"疠音癞，恶病。列子黄帝篇："姑射山在海中。山上有神人焉，吸风饮露，不食五谷，心如渊泉，形如处女。不施不惠，而物自足，不聚不敛，而己无愆。阴阳常调，日月常明，四时常若，风雨常均，字育常时，年谷常丰。而土无札伤，人无夭恶，物无疵疠。"漆园本此为说。吾是以狂而不信也。"狂，李又九况反。案：音读如诳。言以为诳。连叔曰："然。瞽者无以与乎文章之观，聋者无以与乎钟鼓之声。岂惟形骸有聋盲哉？夫知亦有之。是其言也，犹时女也。司马云："犹处女也。"案：时，是也。云是其言也，犹是若处女者也。此人也、此德也云云，极拟议之词。之人也，之德也，将磅礴万物，以为一世蕲乎乱，孰弊弊焉以天下为事！李云："磅礴，犹旁礴。"李桢云："亦作旁魄，广被意。言其德行广被万物，以为一世求治，岂肯有劳天下之迹！老子曰：'我无为而民自化。'乱，治也。"简文云："弊弊，经营貌。"案：蕲同期。之人也，物莫之伤，大浸稽天而不溺，司马云："稽，至也。"大旱、金石流、土山焦而不热。是其尘垢粃糠，说文"粃"作"秕"。释文："秕糠，犹繁碎。"案：言于烦碎之事物，直以尘垢视之。将犹陶铸尧、舜者也，孰肯以物为事！又引不以天下为事之神人，以明其自全之道。宋人资章甫[1]适诸越，李云："资，货也。章甫，殷冠也。以冠为货。"司马云："诸，于也。"越人短发[2]文身，无所用之。为无所用天下设喻。尧治天下之民，平海内之政，往见四子藐姑射之山，司马、李云："四子，王倪、啮缺、被衣、许由。"李桢云："四子本无其人，徽名以实之，则凿矣。"汾水之阳，窅然丧其天下焉。"汾水之阳，尧都。宣云："窅然，深远貌。"案：言尧亦自失其有天下之尊，下此更不足言矣。

惠子谓庄子曰：司马云："姓惠名施，为梁相。""魏王贻我大瓠之种，瓠，瓜也，即今葫芦瓜。我树之成而实五石，以盛水浆，其坚不能自举也。成云："树，植。实，子

---

[1] "章甫"下，集释本有"而"字。
[2] "短发"集释本作"断发"。

也。虚脆不坚，故不能自胜举。"剖之以为瓢，则瓠落无所容。简文云："瓠落，犹廓落也。"成云："平浅不容多物。非不呺然大也，释文："呺，本亦作号。李云：'虚大貌。'"俞樾云："呺，俗字，当作枵，虚也。"吾为其无用而掊之。"庄子曰："夫子固拙于用大矣。宋人有善为不龟手之药者，向秀云："龟，拘坼也。"释文："徐音举伦反。"李桢云："此以龟为皲之假借。玄应音义皲下引通俗文：'手足坼裂曰皲，经文或作龟坼。'下引此文为证。"世世以洴澼絖为事。成云："洴，浮。澼，漂。絖，絮也。"李云："漂絮水上。"卢文弨云："洴澼，击絮之声。"客闻之，请买其方百金。李云："金方寸重一斤为一金。百金，百斤也。"聚族而谋曰："我世世为洴澼絖，不过数金；今一朝而鬻技百金，请与之。"客得之，以说吴王。越有难，吴王使之将。冬，与越人水战，大败越人，裂地而封之。能不龟手一也，或以封，或不免于洴澼絖，则所用之异也。今子有五石之瓠，何不虑以为大樽而浮于江湖，司马云："虑，犹结缀也。樽如酒器，缚之于身，浮于江湖，可以自渡。"案：所谓腰舟。而忧其瓠落无所容？则夫子犹有蓬之心也夫！"向云："蓬者，短不畅，曲士之谓。"案：言惠施以有用为无用，不得用之道也。

惠子曰[1]："吾有大树，人谓之樗。其大本拥肿而不中绳墨，其小枝卷曲而不中规矩，立之涂，匠者不顾。今子之言，大而无用，众所同去也。"犹言弃而不取。庄子曰："子独不见狸狌乎？成云："狌，野猫。"卑身而伏，以候敖者；司马云："遨翔之物，鸡鼠之属。"东西跳梁，成云："跳梁，犹走掷。"不辟高下；辟音避。中于机辟，辟，所以陷物。盐铁论刑法篇"辟陷设而当其蹊"，与此同义。亦作"臂"。楚词哀时命篇："外迫胁于机臂兮。"机臂，即机辟也。玉篇王注，以为弩身。死于网罟。今夫斄牛，司马云："旄牛。"其大若垂天之云。成云："山中远望，如天际之云。"此能为大矣，而不能执鼠。今子有大树，患其无用，何不树之于无何有之乡，广莫之野，简文云："莫，大也。"彷徨乎无为其侧，释文："彷徨，独翱翔。"逍遥乎寝卧其下？郭庆藩云："逍遥，依说文，当作'消摇'。"又引王督夜云："消摇者，调畅悦豫之意。"不夭斤斧，物无害者，无所可用，言无处可用之。人间世篇："是不材之木也，无所可用。"又云："予求无所可用久矣。"又山木篇："无所可用。"文意并与此同。安所困苦哉！"又言狸狌之不得其死，斄牛之大而无用，

---

[1]"惠子曰"，集释本作"惠子谓庄子曰"。

不如樗树之善全，以晓惠施。盖惠施用世，庄子逃世，惠以庄言为无用，不知庄之游于无穷，所谓"大知""小知"之异也。

内篇 齐物论第二

天下之物之言，皆可齐一视之，不必致辩，守道而已。苏舆云："天下之至纷，莫如物论。是非太明，足以累心。故视天下之言，如天籁之旋怒旋已，如彀音之自然，而一无与于我。然后忘彼是，浑成毁，平尊隶，均物我，外形骸，遗生死，求其真宰，照以本明，游心于无穷。皆庄生最微之思理。然其为书，辩多而情激，岂真忘是非者哉？不过空存其理而已。

南郭子綦隐机而坐，司马云："居南郭，因为号。"释文："隐，冯也。李本机作几。"案：事又见徐无鬼篇，"郭"作"伯"，"机"作"几"。**仰天而嘘，答焉似丧其耦。**向云："嘘，息也。"释文："答，解体貌，本又作嗒。耦，本亦作偶。俞云："偶当读为寓，寄也。即下文所谓'吾丧我'也。"案：徐无鬼篇"嘘"下无此句。**颜成子游立侍乎前，**李云："子綦弟子，姓颜名偃，谥成，字子[1]游。"案：徐无鬼篇作"颜成子入见"。**曰："何居乎？**徐无鬼篇作"夫子物之尤也"。**形固可使如槁木，而心固可使如死灰乎？**文子道原篇引老子曰："形若槁木，心若死灰。"徐无鬼篇与此二句同，"木"作"骸"。知北游篇："形若槁骸，心若死灰。"庚桑楚篇亦有二句，"槁骸"作"槁木之枝"。达生篇亦云："吾执臂也，若槁木之枝。"是此"槁木"即槁木之枝。槁骸，亦槁枝也。以下异。**今之隐机者，非昔之隐机者也。"子綦曰："偃，不亦善乎而问之也！**而同尔。**今者吾丧我，汝知之乎？汝闻人籁而未闻地籁，汝闻地籁而未闻天籁夫！"**郭云："籁，箫也。"**子游曰："敢问其方。"**成云："方，术也。"**子綦曰："夫大块噫气，**俞云："块，块或体，大地。"成云："噫而出气。"**其名为风。是唯无作，作则万窍怒呺。而独不闻之翏翏乎？**之，犹其。下同。释文："翏翏，长风声。李本作飂。"**山林之畏佳，**即崔，犹崔巍。**大木百围之窍穴，似鼻，

---

[1] "子"字，据陆德明经典释文（以下简称释文）补。

似口,似耳,似枅,似圈,似臼,似洼者,似污者;字林云:"枅,柱上方木。"成云:"圈,兽之阑圈。"宣云:"洼,深池。污,窊也。三象身,三象物,二象地,皆状木之窍形。"激者,謞者,叱者,吸者,叫者,譹者,宎者,咬者,宣云:"激如水激声,謞如箭去声。叱出而声粗,吸入而声细。叫高而声扬,譹下而声浊。宎深而声留,咬鸣而声清。皆状窍声。"释文:"謞者孝。司马云:'譹,哭声。'"案:"交交黄鸟",三家诗作"咬咬"。前者唱于而随者唱喁。李云:"于、喁,声之相和。"成云:"皆风吹树动,前后相随之声。"冷风则小和,飘风则大和,李云:"冷,小风也。"尔雅:"回风为飘。"和,胡[1]卧反。厉风济则众窍为虚。向云:"厉,烈也。济,止也。"风止则万窍寂然。而独不见之调调、之刁刁乎?"郭云:"调调、刁刁,皆动摇貌。"子游曰:"地籁则众窍是已,人籁则比竹是已。以竹相比而吹之。敢问天籁。"子綦曰:"夫吹万不同,而使其自已也,咸其自取,怒者其谁邪!"宣云:"待风鸣者地籁,而风之使窍自鸣者,即天籁也。引子綦言毕。"案:此文以吹引言。风所吹万有不同,而使之鸣者,仍使其自止也。且每窍各成一声,是鸣者仍皆其自取也。然则万窍怒呺,有使之怒者,而怒者果谁邪!悟其为谁,则众声之鸣皆不能无所待而成形者,更可知矣,又何所谓得丧乎!"怒者其谁",使人言下自领,下文所谓"真君"也。

大知闲闲,小知间间;释文:"知音智。下同。"成云:"闲闲,宽裕也。"俞云:"广雅释诂:'间,覸也。'间间,谓好覸察人。"此智、识之异。大言炎炎,小言詹詹。炎炎,有气焰。成云:"詹詹,词费也。"此议、论之异。其寐也魂交,其觉也形开,此寐、觉之异。与接为构,成云:"构,合也。"日以心斗。宣云:"心计相角。"缦者,窖者,密者。简文云:"缦,宽。"司马云:"窖,深也。"宣云:"密,谨也。"成云:"略而言之,有此三别。"此交、接之异。小恐惴惴,大恐缦缦。李云:"惴惴,小心貌。"宣云:"缦缦,迷漫失精。"此恐、悸之异。其发若机栝,其司是非之谓也;释文:"机,弩牙。栝,箭栝。"成云:"司,主也。"案:发言即有是非,荣辱之主也。其留如诅盟,其守胜之谓也;留不发,若诅盟然,守己以胜人。此语、默之异。其杀若秋冬,以言其日消也;宣云:"琢削,使天真日丧。"其溺之所为之,不可使复之也;溺,沈溺。宣云:"'为之'之'之',犹往。言一往不可复返。"其厌也如缄,以言其老洫也;宣云:"厌然闭藏。缄,秘固。洫,深也。老而

---

[1] "胡"原误"明",据释文改。

愈深。"近死之心，莫使复阳也。宣云："阴鸷无复生意。"喜怒哀乐，虑叹变慹，宣云："虑多思，叹多悲，变多反覆，慹多怖，音执。"姚佚启态；成云："姚则轻浮躁动，佚则奢华纵放，启则情欲开张，态则娇淫妖冶。"案：姚同佻。动止交接，性情容貌，皆天所赋。以上言人。乐出虚，无声而有声。宣云："本虚器，乐由此作。"蒸成菌。无形而有形，皆气所使。以上言物。日夜相代乎前，而莫知其所萌。日与夜代，于何萌生？上句又见德充符篇。已乎已乎！旦暮得此，其所由以生乎！既无可推求，不如其已乎。然俯仰旦暮间，自悟真理。此者，生之根也。非彼无我，宣云："彼，即上之此也。"非我无所取。成云："若非自然，谁能生我？若无有我，谁禀自然乎？"是亦近矣，成云："我即自然，自然即我，其理非远。"而不知其所为使。宣云："究竟使然者谁邪？"案：与上"怒者其谁邪"相应。必[1]有真宰，而特不得其朕。崔云："特，辞也。"李云："朕，兆也。"案：云若有真为主宰者使然，而其朕迹不可得见。可形已信，而不见其形。可运动者，已信能之，而不见运动我之形。有情而无形。与我有相维系之情，而形不可见。百骸、成云："百骨节。"九窍、眼、耳、鼻、口七窍，与下二漏而九。六藏，李桢云："难经三十九难：'五藏，心、肝、脾、肺、肾也。'亦有六藏者，肾有两藏也。左肾，右命门。命门者，谓精神之所舍也。其气与肾通，故言藏有六也。"赅而存焉，成云："赅，备。"吾谁与为亲？成云："岂有亲疏？"汝皆说之乎？其有私焉？将皆亲而爱悦之乎？或有私于身中之一物乎？如是皆有，为臣妾乎，其臣妾不足以相治也[2]。其递相为君臣乎，其有真君存焉。成云："臣妾，士女之贱职。"案：谓役使之也。言皆悦不可，有私不可。既如是矣，或皆有之，而贱为役使之臣妾乎，然无主不足以相治也。其或递代为君臣乎，然有真君在焉。即上"真宰"也。此语点醒。如求得其情与不得，无益损乎其真。一受其成形，不亡以待尽。与物相刃相靡，其行尽如驰，而莫之能止，不亦悲乎！成云："刃，逆。靡，顺也。"真君所在，求得不加益，不得不加损。惟人自受形以来，守之不死，坐待气尽，徒与外物相攖，视岁月之行尽如驰，而莫之能止，不可悲乎！案："一受其成形，不亡以待尽"，又见田子方篇，"亡"作"化"。终身役役而不见其成功，苶然疲役而不知其所归，可不哀邪！所有皆幻妄，故无成功，疲于所役，而不知如何归

---

[1] "必"，集释本作"若"。按：据王氏案云："若有真为主宰者使然"，则王氏本亦当做"若"。
[2] "也"，集释本作"乎"。

宿。卢文弨云："苶，当作茶。"司马作"薾"。简文云："疲，困貌。"[1] 人谓之不死，奚益？其形化，其心与之然，可不谓大哀乎？宣云："纵生何用？及形化而心亦与之化，灵气荡然矣。"人之生也，固若是芒乎！其我独芒，而人亦有不芒者乎！成云："芒，暗昧也。"夫随其成心而师之，谁独且无师乎？奚必知代而心自取者有之？愚者与有焉。心之所志，随而成之。以心为师，人人皆有，奚必知相代之理而心能自得师者有之？即愚者莫不有焉。未成乎心而有是非，是今日适越而昔至也。未成凝一之心，妄起意见，以为若者是道，若者非道，犹未行而自夸已至。此"是非"与下"是非"无涉。天下篇"今日适越而昔来"，惠施与辩者之言也，此引为喻。是以无有为有。无有为有，虽有神禹，且不能知，吾独且奈何哉！无而为有，虽禹之智，不能解悟。自夸自欺，吾未如之何矣。此段反复唤醒世人。

夫言非吹也。应上"吹"。言者有言，其所言者特未定也。果有言邪？其未尝有言邪？其以为异于鷇音，亦有辨乎，其无辨乎？人言非风吹比，人甫有言，未定足据也。果据以为言邪？抑以为无此言邪？抑以为与初生鸟音果有别乎，无别乎？其言之轻重尚不定。道恶乎隐而有真伪？言恶乎隐而有是非？隐，蔽也。道何以蔽而至于有真伪？言何以蔽而至于有是非？道恶乎往而不存？言恶乎存而不可？宣云："触处皆道，本不须言。一言一道，亦不须辩。"道隐于小成，小成，谓各执所成以为道，不知道之大也。宣云："偏见之人，乃致道隐。"成引老子云："大道废，有仁义。"言隐于荣华。成云："荣华，浮辩之词，华美之言也。只为滞于华辩，所以蔽隐至言。老子云：'信言不美，美言不信。'"故有儒、墨之是非，以是其所非，而非其所是。成云：'昔有郑人名缓，学于求氏之地，三年艺成而化为儒。儒者祖述尧、舜，宪章文、武，行仁义之道，辩尊卑之位，故谓之儒。缓弟名翟，缓化其弟，遂成于墨。墨者，禹道也。尚贤崇礼，俭以兼爱，摩顶放踵，以救苍生，此谓之墨也。缓、翟二人，亲则兄弟，各执一教，更相是非。缓恨其弟，感激而死。然彼我是非，其来久矣。争竞之甚，起自二贤，故指此二贤为乱群之帅。是知道丧言隐，方督是非。"案：儒、墨事，见列御寇篇。欲是其所非而非其所是，则莫若以明。郭嵩焘云："彼是有对待之形，而是非两立，则所持之是非，非是非也，彼是之见存也。"案：莫若以明者，言莫若即以本然之明照之。物无非彼，

---

[1] "困貌"，释文作"病困之状"。

物无非是。有对立，皆有彼此。自彼则不见，自知则知之。观人则昧，返观即明。故曰：彼出于是，是亦因彼。彼是，方生之说也。有此而后有彼，因彼而亦有此，乃彼此初生之说也。虽然，方生方死，方死方生；然其说随生随灭，随灭随生，浮游无定。郭以此言死生之变，非是。方可方不可，方不可方可；言可，即有以为不可者；言不可，即有以为可者。可不可，即是非也。因是因非，因非因是。有因而是者，即有因而非者；有因而非者，即有因而是者。既有彼此，则是非之生无穷。是以圣人不由，宣云："不由是非之途。"而照之于天，成云："天，自然也。"案：照，明也。但明之于自然之天，无所用其是非。亦因是也。是，此也。因此是非无穷，故不由之。苏舆云："犹言职是故也。"是亦彼也，彼亦是也。是，此也。郭云："此亦为彼所彼，彼亦自以为此。"彼亦一是非，此亦一是非。成云："此既自是，彼亦自是；此既非彼，彼亦非此。故各有一是，各有一非也。"果且有彼是乎哉？果且无彼是乎哉？分则有彼此，合则无彼此。彼是莫得其偶，谓之道枢。成云："偶，对。枢，要也。体夫彼此俱空，是非两幻，凝神独见，而无对于天下者，可得[1]会其玄极，得道枢要。"枢始得其环中，以应无穷。郭嵩焘云："是非两化，而道存焉，故曰道枢。握道之枢，以游乎环中。中，空也。是非反复，相寻无穷，若循环然。游乎空中，不为是非所役，而后可以应无穷。"唐释湛然止观辅行传宏决引庄子古注云："以圆环内空体无际，故曰[2]环中。"案则阳篇亦云："冉相氏得其环中以随成。"是亦一无穷，非亦一无穷也。郭云："天下莫不自是而莫不相非，故一是一非，两行无穷。"故曰"莫若以明"。惟本明之照，可以应无穷。此言有彼此而是非生，非以明不能见道。

以指喻指之非指，不若以非指喻指之非指也；以马喻马之非马，不若以非马喻马之非马也。天地，一指也；万物，一马也。为下文"物谓之而然"立一影子。近取诸身，则指是；远取诸物，则马是。今曰指非指，马非马，人必不信，以指与马喻之，不能明也。以非指非马者喻之，则指之非指，马之非马，可以悟矣。故天地虽大，特一指耳；万物虽纷，特一马耳。可乎可，不可乎不可。郭云：'可乎己者，即谓之可；不可于己者，即谓之不可。"道行之而成，宣云："道，路也。"案：行之而成，孟子所云"用之而成路"也。为下句取譬，与理道无涉。物谓之而然。凡物称之而名立，非先固有此名也。故指、马可曰非指、马，

---

[1]"得"，集释本引成疏作"谓"。
[2]"故曰"，止观辅行传宏决作"名为"。

非指、马者亦可曰指、马。恶乎然？然于然。恶乎不然？不然于不然。何以谓之然？有然者，即从而皆然之。何以谓之不然？有不然者，即从而皆不然之。随人为是非也。物固有所然，物固有所可。无物不然，无物不可。论物之初，固有然有可，如指为指，马为马是也。论物之后起，则不正之名多矣，若变易名称，无不然，无不可，如指非指，马非马，何不可听人谓之？"恶乎然"以下，又见寓言篇。此是非可否并举，以寓言篇证之，"不然于不然"下，似应更有"恶乎可？可于可。恶乎不可？不可于不可"四句，而今本夺之。故为是举莛与楹，厉与西施，恢恑憰怪，道通为一。释文："为，于伪反。"成云："为是故略举数事。"俞云："《说文》：'莛，茎也。'汉书东方朔传：'以莛撞钟。'司马云：'楹，屋柱也。厉，病癞。'莛、楹，以大小言；厉、西施，以美丑言。"成云："恢，宽大之名。恑，奇变之称。憰，矫诈之名。怪，妖异之称。"案：自知道者观之，皆可通而为一，不必异视。其分也，成也；分一物以成数物。其成也，毁也。成云："于此为成，于彼为毁。如散毛成毡，伐木为舍等也。"凡物无成与毁，复通为一。如此成即毁，毁即成，故无论成毁，复可通而为一，不必异视。唯达者知通为一，为是不用而寓诸庸。唯达道者能一视之，为是不用己见而寓诸寻常之理。庸也者，用也；宣云："无用之用。"用也者，通也；无用而有用者，以能观其通。通也者，得也。观其通，则自得。适得而几已。适然自得，则几于道矣。因是已。因，任也。任天之谓也。已而不知其然，谓之道。宣云："已者，既通为一，不知其然，未尝有心也。谓之道，所谓'适得而几'也。"案：此言非齐是非不能得道，以下又反言以明。劳神明为一，而不知其同也，谓之朝三。若劳神明以求一，而不知其本同也，是囿于目前之一隅，与"朝三"之说何异乎？何谓朝三？狙公赋芧，曰："朝三而暮四。"众狙皆怒。曰："然则朝四而暮三。"众狙皆悦。名实未亏，而喜怒为用，亦因是也。列子黄帝篇："宋有狙公者，爱狙，养之成群，能解狙之意，狙亦得公之心。损其家口，充狙之欲。俄而匮焉，将限其食，恐群狙之不驯于己也，先诳之曰：'与若芧，朝三而暮四，足乎？'众狙皆起而怒，俄而曰：'朝四而暮三，足乎？'众狙皆伏而喜。物之以能鄙相笼；皆犹此也。圣人以智笼群愚，亦犹狙公之以智笼众狙也。名实不亏，使其喜怒哉！"张湛注："好养猿猴者，因谓之狙公。芧音序，栗也。"案：漆园引之，言名实两无亏损，而喜怒为其所用，顺其天性而已，亦因任之义也。是以圣人和之以是非，而休乎天钧，是之谓两行。释文："钧，本又作均。"成云："均，自然均平之理。"案：言圣人和通是非。共休息于自然均平之地，物与我各得其所，是两行也。案寓言篇亦云："始卒若环，莫得其伦，是谓天均。天均者，天倪也。"此作"钧"，用通借字。**古之人，其知有所至矣。**成云："至，造极之名。"**恶乎至？有以为未始有物者，至矣尽矣，不可以加矣。**郭云："此忘天地，遗万物，外不察乎宇宙，内不觉其一身，故能旷然无累，与物俱往，而无所不应。"**其次以为有物矣，**以上又见庚桑楚篇。**而未始有封也。**封，界域也。其次见为有物，尚无彼此。**其次以为有封焉，而未始有是非也。**虽见有彼此，尚无是非。**是非之彰也，道之所以亏也。**见是非，则道之浑然者伤矣。**道之所以亏，爱之所以成。**私爱以是非而成。**果且有成与亏乎哉？果且无成与亏乎哉？**成云："果，决定也。道无增减，物有亏成。是以物爱既成，谓道为损，而道实无亏也。故假设论端，以明其义。"**有成与亏，故昭氏之鼓琴也；无成与亏，故昭氏之不鼓琴也。**宣云："故，古也。"成云："姓昭名文，占善琴者。鼓商则丧角，挥宫则失徵，未若置而不鼓，五音自全。亦犹存情所以乖道，忘智所以合真者也。"**昭文之鼓琴也，师旷之枝策也，**成云："枝，柱也。策，打鼓枝，亦言击节枝。旷妙解音律，晋平公乐师。"案：枝策者，拄其策而不击。**惠子之据梧也，**司马云："梧，琴也。"成云："检典籍，无惠子善琴之文。据梧者，止是以梧几而据之谈说。"案：今从成说。德充符篇庄谓惠子云："今子外乎子之神，劳乎子之精，倚树而吟，据槁梧而瞑。"案据梧而瞑，善辩者有不辩之时，枝策者有不击之时。上昭文鼓琴，亦兼承不鼓意。**三子之知几乎！皆其盛者也，故载之末年。**崔云："书之于今也。"案：言昭善鼓琴，旷知音律，惠谈名理，三子之智，其庶几乎！皆其最盛美者也，故记载之，传于后世。**唯其好之，以异于彼，其好之也，欲以明之彼。**宣云："惟自以为异于人，且欲以晓于人。"成云："彼，众人也。"案："唯其好之"四语，专承善辩者言。**非所明而明之，故以坚白之昧终。**非人所必明，而强欲共明之，如"坚石""白马"之辩，欲众共明，而终于昧，故曰"以坚白之昧终"。坚白，又见德充符、天下、天地、秋水四篇。成云："公孙龙，赵人。当六国时，弟子孔穿之徒，坚执此论，横行天下，服众人之口，不服众人之心。"**而其子又以文之纶终，终身无成。**郭云："昭文之子，又乃终文之绪。"成云："昭文之子，倚其父业，卒其年命，竟无所成。"案：终文之绪，犹礼中庸云"缵太王、王季、文王之绪"也。所谓无成者，不过成其一技，而去道远，仍是无成。**若是而可谓成乎，虽我亦成也。**成云："我，众人也。若三子异于众人，遂自以为成，而众人异于三子，亦可谓之成也。"**若是而不可谓成乎，物与我无成也。**若是而不可谓成乎？则天下之无成者多矣。当知以我逐物，皆是无成也。**是故滑疑之耀，圣人之所图也。为是不用而寓诸**

庸，此之谓以明。司马云："滑疑，乱也。"案：虽乱道，而足以眩耀世人，故曰"滑疑之耀"。圣人必谋去之，为其有害大道也。为是不用己智，而寓诸寻常之理，此之谓以本然之明照之。以上言求道则不容有物，得物之一端以为道，不可谓成。

今且有言于此，不知其与是类乎？其与是不类乎？类与不类，相与为类，则与彼无以异矣。如人皆执彼此之见，今且有言如此，不知其与我类乎？与我不类乎？若务求胜彼，而引不类者为类，则与彼之不类有异乎？宣云："是，我也。"虽然，请尝言之。成云："尝，试也。"有始也者，有未始有始也者，成云："未始，犹未曾也。"案：事端未露。有未始有[1]夫未始有始也者。并无事端，仅具事理。有有也者，有无也者，言之有无。有未始有无也者，言未曾出。有未始有[2]夫未始有无也者。并出言之心亦未曾萌。俄而有无矣，而未知有无之果孰有孰无也。忽而有言者，有无言者，然有者或情已竭，无者或意未尽。是有者为无，无者为有，故曰"未知有无之果孰有孰无也"。今我则已有谓矣，既显有言矣。而未知吾所谓之果有谓乎，其果无谓乎？未知吾所言之果为有言乎，其果为无言乎？合于道为言，不合则有言与无言等。天下莫大于秋毫之末，而太山为小；莫寿于殇子，而彭祖为夭。天地与我并生，而万物与我为一。释文："殇子，短命者也。或云：年十九以下为殇。司马云：'兔毫在秋而成。'"成云："秋时，兽生毫毛，其末至微，故谓秋毫之末也。人生在于襁褓而亡，谓之殇子。物之生也，形气不同，有小有大，有夭有寿。若以性分言之，无不自足。故以性足为大，天下莫大于毫末，莫小于太山。太山为小，则天下无大；毫末为大，则天下无小。小大既尔，夭寿亦然。是以两仪虽大，各足之性乃均；万物虽多，自得之义唯一。"案：此漆园所谓齐彭、殇也。但如前人所说，则诚虚诞妄作矣。其意盖谓太山、毫末皆区中之一物，既有相千万于太山之大者，则太山不过与毫末等，故曰"莫大于毫末，而太山为小"。彭祖、殇子，皆区中之一人，彭祖七八百年而亡，则彭祖不过与殇子等，故曰"莫寿于殇子，而彭祖为夭"。我能与天地无极，则天地与我并生. 我不必与万物相竞，则万物与我为一也。漆园道术精妙，唤醒世迷，欲其直指最初，各葆真性。俗子徒就文章求之，止益其妄耳。既已为一矣，且得有言乎？何所容其言？既已谓之一矣，且得无言乎？谓之一，即是言。一与言为二，二与一为三。自此以往，巧历不能得，而

---

[1]"有"字，据集释本补。
[2]"有"字，据集释本补。

况其凡乎！成云："夫以言言一，而一非言也。一既一矣，言又言焉，有一有言，二名斯起。复将后时之二名，对前时之妙一，有一有二，不谓之三乎？从三以往，虽有善巧算历之人，亦不能纪得其数，而况凡夫之类乎！"故自无适有，以至于三，而况自有适有乎！成云："自，从也。适，往也。至理无言，言则名起。从无言以之有言，才言则至于三。况从有言适有言，枝流分派，其可穷乎，"无适焉，因是已。若其无适，惟有因任而已。此举物之大小、人之寿夭并齐之，得因任之妙。夫道未始有封，成云："道无不在，有何封域？"言未始有常，郭云："彼此言之，故是非无定。"为是而有畛也。为言无常，而后有畛域。请言其畛：有左，有右，或袒左，或袒右。有伦，有义，郭云："物物有理，事事有宜。"释文："崔本作'有论有议'。"俞云："崔本是。下文云'存而不论'，'论而不议'。又曰：'故分也者，有不分也；辩也者，有不辩也。'彼所谓分、辩，即此'有分有辩'。然则彼所谓论、议，即此'有论有议'矣。"案：上言"有畛"，伦义非畛也。当从俞说。有分，有辩，分者异视，辩者剖别，有竞，有争，竞者对竞，争者群争。此之谓八德。德之言得也。各据所得，而后有言。此八类也。六合之外，圣人存而不论；成云："六合，天地四方。妙理希夷，超六合之外，所以存而不论。"六合之内，圣人论而不议。成云："六合之内，谓苍生所禀之性分。圣人随其机感，陈而应之。既曰凭虚，亦无可详议。"春秋经世，先王之志，圣人议而不辩。成云："春秋者，时代。先王，三皇、五帝。志，记也。祖述轩、顼，宪章尧、舜，记录时代，以为典谟。圣人议论，利益当时，终不取是辩非，滞于陈迹。"案：春秋经世，谓有年时以经纬世事，非孔子所作春秋也。故分也者，有不分也；辩也者，有不辩也。以不分为分，不辩为辩。曰：何也？圣人怀之，存之于心。众人辩之以相示也。相夸示，故曰：辩也者，有不见也。不见道之大，而后辩起。夫大道不称，宣云："无可名。"大辩不言，使其自悟，不以言屈。大仁不仁，成云："亭毒群品，泛爱无心，譬彼青春，非为仁也。"大廉不嗛，释文："徐音谦。"成云："知万境虚幻，无一可贪，物我俱空，何所逊让？"大勇不忮。宣云："无客气害人之心。"道昭而不道，以道炫物，心非真道。言辩而不及，宣云："不胜辩。"仁常而不成，郭云："有常爱，必不周。"廉清而不信，宣云："外示皦然，则中不可知。"勇忮而不成。成云："舍慈而勇，忮逆物情。众共疾之，必无成遂。"五者园而几向方矣。释文："园，崔音圆[1]，司马云：'圆也。'"成云："几，近也。"宣云："五者本浑然圆通，今滞于迹而近向方，不可行也。"故知止其所不知，至矣。成云："智不逮，不强知。知止其分，学之造极也。"孰知不言之辩，不道之道？不道，即上"不称"。若有能知，此之谓天府。宣云："浑然之中，无所不藏。"注焉而不满，酌焉而不竭，而不知其所由来，郭云："至理之来，自然无迹。"此之谓葆光。成云："葆，蔽也。韬蔽而其光弥朗。言藉言以显者非道，反夏以明之。"

故昔者尧问于舜曰："我欲伐宗、脍、胥敖，崔云："宗一，脍二，胥敖三国。"案人间世篇："尧攻丛枝、胥敖，国为虚厉。"是未从舜言矣。南面而不释然。成云："释然，怡悦貌也。"案：释同怿。语又见庚桑楚篇。其故何也？"舜曰："夫三子者，成云："三国君。"犹存乎蓬艾之间。存，犹在也。成云："蓬艾，贱草。"若不释然，何哉？昔者十日并出，淮南子："尧时十日并出，使羿射落其九。"故援以为喻。万物皆照，而况德之进乎日者乎！"成云："进，过也。欲夺蓬艾之愿，而伐使从我，于至道岂宏哉！"尧、舜一证。啮缺问乎王倪曰：释文："倪，徐五稽反，李音义。高士传云：'王倪，尧时贤人也。'天地篇云：'啮缺之师。'""子知物之所同是乎？"曰："吾恶乎知之！"郭云："所同未必是，所异不独非。彼我莫能相正，故无所用其知。""子知子之所不知邪？"成云："子既不知物之同是，颇自知己之不知乎？"曰："吾恶乎知之！"郭云："若自知其所不知，即为有知，有知则不能任群才之自当。""然则物无知邪？"汝既无知，然则物皆无知邪？曰："吾恶乎知之！成云："岂独不知我，亦乃不知物。物我都忘，故无所措其知也。"虽然，尝试言之。庸讵知吾所谓知之非不知邪？庸讵知吾所谓不知之非知邪？李云："庸，用也。讵，何也。"案：小知仍未为知，则不知未必非。且吾尝试问乎女：民湿寝则腰疾偏死，司马云："偏枯。"鳅然乎哉？案：言物则不然。成云："泥鳅。"木处则惴栗恂惧，释文："恂，徐音峻，恐貌。班固作眴"猿猴然乎哉？三者孰知正处？民、鳅、猿，孰知所处为正？民食刍豢，刍，野蔬。豢，家畜。孟子："刍豢之悦我口。"麋鹿食荐，说文："荐，兽之所食。"蝍且甘带，释文："蝍且，字或作蛆。广雅云：'蜈公也。'崔云：'带，蛇也。'"鸱鸦耆鼠，鸱、鸦二鸟。耆，释文："字或作嗜。"四者孰知正味？民、兽、虫、鸟，

---

[1] "圆"，释文作"刓"。

孰知所食之味为正？猿，猵狙以为雌，释文："猵，徐敷面反，郭、李音偏。司马云：'猵狙，一名獦牂，似猿而狗头，喜与雌猿交。'"麋与鹿交，鳅与鱼游。毛嫱、丽姬，人之所美也，鱼见之深入，鸟见之高飞，麋鹿见之决骤。崔云："决骤，疾走不顾。"四者孰知天下之正色哉？自我观之，仁义之端，是非之涂，樊然殽乱，吾恶能知其辩！"释文："樊音烦。"说文："殽，杂错也。"成云："行仁履义，损益不同，或于我为利，于彼为害，或于彼为是，于我为非，何能知其分别！"啮缺曰："子不知利害，则至人固不知利害乎？"王倪曰："至人神矣。成云："至者，妙极之体；神者，不测之用。"大泽焚而不能热，河、汉冱而不能寒，向云："冱，冻也。"疾雷破山、风振海而不能惊。若然者，乘云气，郭云："寄物而行，非为动也。"骑日月，郭云："有昼夜而无死生。"而游乎四海之外。三句与逍遥游篇同，"骑日月"作"御飞龙"。死生无变于己，郭云："与变为体，故死生若一。"而况利害之端乎！"啮缺、王倪二证。

瞿鹊子问于长梧子曰："吾闻诸夫子，长梧子，李云："居长梧下，因以为名。"崔云："名丘。"俞云："瞿鹊，必七十子之后人。夫子，谓孔子。下文'丘也何足以知之'，即孔子名。因瞿鹊述孔子之言而折之。崔说非也。下文'丘也与汝皆梦也，予谓女梦亦梦也'，予者，长梧子自谓。既云'丘与女皆梦'，又云'予亦梦'，则安得即以丘为长梧之名乎？"圣人不从事于务，郭云："务自来而理自应，非从而事之也。"不就利，不违害，成云："违，避也。"不喜求，不缘道，郭云："独至。"无谓有谓，谓，言也。或问而不答，即是答也。有谓无谓，有言而欲无言。而游乎尘垢之外。夫子以为孟浪之言，向云："孟浪，音漫澜，无所趋舍之谓。"宣云："无畔岸貌。"李云："犹较略也。"成云："犹率略也。"案：率略即较略。谓言其大略。而我以为妙道之行也。吾子以为奚若？"长梧子曰："是黄帝之所听荧也，"黄"，元作"皇"，释文："本又作黄。"卢文弨云："黄、皇通用。今本作黄。"成云："听荧，疑惑不明之貌。"而丘也何足以知之！且汝亦大早计，释文："大音泰。"成云："方闻此言，便谓妙道，无异下云云也。"见卵而求时夜，崔云："时夜，司夜，谓鸡。"见弹而求鸮炙。司马云："鸮，小鸠，可炙。毛诗草木疏云：'大如斑鸠，绿色，其肉甚美。'"成云："即鹏鸟，贾谊所赋。"案：二句又见人间世篇。予尝为女妄言之，女亦以妄听之，奚？成云："何如。"旁日月，释文："旁，薄葬反，司马云：'依也。'"郭云："以死生为昼夜之喻。"挟宇宙，尸子云："天地四方曰宇，古往今来曰宙。"说文："舟与所极覆曰宙。"成云："挟，怀藏也。"郭云："以万物为一体之譬。"为其吻合，吻，司马云："合也。"向音唇，云："若两唇之相合也。"成云："无分别貌。"置其滑涽，成云："置，任也。滑，乱也。向本作汨。涽，暗也。"以隶相尊。成云："隶，贱称，皂仆之类。"案：此贵贱一视。众人役役，圣人愚芚，芚，徐徒奔反。司马云："浑沌不分察。"成云："忘知废照，芚然若愚。"参万岁而一成纯。参糅万岁，千殊万异，浑然汨然，不以介怀，抱一而成精纯也。万物尽然，而以是相蕴。释文："蕴，积也。"案：言于万物无所不然，但以一是相蕴积。予恶乎知说生之非惑邪！说音悦。予恶乎知恶死之非弱丧而不知归者邪！丧，失也。弱龄失其故居。安于他土。丽之姬，艾封人之子也。成云："艾封人，艾地守封疆者。"晋国之始得之，涕泣沾襟；及其至于王所，崔云："六国诸侯僭称王，因谓晋献公为王也。"与王同筐床，释文："筐，本亦作匡，崔云：'方也。'"食刍豢，而后悔其泣也。又借喻。予恶乎知夫死者不悔其始之蕲生乎！郭云："蕲，求也。"梦饮酒者，旦而哭泣；梦哭泣者，旦而田猎。方其梦也，不知其梦也。梦之中又占其梦焉，觉而后知其梦也。觉，梦之异。且有大觉而后知此其大梦也，死为大觉，则生是大梦。而愚者自以为觉，窃窃然知之。自谓知之。君乎，牧乎，固哉！其孰真为君上之贵乎？孰真为牧圉之贱乎？可谓固陋哉！丘也，与女皆梦也；予谓女梦，亦梦也。是其言也，其名为吊诡。释文："吊音的，至也。诡，异也。"苏舆云："言众人闻此言，以为吊诡，遇大圣则知其解矣。"万世之后，而一遇大圣知其解者，是旦暮遇之也。解人难得，万世一遇。犹旦暮然。既使我与若辩矣，若胜我，我不若胜，若果是也？我果非也邪？我胜若，若不吾胜，我果是也？而果非也邪？若、而，皆汝也。其或是也，其或非也邪？有是有非。其俱是也，其俱非也邪？我与若不能相知也，则人固受其黮暗。吾谁使正之？使我各执偏见，不能相知，则旁人亦因之不明，是受其黮暗也。我欲正之，将谁使乎？黮暗，不明之貌。使同乎若者正之，既与若同矣，恶能正之！使同乎我者正之，既同乎我矣，恶能正之！使异乎我与若者正之，既异乎我与若矣，恶能正之！使同乎我与若者正之，既同乎我与若矣，恶能正之！然则我与若与人俱不能相知也，而待彼也邪？同彼，我不信；同我，彼不服。别立是非，彼我皆疑，随人是非，更无定论，不能相知，更何待邪？极言辩之无益。化声之相待，若其不相待。郭嵩焘云："言随物而变，谓之化声。若，与也。是与不是，然与不然，在人者也。待人之力是为然，而是之然之，与其无待于人，而自是自然，一皆无与于其心，如下文所云也。"和之以天倪，因之以曼衍，所以穷年也。成云："天，自然也。倪，分也。曼衍，犹变化。因，任也。穷，尽也。和以自然之分，任其无极之化，尽天年之性命。"案：此二十五字，在后"亦无辩"下，今从宣本移正。又寓言篇亦云："卮言日出，和以天倪，因以曼衍，所以穷年。"何谓和之以天倪？曰：是不是，然不然。是若果是也，则是之异乎不是也亦无辩；然若果然也，则然之异乎不然也亦无辩。成云："是非然否，出自妄情，以理推求，举体虚幻，所是则不是，所然则不然。何以知其然邪？是若定是，是则异非；然若定然，然则异否。而今此谓之是，彼谓之非；彼之所然，此以为否，故知是非然否。理在不殊，彼我更对，妄为分别，故无辩也矣。"忘年忘义，成云："年者生之所禀，既同于生死，所以忘年。义者裁于是非，既一于是非，所以忘义。"振于无竟，故寓诸无竟。"成云："振，畅。竟，穷。寓，寄也。"案：理畅于无穷，斯意寄于无穷，不须辩言也。瞿鹊、长梧三证。

罔两问景曰：郭云："罔两。景外之微阴也。"释文："景，本或作影，俗。""曩子行，今子止，曩子坐，今子起，何其无特操与？"成云："独立志操。"景曰："吾有待而然者邪！吾所待又有待而然者邪！影不能自立，须待形；形不自主，又待真宰。吾待蛇蚹、蜩翼邪！言吾之待如之。释文："蚹音附。司马云：'蛇腹下龃龉，可以行者也。'"成云："若使待翼而飞，待足而走，禽兽甚多，何独蛇蚹可譬？蚹，蛇蜕皮。翼，蜩甲也。蛇蜕旧皮，蜩新出甲，不知所以，莫辩其然，独化而生，盖无待也。是知形影之义，与蚹甲无异也。"案：言吾之所待，其蛇蚹邪？蜩翼邪？谓二物有一定之形，此尚不甚相合也。以上与寓言篇同，而繁简互异。恶识所以然？恶识所以不然？"成云："待与不待，然与不然，天机自张，莫知其宰。"罔两、景四证。

昔者庄周梦为胡蝶，栩栩然胡蝶也，成云："栩栩，忻畅貌。"自喻适志与！李云："喻，快也。"自快适其志。与音余。不知周也。俄然觉，则蘧蘧然周也。成云："蘧蘧，惊动之貌。"不知周之梦为胡蝶与，胡蝶之梦为周与？周与胡蝶，则必有分矣。此之谓物化。周、蝶必有分，而其入梦方觉，不知周、蝶之分也，谓周为蝶可，谓蝶为周亦可。此则一而化矣。现身说法，五证。齐物极境。

内篇 养生主第三

顺事而不滞于物，冥情而不撄其天，此庄子养生之宗主也。

吾生也有涯，而知也无涯。生有穷尽，知无畔岸。以有涯随无涯，殆已；向云："殆，穷困[1]。"已而为知者，殆而已矣。已，止也。事过思留，其殆更甚。言以物为事，无益于性命。为善无近名，为恶无近刑。王夫之云："声色之类，不可名为善者，即恶也。"二语浅说。缘督以为经，李颐云："缘，顺。督，中。经，常也。"李桢云："人身惟脊居中，督脉并脊而上，故训中。"王夫之云："身后之中脉曰督。缘督者，以清微纤妙之气，循虚而行，自顺以适得其中。"深说。可以保身，可以全生，全其有生之理。可以养亲，以受于亲者归之于亲，养之至也。可以尽年。天所与之年，任其自尽，勿夭折之，则有尽者无尽。从正意说入，一篇纲要，下设五喻以明之。

庖丁为文惠君解牛，释文："丁其名。崔、司马云：'文惠君，梁惠王。'"成云："解，宰割。"手之所触，肩之所倚，足之所履，膝之所踦，苏舆云："说文：'踦，一足也。'膝举则足单，故曰踦。"砉然向然，奏刀騞然，司马云："砉，皮骨相离声。"崔云："砉音画。騞音近获，声大于砉也。"成云："砉然向应，进奏鸾刀，騞然大解。"莫不中音。释文："中，丁仲反。下同。"合于桑林之舞，司马云："桑林，汤乐名。"崔云："宋舞乐名。"释文："左传'舞师题以旌夏'是也。"乃中经首之会。向、司马云："经首，咸池乐章也。"即尧乐。宣云："会，节也。"文惠君曰："嘻！李云："叹声。"善哉！技盖至此乎？"庖丁释刀对曰："臣之所好者道也，进乎技矣。成云："进，过也。"始臣之解牛之时，所见无非牛者。三年之后，未尝见全牛也。成云："操刀既久，顿见理间，才睹有牛，已知空郤。亦犹服道日久，智照渐明，所见尘境，无非虚幻。"方今之时，臣以神遇，向云："暗与理会。"而不以目视，官知止而神欲行。成云："官，主司也。"案："官"承上，专以目言。目方睹其迹，神已析其形。依乎天理，成云："依天然之腠理。"批大郤，字林："批，击也。"成云："大郤，间郤交际之处。"郭音郤。道大窾，郭庆藩云："窾当为款。汉书司马迁传注：'款，空也。'谓骨节空处。"因其固然。技经肯綮之未尝，俞云："技盖枝

---

[1] "穷困"，释文作"疲困之谓"。

之误。枝，枝脉；经，经脉。枝经，犹言经络[1]。素问王注引灵枢经云：'经脉为里，支而横者为络。'支、枝通作。经络相连处，必有碍于游刃，庖丁因其固然，故无碍。"释文："肯，著骨肉。司马云：'綮，犹结处也。'音启。"言枝经肯綮，皆刃所未到。尝，试也。**而况大軱乎！** 軱音孤。崔云："槃结骨。" **良庖岁更刀，** 割也；**族庖月更刀，** 折也。崔云："族，众也。"俞云："谓折骨，非刀折。左传曰：'无折骨。'" **今臣之刀十九年矣，所解数千牛矣，而刀刃若新发于硎。** 释文："磨石。" **彼节者有间，**节，骨节。**而刀刃者无厚，以无厚入有间，恢恢乎其于游刃必有余地矣，是以十九年而刀刃若新发于硎。虽然，每至于族，** 郭云："交错聚结为族。" **吾见其难为，怵然为戒，视为止，**郭云："不属目他物。"**行为迟。**郭云："徐其手。"**动刀甚微，謋然已解，**謋与磔同，解脱貌。**如土委地，提刀而立，为之四顾，为之踌躇满志，**郭云："逸足容豫自得之谓。"案：田子方篇亦云："方将踌躇，方将四顾。"**善刀而藏之。**释文："善，犹拭。"**文惠君曰："善哉！吾闻庖丁之言，得养生焉。"** 牛虽多，不以伤刃，物虽杂，不以累心，皆得养之道也。一喻。

　　公文轩见右师而惊曰，司马云："公文姓，轩名，宋人。"简文云："右师，官名。""**是何人也？恶乎介也？**介，一足。**天与，其人与？**"司马云："为天命与，抑人事也？"**曰："天也，非人也，天之生是使独也，**司马云："独，一足。"案此与德充符篇三兀者不同：介者天生，兀者人患。**人之貌有与也。**郭云："两足并行。"**以是知其天也，非人也。"**形残而神全也。知天则处顺。二喻。

　　泽雉十步一啄，百步一饮，不蕲畜乎樊中。蕲同期。犹言不期而遇。下同。李云："樊，藩也，所以笼鸟[2]。"**神虽王，不善也。**释文："王，于[3]况反。"不善，谓不自得。鸟在泽则适，在樊则拘；人束缚于荣华，必失所养。三喻。

　　老聃死，司马云："老子。"案：老子不知其年，此借为说。**秦失吊之，**释文："失音逸。**三号而出。弟子曰："非夫子之友邪！"曰："然。""然则吊焉若此，可乎？"曰："然。始也，吾以为其人也，**谓真人不死。**而今非也。向吾入而吊焉，**

---

[1]　"络"原误"路"，据集释引俞樾说改。
[2]　"鸟"，释文作"雉"。
[3]　"于"原误"干"，据释文改。

有老者哭之，如哭其子；少者哭之，如哭其母。彼其所以会之，必有不蕲言而言，不蕲哭而哭者。所谓"不言而信，不比而周"也。会，交际。言，称誉。言老子诚能动物，我之不哭，自有说也。是遁天倍情，忘其所受，释文："遁，又作遯。"是，谓老聃。情，乃惠子所谓情，见德充符篇。受者，受其成形。古者谓之遁天之刑。语又见列御寇篇。德充符以孔子为天刑之，则知"遁天刑"是赞语。旧解并误。适来，夫子时也；适去，夫子顺也。安时而处顺，哀乐不能入也，古者谓是帝之县解。"释文："县音玄。"成云："帝，天也。"案：大宗师篇云："得者时也，失者顺也。安时而处顺，哀乐不能入也，此古之所谓县解也。"与此文大同。来去得失，皆谓生死。德充符郭注亦云："生为我时，死为我顺；时为我聚，顺为我散也。天生人而情赋焉，县也。冥情任运，是天之县解也。"言夫子已死，吾又何哀！四喻。

指穷于为薪，以指析木为薪，薪有穷时。火传也，不知其尽也。形虽往，而神常存，养生之究竟。薪有穷，火无尽。五喻。

内篇 人间世第四

人间世，谓当世也。事暴君，处污世，出与人接，无争其名，而晦其德，此善全之道。末引接舆歌云："来世不可待也，往世不可追也。"此漆园所以寄慨，而以人间世名其篇也。

颜回见仲尼请行。曰："奚之？"曰："将之卫。"曰："奚为焉？"曰："回闻卫君，释文："司马云：'卫庄公蒯聩。'案左传，庄公以鲁哀十五年冬入国，时颜回已死。此是出公辄也。"姚鼐云："卫君，托词，以指时王糜烂其民者。"其年壮，其行独，宣云："自用。"轻用其国，役民无时。而不见其过，郭云："莫敢谏。"轻用民死，视用兵易。死者以国量乎泽，若蕉，国中民死之多，若以比量泽地，如以火烈而焚之之惨也。"郭嵩焘云："蕉与焦通。左成九年传'蕉萃'，班固宾戏作'焦瘁'。广雅：'蕉，黑也。'"民其无如矣。无所归往。回尝闻之夫子曰：'治国去之，宣云："无所事。"乱国就之，宣云："欲相救。"医门多疾。'入喻。愿以所闻思其则，崔李云："则，法也。"庶几其国有瘳乎！"李云："瘳，愈也。"仲尼曰："谯！若殆往而刑耳！成云：'若，汝也。往恐被戮。"夫道不欲杂，杂则多，多则扰，扰则忧，忧而不救。成云："道在纯粹，杂则事绪繁多，事多则心扰乱，扰则忧患起。药病既乖，彼此俱困，己尚不在，焉能救物？"古之至人，先存诸己，而后存诸人。成云："存，立也。"所存于己者未定，何暇至于暴人之所行！至，犹逮及也。暴人，谓卫君。且若亦知夫德之所荡，而知之所为出乎哉？德荡乎名，知出乎争。成云："德所以流荡丧真者，矜名故也。智所以横出逾分者，争善故也。"名也者，相轧也；知也者，争之器也。二者凶器，非所以尽行也。成云："轧，伤也。"案，言皆凶祸之器，非所以尽乎行世之道。苏舆云："瘳国，美名也；医疾，多智也。持是心以往，争轧萌矣，故曰凶器。"此浅言之，下复深言。虽无用智争名之心，而持仁义绳墨之言以讽人主，尚不可游乱世而免于灾，况怀凶器以往乎！且德厚信矼，未达人气；名闻不争，未达人心。简文云："矼，悫实貌。"案：虽悫厚不用智，而未孚乎人之意气；虽不争名，而未通乎人之心志，人必疑之。而强以仁义绳墨之言术暴人之前者，是以人恶有其美也，释文："强，其两反。"术同述。郭嵩焘云："祭义'而术省之'，郑注：'术当作述。'"案：人若如此，则是自有其美，人必恶之。命之曰菑人。菑人者，人必反菑之，若殆为人菑夫！成云："命，名也。"释文"菑音灾。"且苟为悦贤而恶不肖，恶用而求有以异？下而，汝也。且卫君苟好善恶恶，则朝多正人，何用汝之求有以自异乎？若唯无诏，王公必将乘人而斗其捷。成云："诏，言也。王公，卫君。"言汝唯无言，卫君必将乘汝之隙，而以捷辩相斗。而目将荧之，而色将平之，口将营之，容将形之，心且成之。是以火救火，以水救水，名之曰益多，顺始无穷。郭庆藩云："荧，瞢之借字。说文：'瞢，惑也。从目，荧省声。'"成云："形，见也。"言汝目将为所眩，汝色将自降，口将自救，容将益恭，心且舍己之是，以成彼之非。彼恶既多，汝又从而益之。始既如此，后且顺之无尽。若殆以不信厚言，宣云："未信而深谏。"案：此"若"字训如。必死于暴人之前矣。且昔者桀杀关龙逢，纣杀王子比干，是皆修其身以下伛拊人之民，李云："伛拊，谓怜爱之。"宣云："人，谓君。"以下拂其上者也，故其君因其修以挤之。是好名者也。因其好修名之心而陷之。一证。昔者尧攻丛枝、胥敖，禹攻有扈，三国名。国为虚厉，宣云："地为丘墟，人为厉鬼。"身为刑戮，其用兵不止，其求实无已。求实，贪利。三国如此，故尧、禹攻灭之。是皆求名、实者也，再证。苏舆云：

"龙、比修德，而桀、纣以为好名，因而挤之。桀、纣恶直臣之有其美，而自耻为辟王，是亦好名也。丛枝、胥敖、有扈，用兵不止，以求实也，尧、禹因而攻灭之，亦未始非求实也。故曰：'是皆求名、实者也。'"而独不闻之乎？名、实者，圣人之所不能胜也，而况若乎！夫子又举所闻告之。言入主据高位之名，有威权之实，虽以圣人为之臣，亦不能不为所屈，况汝乎！虽然，若必有以也，尝以语我来！"以者，挟持之具。尝，试也。颜回曰："端而虚，端肃而谦虚。勉而一，黾勉而纯一。则可乎？"曰："恶！恶可？上恶，惊叹词，下恶可，不可也。夫以阳为充孔扬，卫君阳刚之气充满于内，甚扬于外。采色不定，容外见者无常。常人之所不违，平人莫之敢违。因案人之所感，以求容与其心。成云："案，抑也。容与，犹快乐。人以箴规感动，乃因而挫抑之，以求放纵其心意。"名之曰日渐之德不成，而况大德乎！虽日日渐渍之以德，不能有成，而况进于大德乎！将执而不化，宣云："自以为是。"外合而内不訾，宣云："外即相合，而内无自讼之心。"姚鼐云："訾，量也。闻君子之言，外若不违，而内不度量其义。"共庸讵可乎！""然则我内直而外曲，成而上比。"然则"下，颜子又言也。内直者，与天为徒。与天为徒者，知天子之与己皆天之所子，而独以己言蕲乎而人善之，蕲乎而人不善之邪？成云："内心诚直，共自然之理而为徒类。"宣云："天子，人君。"郭云："人无贵贱，得生一也。故善与不善，付之公当，一无所求于人也。"若然者，人谓之童子，是之谓与天为徒。依乎天理，纯一无私，若婴儿也。外曲者，与人之为徒也。擎、跽、曲拳，宣云："擎，执笏。跽，长跪。曲拳，鞠躬。人臣之礼也，人皆为之，吾敢不为邪！为人之所为者，人亦无疵焉，是之谓与人为徒。成而上比者，与古为徒。成云："忠谏之事，乃成于今；君臣之义，上比于古。"其言虽教，谪之实也。所陈之言，虽是古教，即有讽责之实也。古之有也，非吾有也。若然者，虽直而不病，郭云："寄直于古，无以病我。"是之谓与古为徒。若是，则可乎？"仲尼曰："恶！恶可？大多政，释文："大音泰。"郭云："当理无二，而张三条以政之，所谓大多政也。"案：政、正同。法而不谍，俞云："四字为句。列御寇篇：'形谍成光。'释文：'谍，便僻也。'此谍义同。言有法度，而不便僻。"虽固，亦无罪。虽未宏大，可免罪咎。虽然，止是耳矣，夫胡可以及化！不足化人。犹师心者也。"成云："师其有心。"颜回曰："吾无以进矣，敢问其方。"仲尼曰："齐，吾将语若！释文："齐，本亦作斋。"有而为之，其易邪？郭云："有其心而为之，诚未易也。"易之者,皞天不宜。"成云:"尔雅:'夏曰皞天。'言其气皞汗也。"案:与虚白自然之理不合。苏舆云:"易之者,仍师心也。失其初心,是谓违天。"于义亦通。颜回曰:"回之家贫,唯不饮酒、不茹荤者数月矣。如此,则可以为齐乎?"成云:"荤,辛菜。"曰:"是祭祀之齐,非心齐也。"回曰:"敢问心齐。"仲尼曰:"一若志,宣云:"不杂也。"无听之以耳而听之以心。成云:"耳根虚寂,凝神心符。"无听之以心而听之以气。成云:"心有知觉,犹起攀缘;气无情虑,虚柔任物。故去彼知觉,取此虚柔,遣之又遣,渐阶玄妙。"听止于耳,宣云:"止于形骸。"俞云:"当作'耳止于听',传写误倒也。此申说无听之以耳之义,言耳之为用,止于听而已,故无听之以耳也。"心止于符。俞云:"此申说无听之以心之义,言心之用,止于符而已,故无听之以心也。符之言合,与物合也,与物合,则非虚而待物之谓矣。"气也者,虚而待物者也。俞云:"此申说气。"宣云:"气无端,即虚也。"唯道集虚。虚者,心齐也。"成云:"唯此真道,集在虚心。故虚者,心齐妙道也。"颜回曰:"回之未始得使,未得使心齐之教。实自回也;自见有回。得使之也,未始有回也。既得教令,遂忘物我。可谓虚乎?"夫子曰:"尽矣。成云:"心齐之妙尽矣。"吾语若!若能入游其樊而无感其名,汝入卫,能游其藩内,而无以虚名相感动。入则鸣,不入则止。入吾言则言,不入则姑止。无门无毒,宣云:"不开一隙,不发一药。"郭云:"使物自若,无门者也;付天下之自安,无毒者也。"李桢云:"门、毒对文,毒与门不同类。说文:'毒,厚也。害人之草,往往而生。'义亦不合。毒盖垛之借字。说文垛下云:'保也,亦曰高土也,读若毒。'与郭注'自安'义合。张行孚说文发疑云:'垛者,累土为台以传信,即吕览所谓"为高保祷于王路,置鼓其上,远近相闻"是也。'祷是垛之讹。垛者,保卫之所,故借其义为保卫。周易'以此毒天下。而民从之',老子'亭之毒之',与此'无门无毒',三毒字,皆是此义。广雅:'毒,安也。'亦即此训。桢案:垛为毒本字,正与门同类,所以门、毒对文,读都皓切,音之转也。"案:宣说望文生义,不如李训最合。门者,可以沿为行路;毒者,可以望为标的。无门无毒,使人无可窥寻指目之意。一宅而寓于不得已,则几矣。成云:"宅,居处也。处心至一之道,不得已而应之,非预谋也,则庶几矣。"绝迹易,无行地难。宣云:"人之处世,不行易,行而不著迹难。"为人使,易以伪;为天使,难以伪。成云:"人情驱使,浅而易欺;天然驭用,为而难矫。"闻以有翼飞者矣,未闻以无翼飞者也;闻以有知知者矣,未闻以无知知者也。释文;"上音智,下如字。"宣云:"以神运,以寂照。"

瞻彼阕者，虚室生白，司马云："阕，空也。室，喻心。心能空虚，则纯白独生也。"成云："彼，前境也。观察万有，悉皆空寂，故能虚其心室，乃照真源。"吉祥止止。成云："吉祥善福，止在凝静之心。亦能致善应也。"俞云："'止止'连文，于义无取。淮南俶真训：'虚室生白，吉祥止也。'疑此文下止字亦也字之误。列子天瑞篇卢重元注云'虚室生白，吉祥止耳'，亦可证'止止'连文之误。"案：下"止"字，或"之"之误。夫且不止，是之谓坐驰。若精神外骛而不安息，是形坐而心驰也。夫徇耳目内通而外于心知，鬼神将来舍，而况人乎！李云："徇，使也。'宣云："耳目在外，而徇之于内；心智在内，而黜之于外。"成云："虚怀任物，鬼神将冥附而舍止。人伦归依，固其宜矣。"是万物之化也，禹、舜之所纽也，伏羲、几蘧之所行终，而况散焉者乎！"此禹、舜应物之纲纽，上古帝王之所行止，而况凡散之人，有不为所化乎！成云："几蘧，三皇以前无文字之君。"苏舆云："言知此可为帝王，可以宰世，而况为支离之散人乎！"于义亦通。

叶公子高将使于齐，问于仲尼曰："王使诸梁也甚重，成云："委寄甚重。"齐之待使者，盖将甚敬而不急。宣云："貌敬而缓于应事。"匹夫犹未可动，而况诸侯乎！吾甚栗之。惧也。子常语诸梁也，曰：'凡事若小若大，寡不道以欢成。事无大小，鲜不由道而以欢然成遂者。事若不成，则必有人道之患；王必降罪。事若成，则必有阴阳之患。宣云："喜欢交战，阴阳二气将受伤而疾作。"若成若不成而后无患者，唯有德者能之。'成云："任成败于前途，不以忧喜累心者，唯盛德之人。"以上述子言。苏舆云；"谓事无成败，而卒可无患者，惟盛德为能。"案：成说颇似张浚符离之败，未可为训。苏说是也。吾食也，执粗而不臧，宣云："甘守粗粝，不求精善。"爨无欲清之人。成云："清，凉也。然火不多，无热可避。"今吾朝受命而夕饮冰，我其内热与！忧灼之故。吾未至乎事之情，宣云："未到行事实处。"而既有阴阳之患矣；事若不成，必有人道之患。是两也，为人臣者不足以任之，子其有以语我来！"仲尼曰："天下有大戒二：成云："戒，法也。"其一，命也；其一，义也。子之爱亲，命也，不可解于心；受之于天，自然固结。臣之事君，义也，无适而非君也，无所逃于天地之间。成云："天下未有无君之国。"是之谓大戒。是以夫事其亲者，不择地而安之，不论境地何若，惟求安适其亲。孝之至也；夫事其君者，不择事而安之，成云："事无夷险，安之若命。"

忠之盛也；自事其心者，哀乐不易施乎前，王念孙云："施读[1]为移。此犹言不移易。晏子春秋外篇'君臣易施'，荀子儒效篇'哀虚之相易也'，汉书卫绾传'人之所施易'，义皆同。正言之则为易施，倒言之则为施易也。"宣云："事心如事君父之无所择，虽哀乐之境不同，而不为移易于其前。"知其不可奈何而安之若命，德之至也。为人臣子者，固有所不得已，行事之情而忘其身，情，实也。何暇至于悦生而恶死！宣云："尚何阴阳之患！"夫子其行可矣！丘请复以所闻：更以前闻告之。凡交，交邻。近则必相靡以信，宣云："相亲顺以信行。"远则必忠之以言，宣云："相孚契以言语。"言必或传之。宣云："必托使传。"夫传两喜两怒之言，宣云："两国君之喜怒。"天下之难者也。夫两喜必多溢美之言，两怒必多溢恶之言。郭云："溢，过也。喜怒之言，常过其当。"凡溢之类妄，成云："类，似也。似使人妄构。"妄则其信之也莫，成云："莫，致疑貌。"莫则传言者殃。故法言曰：引古格言。扬子法言名因此。'传其常情，宣云："但传其平实者。"无传其溢言，郭云："虽闻临时之过言而勿传。"则几乎全。'宣云："庶可自全。"案：引法言毕。且以巧斗力者，始乎阳，常卒乎阴，大至则多奇巧；释文："大音泰，本亦作泰。"案：斗力属阳，求胜则终于阴谋，欲胜之至，则奇谲百出矣。以礼饮酒者，始乎治，常卒乎乱，大至则多奇乐。礼饮象治，既醉则终于迷乱，昏醉之至，则乐无不极矣。凡事亦然。始乎谅，常卒乎鄙；宣云："谅，信。鄙，诈。"俞云："谅与鄙，文不相对。谅盖诸之误。诸读为都。释地'宋有孟诸'，史记夏本纪作'明都'，是其例。'始乎都，常卒乎鄙'，都、鄙正相对。因字通作诸，又误而为谅，遂失其旨矣。淮南诠言训'故始于都者，常大于鄙'，即本庄子，可据以订正。彼文大字，乃卒字之误。说见王氏杂志。"其作始也简，其将毕也必巨。夫言者，风波也；如风之来，如波之起。行者，实丧也。郭嵩焘云："实者，有而存之；丧者，纵而舍之。实丧，犹得失也。"风波易以动，实丧易以危。得失无定，故曰"易以危"。故忿设无由，巧言偏辞。忿怒之设端，无他由也，常由巧言过实，偏辞失中之故。兽死不择音，气息茀然，于是并生心厉。兽困而就死，鸣不择音，而忿气有余。于其时，且生于心而为恶厉，欲噬人也。以兽之心厉，譬下人有不肖之心。克核大至，则必有不肖之心应之，而不知其然也。克求精核太过，则人以不肖之心起而相应，不知其然而然。苟为不知其然也，孰知其所终！

---

[1] "读"原误"谓"，据集释引改。

宣云："必罹祸。"故法言曰：'无迁令，成云："君命实传，无得迁改。"无劝成。'成云："弗劳劝奖，强令成就。"再引法言毕。过度，益也。若过于本度，则是增益语言。迁令、劝成殆事，事必危殆。美成在久，恶成不及改，成而善，不在一时；成而恶，必有不及改者。可不慎与！且夫乘物以游心，托不得已以养中，至矣。宣云："随物以游寄吾心，托于不得已而应，而毫无造端，以养吾心不动之中，此道之极则也。"何作为报也！郭云："任齐所报，何必为齐作意于其间！莫若为致命。此其难者。"但致君命，而不以己与，即此为难。若人道之患，非患也。颜阖将傅卫灵公太子，释文："颜阖，鲁贤人。太子，蒯聩。"而问于蘧伯玉曰："有人于此，其德天杀。天性嗜杀。与之为无方，则危吾国；宣云："纵其败度。必覆邦家。"与之为有方，则危吾身。制以法度，先将害己。其知适足以知人之过，而不知其所以过。释文："其知，音智。"但知责人，不见己过。若然者，吾奈之何？"蘧伯玉曰："善哉问乎！戒之慎之，正汝身也哉！先求身之无过。形莫若就，心莫若和。宣云："外示亲附之形，内寓和顺之意。"虽然，之二者有患。宣云："犹未尽善。"就不欲入，和不欲出。附不欲深，必防其纵；顺不欲显，必范其趋。形就而入，且为颠为灭，为崩为蹶。颠，坠。灭，绝。崩，坏。蹶，仆也。心和而出，且为声为名，为妖为孽。郭云："自显和之，且有含垢之声；济彼之名，彼且恶其胜己，妄生妖孽。"彼且为婴儿，亦与之为婴儿；喻无知识。彼且为无町畦，亦与之为无町畦；无界限。喻小有逾越。彼且为无崖，亦与之为无崖。不立崖岸。达之，入于无疵。顺其意而通之。以入于无疵病。汝不知夫螳螂乎？怒其臂以当车辙，不知其不胜任也，是其才之美者也。戒之慎之！积伐而美者以犯之，几矣。而，汝也。伐，夸功也。美不可恃，积汝之美，伐汝之美，以犯太子，近似螳螂矣。一喻。汝不知夫养虎者乎？不敢以生物与之，为其杀之之怒也；不敢以全物与之，为其决之之怒也。成云："以死物投虎，亦先为分决，不使用力。"时其饥饱，达其怒心。虎之与人异类而媚养己者，顺也；故其杀者，逆也。虎逆之则杀人，养之则媚人。喻教人不可怒之。再喻。夫爱马者，以筐盛矢，以蜄盛溺。成云："蜄，大蛤也。"爱马之至者。适有蚉仆缘，王念孙云："仆，附也。言蚉附缘于马体也。诗'景命有仆'，毛传：'仆，附也。'"而拊之不时，成云："拊，拍也。不时，掩马不意。"则缺衔、毁首、碎胸。成云："衔，勒也。"马惊至此。意有所至，而爱有所亡，可不慎邪！"亡，犹失也。欲为马除蚉，意有偏至，反以爱马之故，而致亡失，故当慎也。

三喻。

匠石之齐，至乎曲辕，见栎社树。石，匠名。之，往也。司马云："曲辕，曲道。"成云："如辕辕之道也。社，土神。栎树，社木。"其大蔽数千牛，絜之百围，文选注引司马云："絜，币也。"李云："径尺为围，盖十丈。"其高临山十仞而后有枝，其可以为舟者旁十数。俞云："旁、方古通。方，且也。言可为舟者且十数。"观者如市，匠伯不顾，遂行不辍。遂，竟也。文选注引司马云："匠石，字伯。"弟子厌观之，厌，饱也。走及匠石，曰："自吾执斧斤以随夫子，未尝见材如此其美也。先生不肯视，行不辍，何邪？"曰："已矣，勿言之矣！散木也，以为舟则沈，体重。以为棺椁则速腐，多败。以为器则速毁，疏脆。以为门户则液樠，李桢云："广韵：'樠，松心。又木名也。'松心有脂，液樠正取此义。"以为柱则蠹。虫蚀。是不材之木也，无所可用，已见逍遥游诸篇。故能若是之寿。"匠石归，栎社见梦曰："女将恶乎比予哉？若将比予于文木邪？郭云："凡可用之木为文木，可成章也。"夫柤、梨、橘、柚、果、蓏之属，成云："蓏，瓜瓠之类。"实熟则剥，剥则辱，大枝折，小枝泄。俞云："泄，当读为曳。荀子非相篇'接人则用抴'，杨注：'抴，牵引也。'小枝抴，谓见牵引也。"此以其能苦其生者也，故不终其天年而中道夭，自掊击于世俗者也。掊击由其自取。成云："掊，打。"物莫不若是。且予求无所可用久矣，几死，几伐而死。乃今得之，郭云："数有睥睨己者，唯今匠石明之。"为予大用。成云："方得全身，为我大用。"使予也而有用，且得有此大也邪？且也，若与予也皆物也，奈何哉其相物也？而几死之散人，又恶知散木！"而，汝。几，近也。匠石觉而诊其梦。王念孙云："诊读为畛。尔雅：'畛，告也。'告其梦于弟子。"弟子曰："趣取无用。则为社何邪？"既急取无用以全身，何必为社木以自荣？曰："密！犹言秘之。姚鼐云："密、默字通。田子方篇仲尼曰：'默！女无言！'达生篇：'公密而不应。'"若无言！彼亦直寄焉，以为不知己者诟厉也。彼亦特寄于社，以听不知己者诟病之而不辞也。司马云："厉，病也。"不为社者，且几有翦乎！如不为社木，且几有翦伐之者，谓或析为薪木。且也，彼其所保，与众异，保于山野，究与俗众异，非城狐、社鼠之比。以[1]义誉之，不亦远乎！"宣云："义。常理。"

---

[1]"以"字上，集释本有"而"字。

案：彼非托社神以自荣，而以常理称之，于情事远也。南伯子綦游乎商之丘，李云："即南郭也。伯，长也。"司马云："商之丘，今梁国睢阳县。"见大木焉有异，结驷千乘，隐将芘其所藾。向云："藾，荫也。"崔云："隐，伤于热也。"成云："驷马曰乘。言连结千乘，热时可庇于其荫。"子綦曰："此何木也哉？此必有异材夫！"言必可为材也。仰而视其细枝，则拳曲而不可以为栋梁；俯而见其大根，则轴解而不可以为棺椁；成云："轴，如车轴之转，谓转心木也。案：解者，文理解散，不密缀。咶其叶，则口烂而为伤；嗅之，则使人狂酲三日而不已。李云："狂如酲也。病酒曰酲。"子綦曰："此果不材之木也，以至于此其大也。成云："不材为全生之大材，无用乃济物之妙用，故能不夭斧斤，而庇荫千乘也。"嗟夫！神人以此不材！"由木悟人。宣云："神人亦以不见其材，故无用于世，而天独全也。"宋有荆氏者，宜楸、柏、桑。司马云："荆氏，地名。"宜此三木。其拱把而上者，求狙猴之杙者斩之；司马云：两手曰拱，一手曰把。"宣云："杙。系橛也。"三围四围，求高名之丽者斩之；崔云："环八尺为一围。"郭庆藩云："名，大也。"（详天下"名山三百"下。）成云："丽，屋栋也。"七围八围，贵人富商之家求樿傍者斩之。释文："樿，本亦作檀。"成云："棺之全一边而不两合者，谓之樿傍。其木极大，当斩取大板。"故未终其天年，而中道已夭于斧斤，此材之患也。故解之以牛之白颡者，与豚之亢鼻者，与人有痔病者，不可以适河。郭云："解，巫祝解除也。"成云："颡，额也。亢，高也。三者不可往灵河而设祭。古者将人沈河以祭，西门豹为邺令，方断之，即其类也。"此皆巫祝以知之矣，以、已同。郭云："巫祝于此，亦知不材者全也。"所以为不祥也，此乃神人之所以为大祥也。宣云："可全生。则祥莫大焉。"

支离疏者，司马云："支离，形体不全貌。疏其名。"颐隐于脐，肩高于顶，司马云："言脊曲头缩也。"淮南曰："脊管高于顶也。"会撮指天，司马云："会撮，髻也。古者髻在项中，脊曲头低，故髻指天。"崔云："会撮，项椎也。"李桢云："崔说是。大宗师篇：'句赘指天。'李云：'句赘，项椎也，其形如赘。'亦与崔说证合。素问刺热篇：'项上三椎，陷者中也。'王注：'此举数脊椎大法也。'沈彤释骨云：'项大椎以下二十一椎，通曰脊。骨曰脊椎。'难经四十五难云：'骨会大杼。'张注：'大杼，穴名，在项后第一椎，两旁诸脊骨自此檠架往下支生，故骨会于大杼。'会撮，正从骨会取义，又在大椎之间，故曰'项椎'也。初学记十九引撮作樶。玉篇：'樶，木樶节也。'与脊节正相似。从木作樶，于义为长。"五管在上，李云："管，腧也。五藏之腧，并在人背。"李桢云："颐、肩属外说，会撮、五管属内说。"**两髀为胁**。司马云："脊曲脾竖，故与胁肋相并。"**挫针治繲，足以餬口**；司马云："挫针。缝衣也。繲，浣衣也。"**鼓筴播精，足以食十人**。司马云："鼓，簸也。小箕曰筴。简米曰精。"成云："播，扬土。"**上徵武士，则支离攘臂而游于其间**；郭云："恃其无用，故不自窜匿。"**上有大役，则支离以有常疾不受功**；宣云："不任功作。"**上与病者粟，则受三钟与十束薪**。司马云："六斛四斗曰钟。"**夫支离其形者，犹足以养其身，终其天年，又况支离其德者乎！**"成云："忘形者犹足免害，况忘德者乎！"

孔子适楚，楚狂接舆游其门曰："凤兮凤兮，何如德之衰也！成云："何如，犹如何。"**来世不可待，往世不可追也。**郭云："当尽临时之宜耳。"**天下有道，圣人成焉**；宣云："成其功。"苏舆云："庄引数语，见所遇非时，苟生当有道，固乐用世，不仅自全其生矣。"**天下无道，圣人生焉**。宣云："全其生。"**方今之时，仅免刑焉。福轻乎羽，莫之知载**；易取不取。**祸重乎地，莫之知避**。当避不避。**已乎已乎，临人以德！**宣云："亟当止者，示人以德之事。"**殆乎殆乎，画地而趋！**宣云："最可危者，拘守自苦之人。"**迷阳迷阳**，谓棘刺也，生于山野，践之伤足。至今吾楚与夫遇之，犹呼"迷阳踢"也。迷音读如麻。**无伤吾行！吾行却曲**，宣云："却步委曲，不敢直道。"**无伤吾足！**

山木自寇也，膏火自煎也。司马云："木为斧柄，还自伐；膏起火，还自消。"**桂可食，故伐之，漆可用，故割之**。成云："桂心辛香，故遭斤伐，漆供器用，所以割之，俱为才能，夭于斤斧。"**人皆知有用之用，而莫知无用之用也**。喻意点清结局，与上接舆歌不连，歌有韵，此无韵。

内篇 德充符第五

德充于内，自有形外之符验也。

鲁有兀者王骀，李云："刖足曰兀。"**从之游者，与仲尼相若**。郭云："弟子多少敌孔子。"**常季问于仲尼曰："王骀，兀者也，从之游者，与夫子中分鲁**。释文："常季，或云：孔子弟子。或云：鲁贤人。"**立不教，坐不议，虚而往，实而归**。弟子皆有所得。固有不言之教，无形而心成者邪？宣云："默化也。"是何人也？"仲尼曰："夫子，圣人也。丘也，直后而未往耳。直，特也。未及往从。丘将以为师，而况不如丘者乎！奚假鲁国！何但假借鲁之一邦！丘将引天下而与从之。"常季曰："彼兀者也，而王先生，言居然王先生也。其与庸亦远矣。固当与庸人相远。若然者，其用心也，独若之何？"仲尼曰："死生亦大矣，而不得与之变，其人与变俱，故死生不变。虽天地覆坠，亦将不与之遗。成云："遗，失也。"言不随之而遗失。审乎无假，而不与物迁，郭庆藩云："假是瑕之误。淮南精神训正作'审乎无瑕'。谓审乎己之无可瑕疵，斯任物自迁，而无役于物也。左传'傅瑕'，郑世家作'甫假'，礼檀弓'公肩假'，汉书人表作'公肩瑕'。瑕、假形近，易致互误。"命物之化，而守其宗也。"宣云："主宰物化，执其枢纽。"常季曰："何谓也？"仲尼曰："自其异者视之，肝胆楚越也；本一身，而世俗异视之。自其同者视之，万物皆一也。皆天地间一物。夫若然者，且不知耳目之所宜，耳目之宜于声色，彼若冥然无所知。而游心于德之和，郭云："放心于道德之间，而旷然无不适也。"物视其所一，而不见其所丧，宣云："视万物为一致，无有得丧。"视丧其足，犹遗土也。"常季曰："彼为己，言骀但能修己耳。以其知得其心，以其真知，得还吾心理。以其心得其常心，又以吾心理，悟得古今常然之心理。物何为最之哉？"最，聚也。众人何为群聚而从之哉？仲尼曰："人莫鉴于流水，而鉴于止水，唯止能止众止。成云："鉴，照也。"宣云："水不求鉴，而人自来鉴。唯自止，故能止众之求止者。"受命于地，唯松柏独也在，句。冬夏青青；受命于天，唯舜独也正，郭："下首唯有松柏，上首唯有圣人，故凡不正者皆来求正。若物皆青全，则无贵于松柏，人各自正，则无羡于大圣而趋之。"成云："人头在上，去上则死；木头在下，去下则死。是以呼人为上首，呼木为下首。故上首食傍首，傍首食下首。下首草木，傍首虫兽。"幸能正生，以正众生。宣云："舜能正己之性，而物性自皆受正。"夫保始之徵，保守本始之性命，于何徵验？不惧之实。勇士一人，雄入于九军。崔云："天子六军。诸侯三军，通为九军。"将求名而能自要者，而犹若此，将求功名而能自必者，犹可如此。而况官天地，府万物，成云："纲维二仪，苞藏宇宙。"直寓六骸，宣云："直，犹特。以六骸为吾寄寓。"成云："六骸，身首四肢也。"象耳目，宣云："以耳目为吾迹象。"一知之所知，上知谓智，下知谓境。纯一无二。而心未尝死者乎！宣云："得其常心，不以死生变。"彼且择日而登假，假，徐音遐。宣云："曲礼：'天王登假。'此借言遗世独立。择日，犹言指日。"案：言若黄帝之游于太清。人则从是也。宣云："人自不能舍之。"彼且何肯以物为事乎！"因常季疑骀有动众之意，故答之。申徒嘉，兀者也，而与郑子产同师于伯昏无人。杂篇作"瞀人"。子产谓申徒嘉曰："我先出，则子止；子先出，则我止。"郭云："羞与刖者并行。"其明日，又与合堂同席而坐。子产谓申徒嘉曰："我先出，则子止；子先出，则我止。今我将出，子可以止乎，其未邪？郭云："质而问之，欲使必不并已。"且子见执政而不违，子齐执政乎？"执政，子产自称。违，避。也齐，同也。斥其不逊让。申徒嘉曰："先生之门，固有执政焉如此哉？言伯昏先生之门，以道德相高，固有以执政自多如此者哉？子而说子之执政而后人者也！子乃悦爱子之执政，而致居人后者也！闻之曰：'鉴明则尘垢不止，止则不明也。久与贤人处，则无过。'止，犹集也。明镜无尘，亲贤无过。今子之所取大者，先生也，而犹出言若是，不亦过乎！"宣云："取大，求广见识。"案：取大，犹言引重。子产曰："子既若是矣，既已残形。犹与尧争善，宣云："尧乃善之至者，故以为言。"计子之德不足以自反邪？"宣云："计子之素行，必有过而后致兀，尚不足自反邪？'"申徒嘉曰："自状其过以不当亡者众，不状其过以不当存者寡。状，犹显白也。自显言其罪过。以为不至亡足者多矣；不显言其罪过，而自反以为不当存足者少也。知不可奈何而安之若命，惟有德者能之。宣云："以兀为自然之命而不介意，非有德者不能。"游于羿之彀中，中央者，中地也，然而不中者，命也。上二中，如字。下二中，竹仲反。以羿彀喻刑网。言同居刑网之中，孰能自信无过？其不为刑罚所加，亦命之偶值耳。人以其全足笑吾不全足者多矣。我怫然而怒，而适先生之所，则废然而反。郭云："废向者之怒而复常。"不知先生之洗我以善邪！以善道净我心累。吾与夫子游十九年矣，而未尝知吾兀者也。未闻先生以残形见摈。今子与我游于形骸之内，以道德相友。而子索我于形骸之外，以形迹相绳。不亦过乎！"子产蹴然改容更貌曰："子无乃称！"蹴然起谢。乃者，犹言如此，子无乃称，谓子毋如此言也。大宗师篇"不知其所以乃"，亦谓不知其所以如此也。

鲁有兀者叔山无趾，李云："叔山，氏。"宣云："无足趾，遂为号。"踵见仲尼。崔云："无趾，故踵行。"仲尼曰："子不谨，前既犯患若是矣。虽今来，何及矣？"无趾曰："吾唯不知务而轻用吾身，吾是以亡足。今吾来也，犹有尊足者存，宣云："有尊于足者，不在形骸。"吾是以务全之也。夫天无不覆，地无不载，吾以夫子为天地，安知夫子之犹若是也！"孔子曰："丘则陋矣。夫子胡不入乎？请讲以所闻！"无趾出。宣云："径去。"孔子曰："弟子勉之！夫无趾，兀者也，犹务学以复补前行之恶，而况全德之人乎！"前恶亏德，求学以补之，况无恶行而全德者乎。无趾语老聃曰："孔丘之于至人，其未邪！彼何宾宾以学子为？俞云："宾宾，犹频频也。宾声、频声之字，古相通。广雅释训：'频频，比也。'"郭云："怪其方复学于老聃。"彼且蕲以諔诡幻怪之名闻，不知至人之以是为己桎梏邪？"李云："諔诡，奇异也。"案：吕览伤乐篇作"儌诡"。木在足曰桎，在手曰梏。蕲、期同。言彼期以异人之名闻于天下，不知至人之于名，视犹己之桎梏邪？老聃曰："胡不直使彼以死生为一条，以可不可为一贯者，解其桎梏，其可乎？"言生死是非，可通为一，何不使以死生是非为一条贯者，解其迷惑。庶几可乎！无趾曰："天刑之，安可解？"言其根器如此，天然刑戮，不可解也。

鲁哀公问于仲尼曰："卫有恶人焉，曰哀骀它。释文："恶，丑。李云：'哀骀，丑貌。它其名。'"丈夫与之处者，思而不能去也。妇人见之，请于父母曰'与为人妻，宁为夫子妾'者，十数而未止也。未尝有闻其唱者也，常和而已矣。未尝先人，感而后应。无君人之位以济乎人之死，宣云："济犹拯也。"无聚禄以望人之腹。李桢云："说文：'望，月满也。'腹满为饱，犹月满为望，故以拟之。"又以恶骇天下，非以美动人。和而不唱，未尝招引人。知不出乎四域，知名不出四境之远。且而雌雄合乎前。宣云："妇人、丈夫，皆来亲之。"是必有异乎人者也。寡人召而观之，果以恶骇天下。与寡人处，不至以月数，而寡人有意乎其为人也；郭云："未经月，已觉其有远处。"不至乎期年，而寡人信之。国无宰，寡人传国焉。成云："国无良宰，传以国政。"释文："传，丈[1]专反。"闷然而后应，闷然不合于其意，而后应焉。泛而若辞。泛然不系于其心，而若辞焉。寡人丑乎，李云："丑，惭也。"卒授之国。无几何也，去寡人而行，成云："俄顷之间，逃遁而去。"寡人恤焉若有亡也，宣云："恤，忧貌。"若无与乐是国也。是何人者也？"仲尼曰："丘也，尝使于楚矣，适见㹠

---

[1]"丈"原误"文"，据释文改。

子食于其死母者，释文："独，本又作豚。"郭注："食，乳也。"少焉眴若，皆弃之而走。释文："眴，本亦作瞚，司马云：'惊貌。'"俞云："眴若，犹眴然。徐无鬼篇：'众狙恂然弃而走。'眴、恂，并夐之假借。说文：'夐，惊辞也。'始就其母食，少焉，觉其死，皆惊走也。"不见己焉尔，不得类焉尔。郭云："生者以才德为类，死而才德去矣，故生者以失类而走也。"案：言独子以母之不顾见己而惊疑，又不得其生之气类而舍去也。所爱其母者，非爱其形也，爱使其形者也。成云："使其形者，精神也。"战而死者，其人之葬也，不以翣资，郭云："翣者，武所资也。战而死者，无武也，翣将安施！"成云："翣者，武饰之具，武王为之，或云周公作也。其形似方扇，使车两边。军将行师，陷阵而死，及其葬日，不用翣资。是知翣者，武之所资，无武则翣无所资，以喻无神则形无所爱也。"李云："资，送也。"刖者之屦，无为爱之，释文："为，于伪反。"郭云："爱屦者，为足故耳。"皆无其本矣。翣本于武，屦本于足。为天子之诸御，不爪翦，不穿耳；御女不加修饰，使其质全。娶妻者止于外，不得复使。匹夫娶妻，休止于外，官不役之，使其形逸。形全犹足以为尔，上二事，皆全其形。而况全德之人乎！宣云："德全则有本，人岂能不爱乎！"今哀骀它未言而信，无功而亲，使人授己国，唯恐其不受也，是必才全而德不形者也。"哀公曰："何谓才全？"仲尼曰："死生存亡，穷达贫富，贤与不肖，毁誉、饥渴、寒暑，是事之变，命之行也，成云："并事物之变化，天命之流行。"日夜相代乎前，语又见齐物论篇。而知不能规乎其始者也。宣云："虽有智者，不能诘所自始。"故不足以滑和，不可入于灵府。成云："滑，乱也。"郭云："灵府，精神之宅。"宣云："惟其如是，故当任其自然，不足以滑吾之天和，不可以扰吾之灵府。"使之和豫通而不失于兑，使日夜无郤而与物为春，李云："兑，悦也。郤，间也。"宣云："使和豫之气流通，不失吾怡悦之性，日夜无一息间隙，随物所在，同游于春和之中。"是接而生时于心者也。宣云："是四时不在天地，而吾心之春，无有间断，乃接续而生时于心也。"是之谓才全。""何谓德不形？"曰："平者，水停之盛也。郭云："天下之平，莫盛于停水。"其可以为法也，郭云："无情至平，故天下取正焉。"内保之而外不荡也。荡，动也。内保其明，外不动于物。德者，成和之修也。宣云："修太和之道既成，乃名为德也。"德不形者，物不能离也。"含德之厚，人乐亲之。哀公异日以告闵子曰："始也，吾以南面而君天下，执民之纪，而忧其死，成云："执持纲纪，忧于兆庶，饮食教诲，恐其夭死。"吾自以为通矣。今吾闻至人之言，宣云："孔子之言哀骀它者。"恐吾无其实，轻用吾身而亡其国。吾与孔丘，非君臣也，德友而已矣。"

闉跂支离无脤 成云："闉，曲也。谓挛曲企踵而行。脤，唇也。谓支体坏裂，伛偻残病，复无唇也。"释文："脤，徐市轸反。又音唇。"说卫灵公，灵公说之，而视全人，其脰肩肩。上说言说，下说音悦。其下同。释文："脰，颈也。李云：'肩肩，羸小貌。'"李桢云："考工梓人文'数目顅脰'，注云：'顅，长脰貌。'与肩肩义合。知肩是省借，本字当作顅。"案：卫君悦之，顾视全人之脰，反觉其羸小也。瓮䀭大瘿说齐桓公，桓公说之，而视全人，其脰肩肩。说文："瘿，瘤也。"李云："瓮䀭，大瘿貌。"

故德有所长，而形有所忘，总上。人不忘其所忘，而忘其所不忘，此谓诚忘。形宜忘，德不宜忘；反是，乃真忘也。故圣人有所游，游心于虚。而知为孽，智慧运动。而生支孽。约为胶，礼信约束，而相胶固。德为接，广树德意，以相交接。工为商。工巧化居，以通商贾。圣人不谋，恶用知？心无图谋，故不用智。不斲，恶用胶？质不雕琢，何须约束？无丧，恶用德？德之言得也。本无丧失，何用以德相招引？不货，恶用商？不贵货物，无须通商。四者，天鬻也。天鬻者，天食也。释文："鬻，养也。"知、约、德、工四者，天所以养人也。天养者，天所以食之也。既受食于天，又恶用人？既受食于天矣，则当全其自然，不用以人为杂之。有人之形，无人之情。屏绝情感。有人之形，故群于人；成云："和光混迹。"无人之情，故是非不得于身。绝是非之端。眇乎小哉！所以属于人也。謷乎大哉！独成其天。崔云："类同于人，所以为小；情合于天，所以为大。"成云："謷，高大貌也。"惠子谓庄子曰："人故无情乎？"庄子曰："然。"惠子曰："人而无情，何以谓之人？"庄子曰："道与之貌，天与之形，成云："虚通之道，为之相貌，自然之理，遗其形质。"恶得不谓之人？"惠子曰："既谓之人，恶得无情？"庄子曰："是非吾所谓情也。宣云："言惠子先误认情字。"案：郭以是非承上言，非。吾所谓无情者，言人之不以好恶内伤其身，常因自然而不益生也。"宣云："本生之理，不以人为加益之。"惠子曰："不益生，何以有其身？"成云："若不资益生道，何以有其身乎？"庄子曰："道与之貌，天与之形，无以好恶内伤其身。有其身者如此。今子外乎子之神，劳乎子之精，倚树而吟，据槁梧而瞑。成云："槁梧，夹膝几也。言惠子疏外神识，劳苦精灵，故行则倚树而吟咏，坐则隐几而谈说，形劳心倦，疲怠而瞑。"天选子之形，选，解如孟子"选择而使子"之选。子以坚白鸣！"言子以此自鸣，与公孙龙"坚白"之论何异？齐物论所谓"以坚白之昧终"也。解见前。

内篇 大宗师第六

本篇云："人犹效之。"效之言师也。又云："吾师乎！吾师乎！"以道为师也。宗者，主也。

知天之所为，知人之所为者，至矣。知天之所为者，天而生也；凡物皆自然而生，则当顺其自然。知人之所为者，以其知之所知，以养其知之所不知，终其天年而不中道夭者，是知之盛也。两其知，音智。不强知，则智得所养。郭云："知人之所为者有分，故任而不强也；知人之所知者有极，故用而不荡也。故所知不以无涯自困。"虽然，有患。成云："知虽盛美，犹有患累，不若忘知而任独也。"夫知有所待而后当，其所待者特未定也。成云："知必对境，非境不当。境既生灭不定，知亦待夺无常。唯当境、知两忘，然后无患。"庸讵知吾所谓天之非人乎？所谓人之非天乎？成云："知能运用，无非自然。是知天之与人，理归无二，故谓天即人，谓人即天。所谓吾者，庄生自称。此则泯合天人，混同物我也。"且有真人，而后有真知。郭云："有真人，而后天下之知皆得其真而不可乱。"何谓真人？古之真人，不逆寡，虚怀任物，虽寡少，不逆忤。不雄成，不以成功自雄。不谟士。成云："虚夷而士众自归，非谋谟招致。"若然者，过而弗悔，当而不自得也。成云："天时已过，曾无悔吝之心；分命偶当，不以自得为美。"若然者，登高不栗，入水不濡，入火不热。是知之能登假于道也若此。危难生死，不以介怀。其能登至于道，非世之所为知也。古之真人，其寝不梦，成云："绝思想，故寝寐寂泊。"其觉无忧。郭云："随所寓而安。"其食不甘，成云："不耽滋味。"其息深深。李云："内息之貌。"真人之息以踵，成云："踵，足根。"宣云："呼吸通于涌泉。"众人之息以喉。宣云："止于厌会之际。"屈服者，其嗌言若哇。屈服，谓议论为人所屈。嗌，喉咽也。嗌，声之未出；言，声之已出。吞吐之际，如欲哇然，以状无养之人。其耆欲深者，其天机浅。情欲深重，机神浅钝。古之真人，不知说生，不知恶死；郭云："与化为体。"其出不欣，其入不距；释文："距，本又作拒。李云：'欣出则营生，拒入则恶死。'"翛然而往，翛然而来而已矣。成云："翛然，无系儿。"不忘其所始，不求其所终；宣云："知生之源，任死之归。"受而喜之，宣云："受生之后，常自得。"忘而复之。宣云："忘其死，而复归于天。"是之谓不以心捐道，不以人助天。是之谓真人。郭云："物之感人无穷，人之逐欲无节，则天理灭矣。真人知用心则背道，助天则伤生，故不为也。"俞云："据郭注，捐疑偝之误。"若然者，其心志，宣云："志当作忘。无思。"其容寂，宣云："无为。"其颡頯，宣云："颡，额也。"頯，大朴貌，宣云："恢，上声。"凄然似秋，暖然似春，郭云："杀物非为威，生物非为仁。"喜怒通四时，宣云："喜怒皆无心，如四时之运。"与物有宜，而莫知其极。随事合宜，而莫窥其际。故圣人之用兵也，亡国而不失人心；崔云："亡敌国而得其人心。"利泽施于万物，不为爱人。由仁义行，非行仁义。故乐通物，非圣人也；不求通物，而物情自通，为圣人。有亲，非仁也；至仁则无私亲。天时，非贤也；宣云："择时而动，有计较成败之心。"利害不通，非君子也；利害不观其通。故有趋避。行名失己，非士也；成云："必所行求名而失己性，非有道之士。"亡身不真，非役人也。宣云："徒弃其身，而无当真性，为世所役，非能役人。"若狐不偕、成云："姓狐，字不偕，尧时贤人，不受尧让，投河而死。"务光、成云："夏时人，饵药养性，好鼓琴。汤让天下，不受，负石自沈于庐水。"伯夷、叔齐、箕子胥馀、司马云："胥馀，箕子名。尸子曰：'箕子胥馀，漆身为厉，被发佯狂。'"纪他、成云："汤时逸人。闻汤让务光，恐及乎己，遂将弟子，蹈于窾水而死。申徒狄闻之，因以踣河。"申徒狄，释文："殷时人，负石自沈于河。"是役人之役，适人之适，而不自适其适者也。郭云："斯皆舍己效人，徇彼伤我者。"宣云："为人用，快人意，与真性何益！"古之真人，其状义而不朋，郭云："与物同宜，而非朋党。"俞云："郭注非也。此言其状，非言其德。义读为峨。天道篇'而状义然'，即峨然也。朋读为崩。易'朋来无咎'，汉书五行志引作'崩来无咎'，是也。义而不朋，言其状峨然高大而不崩坏也。"若不足而不承，宣云："卑以自牧，而非居人下。"与乎其觚而不坚也，王云："觚，特立不群也。"崔云："觚，棱也。"李桢云："觚是孤借字。释地'觚竹'，释文：'本又作孤。'此孤、觚通作之证。孤特者，方而有棱，故字亦借觚为之。'与乎其觚'，与'张乎其虚'对文，与当是趣之借字。说文：'趣，安行也。'"案：不坚，谓不固执。张乎其虚而不华也，成云："张，广大貌。"案：廓然清虚，而不浮华。邴邴乎其似喜乎！向云："邴邴，喜貌。"郭云："至入无喜，畅然和适，故似喜也。"崔乎其不得已乎！向云："崔，动貌。"成云："迫而后动，非关先唱，故不得已而应之也。"滀乎进我色也，简文云："滀，聚也。"宣云："水聚则有光泽。言和泽之色，令人可亲。"与乎止我德也，与，相接意。宣云："宽闲之德，使我归止。"厉乎其似世乎！崔本"厉"作"广"，当从之。俞云："世乃泰之借字。广与泰义相应。"郭庆藩云："厉、广古通借。泰字作大。世、大古亦通借。"警乎其未可制也，成云："警然高远，超于世表。不可禁制。"连乎其似好闭也，李云："连，绵长貌。"郭云："绵邈深远，莫见其门。"成云："默如关闭，不闻见也。"释文："好，呼报反。"悗乎忘其言也。释文："悗，忘本反。"成云："悗，无心貌。以上言真人德行，下明其利物为政之方。"以刑为体，郭云："刑者治之体，非我为。"以礼为翼，郭云："礼者，世所以自行，非我制。"以知为时，郭云："知者时之动，非我唱。"以德为循。郭云："德者自彼所循，非我作。"以刑为体者，绰乎其杀也；郭云："任治之自杀，故虽杀而宽。"以礼为翼者，所以行于世也；郭云："顺世所行，故无不行。"以知为时者，不得已于事也；知以应时，不得已于世事，随宜付之。以德为循者，言其与有足者至于丘也，宣云："德之所在，人人可至，我特循之耳。如丘之所在，有足者皆可至，我特与同登耳，非自立异。"案：无意于行，自然而至，故曰"与有足者至"也。而人真以为勤行者也。宣云："人视真人为勤行不怠，岂知其毫未以我与乎！"故其好之也一，其弗好之也一。成云："既忘怀于美恶，亦遗荡于爱憎。故好与弗好，出自凡情，而圣智虚融，未尝不一。"其一也一，其不一也一。成云："其一，圣智也；其不一，凡情也。凡、圣不二，故不一皆一之。"其一，与天为徒；其不一，与人为徒。成云："同天人，齐万致，与天而为类也，彼彼而我我，与人而为徒也。"天与人不相胜也，是之谓真人。成云："虽天无彼我，人有是非，确然谕之，咸归空寂。若使天胜人劣，岂谓齐乎，此又混一天人，冥同胜负，体此趣者，可谓真人。"死生，命也，其有夜旦之常，天也。人之有所不得与，皆物之情也。死生与夜旦等，皆由天命，不可更以人与。此物之情，实无足系恋也。彼特以天为父，而身犹爱之，而况其卓乎！身知爱人，而况卓然出于天者乎，人特以有君为愈乎己，宣云："势分胜乎己。"而身犹死之，宣云："效忠。"而况其真乎！身知爱君，而况确然切于君者乎！泉涸，鱼相与处于陆，相呴以湿，相濡以沫，不如相忘于江湖。喻贪生惧死，不如相忘于自然。"泉涸"四语，又见天运篇。与其誉尧而非桀，不如两忘而化其道。宣云："此道字轻，谓是非之道。言誉尧非桀，不如两忘其道；好生恶死，不如两忘其累。"案：二语又见外物篇，下三字作"闭其所誉"。夫大块载我以形，劳我以生，佚我以老，息我以死。故善吾生者，乃所以善吾死也。宣云："纯任自然，所以善吾生也。如是，则死亦不苦矣。"案：六语又见后。列于天瑞篇："人胥知生之乐，未知生之苦；知老之惫，未知老之逸；知死之恶，未知死之息也。"夫藏舟于壑，藏山于泽，岛也。谓之固矣。然而夜半有力者负之而走，昧者不知也。舟可负，山可移。宣云："造化默运，而藏者犹谓在其故处。"藏大小有宜，犹有所遁。若夫藏天下于天下，而不得所遁，是恒物之大情也。藏无大小，各有所宜，然无不变之理。宣云："遁生于藏之过，若悟天下之理，非我所得私，而因而付之天下，则此理随在与我共之，又乌所遁哉！此物理之实也。"案：恒物之大情，犹言常物之通理。特犯人之形而犹喜之，若人之形者，万化而未始有极也，其为乐可胜计邪！犯与范同。见范人形犹喜之，若人之生无穷，孰不自喜其身者！故圣人将游于物之所不得遁而皆存。宣云："圣人全体造化，形有生死，而此理已与天地同流，故曰皆存。"善妖善老，善始善终，人犹效之，又况万物之所系，而一化之所待乎！释文："妖，本又作夭。"成云："寿夭老少，都不介怀。虽未能忘生死，但复无所嫌恶，犹足为物师傅，人仿效之。况混同万物，冥一变化，为物宗匠，不亦宜乎！"夫道，有情有信，无为无形；宣云："情者，静之动也；信者，动之符也。"成云："恬然寂寞，无为也，视之不见，无形也。"可传而不可受，郭云："古今传而宅之，莫能受而有之。"可得而不可见；成云："方寸独悟，可得也。离于形色，不可见也。"自本自根，宣云："道为事物根本，更无有为道之根本者，自本自根耳。"未有天地，自古以固存；成云："老子云：'有物混成，先天地生。'"神鬼神帝，下文堪坏、冯夷等，鬼也；豨韦、伏羲等，帝也。其神，皆道神之。生天生地；成云："老子云：'天得一以清，地得一以宁。'"在太极之先而不为高，在六极之下而不为深，阴阳未判，是为太极。天地四方，谓之六极。成云："道在太极之先，不为高远；在六合之下，不为深邃。"先天地生而不为久，长于上古而不为老。释文："长，丁丈反。"案：此语又见后。豨韦氏得之，以挈天地；豨韦，即豕韦，盖古帝王也。成云：挈，又作契。言能混同万物，符合二仪。"伏戏氏得之，以袭气母；成云：袭，合也。气母，元气之母。为得至道，故能画八卦，演六爻，调阴阳，合元气。"维斗得之，终古不忒；成云："北斗为众星纲维，故曰维斗。得至道，故维持天地，历终始，无差忒。"日月得之，终古不息；堪坏得之，以袭昆仑；释文："崔坏作邳。司马云：'堪坏，神名，人面兽形。'淮南作'钦负'。"成云："昆仑山神名。袭，入也。"冯夷得之，以游大川；司马云："清泠传曰：'冯夷，华阴潼乡堤首（成疏有"里"字。）人也。服八石，得水仙，是为河伯。'一云：以八月庚子浴于河，溺死。"肩吾得之，以处大山；司马云："山神，不死，至孔子时。"成云："得道，处东岳，为太山之神。"黄帝得之，以登云天；崔云："黄帝得道而上天也。"颛顼得之，以处玄宫；李云："颛顼，高阳氏。玄宫，北方宫也。月令曰：'其帝颛顼，其神玄冥。'"成云："得道为北方之帝。玄者，北方之色，故处于玄宫。"禺强得之，立乎北极；释文："海外经云：'北方禺强，黑身手足，乘两龙。'郭璞以为水神，人面鸟身。简文云：'北海神也，一名禺京。是黄帝之孙也。'"西王母得之，坐乎少广，莫知其始，莫知其终；释文："山海经：'西王母状如人，狗尾，蓬头，戴胜，善啸，居海水之涯。'汉武内传云：'西王母与上元夫人降帝，美容貌，神仙人也。'崔云：'少广，山名。'或云：西方空界之名。"彭祖得之，上及有虞，下及五伯；崔云："彭祖寿七百岁，或以为仙，不死。"成云：'上自有虞，下及殷、周，凡八百年。'傅说得之，以相武丁，奄有天下，乘东维，骑箕尾，而比于列星。司马云："东维箕、斗之间，天汉津之东维也。星经：'傅说一星，在尾上。'"崔云："傅说死，其精神乘东维，托龙尾，乃列宿。"释文："崔本此下更有'其生无父母，死，登假，三年而形遁，此言神之无能名者也。'"案：下引七事以明之。

　　南伯子葵问乎女偊曰："子之年长矣，而色若孺子，何也？"云："葵当为綦，声之误也。"释文："偊，徐音禹。一云：是妇人也。"曰："吾闻道矣。"南伯子葵曰："道可得学邪？"曰："恶！恶可！子非其人也。夫卜梁倚有圣人之才，而无圣人之道，我有圣人之道，而无圣人之才，李云："卜梁姓，倚名。"宣云："倚聪明，似子贡；偊忘聪明，似颜子也。"吾欲以教之，庶几其果为圣人乎！不然，以圣人之道告圣人之才，亦易矣。吾犹守而告之，守而不去，与为谆复。参日而后能外天下；成云："心既虚寂，万境皆空。"已外天下矣，吾又守之，七日而后能外物；郭云："物者，朝夕所需，切己难忘。"成云："天下疏远易忘，资身之物亲近难忘，守经七日，然后遗。"已外物矣，吾又守之，九日而后能外生；成云："隳体离形，坐忘我丧。"已外生矣，而后能朝彻，成云："死生一观，物我兼忘，豁然如朝阳初启，故谓之朝彻。"宣云："朝彻。如平旦之清明。"朝彻，而后能见独；见一而已。见独，而后能无古今；成云："任造物之日新，随变化而俱往，故无古今之异。"无古今，而后能入于不死不生。宣云："生死一也。至此，则道在我矣。"杀生者不死，生生者不生。苏舆云："'杀生'二语，中释上文。绝贪生之妄觊，故曰杀生；安性命之自然，故曰生生。死生顺受，是不死不生也。"其为物，无不将也，无不迎也；成云："将，送也。道之为物，拯济无方，迎无穷之生，送无量之死。"无不毁也，无不成也。成云："不送而送，无不毁灭；不迎而迎，无不生成。"其名为撄宁。撄宁也者，撄而后成者也。郭嵩焘云："孟子赵注：'撄，迫也。'物我生死之见迫于中，将成毁之机迫于外，而一无所动其心，乃谓之撄宁。置身纷纭蕃变、交争互触之地，而心固宁焉，则几于成矣，故曰'撄而后成'。"南伯子葵曰："子独恶乎闻之？"曰："闻诸副墨之子，成云："副，贰也。"宣云："文字是翰墨为之，然文字非道，不过传道之助，故谓之副墨。又对初作之文字言，则后之文字，皆其孳生者，故曰'副墨之子'。"副墨之子闻诸洛诵之孙，成云："罗洛诵之。"案：谓连络诵之，犹言反复读之也。洛、络同音借字。对古先读者言，故曰"洛诵之孙"。古书先口授而后著之竹帛，故云然。洛诵之孙闻之瞻明，见解洞彻。瞻明闻之聂许，聂许，小语，犹嗫嚅。聂许闻之需役，成云：'需，须。役，行也。须勤行勿怠者。"需役闻之于讴，释文："于音乌。王云：'讴，歌谣也。'"宣云："咏叹歌吟，寄趣之深。"于讴闻之玄冥，宣云："玄冥，寂寞之地。"玄冥闻之参寥，宣云："参悟空虚。"参寥闻之疑始。宣云："至于无端倪，乃闻道也。疑始者，似有始而未尝有始。"

子祀、子舆、子犂、子来四人相与语曰；崔云："淮南'子祀'作'子永'，行年五十四，而病伛偻。"顾千里云："淮南精神篇作'子求'，非。求、永字，经传多互误。抱朴子博喻篇：'子永叹天伦之伟。'"案：据此，下"祀""舆"字当互易。"孰能以无为首，以生为脊，以死为尻，孰知生死存亡之一体者，吾与之友矣。"成云："人起自虚无，故以无为首；从无生有，生则居次，故以生为脊；死最居后，故以死为尻。死生离异，同乎一体。能达斯趣，所遇皆适，岂有存亡欣恶于其间，谁能知是，我与为友也。"四人相视而笑，莫逆于心，遂相与为友。俄而子舆有病，子祀往问之。曰："伟哉！夫造物者，将以予为此拘拘也！成云："子舆自叹。"司马云："拘拘，体拘挛也。"曲偻发背，成云："伛偻曲腰，背骨发露。"上有五管，五藏之管向上。颐隐于齐，同脐。肩高于顶，句赘指天。"李云："句赘，项椎。其形似赘，言其上向。"阴阳之气有沴，郭云："沴，陵乱也。"同沴。其心闲而无事，宣云："不以病撄心。"跰𨇤而鉴于井。成云："跰𨇤，曳疾貌。曳疾力行，照临于井。"曰："嗟乎！夫造物者，又将以予为此拘拘也！"重叹之。子祀曰："汝恶之乎？"曰："亡，无同。予何恶！浸假而化予之左臂以为鸡，予因以求时夜；司夜也。"鸡"疑是"卵"字之误。时夜，即鸡也。既化为鸡，何又云因以求鸡？惟鸡出于卵，鸮出于弹，故因卵以求时夜，因弹以求鸮炙耳。齐物论云："见卵而求时夜，见弹而求鸮炙"，与此文大同，亦其明证矣。浸假而化予之右臂以为弹，予因以求鸮炙；浸假而化予之尻以为轮，以神为马，予因以乘之，岂更驾哉！郭云："无往不因，无因不可。"且夫得者时也，失者顺也，安时而处顺，哀乐不能入也。此古之所谓县解也，成云："得者，生也；失者，死也。"案养生主篇："适来，夫子时也；适去，夫子顺也。安时而处顺，哀乐不能入也。古者谓是帝之县解。"与此文证合。而不能自解者，物有结之。郭云："一不能自解，则众物共结之矣。"且夫物不胜天久矣，吾又何恶焉？"俄而子来有病，喘喘然将死，其妻子环而泣之。成云："喘喘，气息急也。"子犁往问之曰："叱！避！叱令其妻子避。无怛化！"释文："怛，惊也。"勿惊将化人。倚其户与之语曰："伟哉造物！又将奚以汝为？为何物？将奚以汝适？适，往也。以汝为鼠肝乎？以汝为虫臂乎？"王云："取微蔑至贱。"子来曰："父母于子，东西南北，唯命之从。阴阳于人，不翅于父母，成云："阴阳造化，何啻二亲乎！"彼近吾死而我不听，我则悍矣，彼何罪焉！彼，阴阳。悍，不顺。宣云："近，迫也。"夫大块载我以形，劳我以生，佚我以老，息我以死。故善吾生者，乃所以善吾死也。六语又见大宗师篇。今之大冶铸金，金踊跃曰'我必且为镆铘'，大冶必以为不祥之金。大冶，铸金匠。今一犯人之形，而曰'人耳人耳'，夫造化者必以为不祥之人。犯同范。偶成为人，遂欣爱郑重，以为异于众物，则造化亦必以为不祥。今一以天地为大炉，以造化为大冶，恶乎往而不可哉！"鼠肝、虫臂，何关念虑，成然寐，蘧然觉。成然为人，寐也；蘧然长逝，觉也。

　　子桑户、孟子反、子琴张三人相与友，曰："孰能相与于无相与，相为于无相为？成云："如百体各有司存，更相御用，无心于相与，无意于相为，而相济之功成矣。故于无与而相与周旋，无为而相为交友者，其意亦然。"孰能登天游雾，宣云："超于物外。"挠挑无极，李云："挠挑，犹宛转也。宛转玄旷之中。"相忘以生，无所终穷？"宣云："不悦生，不恶死。"三人相视而笑，莫逆于心，遂相与友。莫然有闲，崔云："莫然，定也。闲，顷也。"而子桑户死，未葬。孔子闻之，使子贡往侍事焉。成云："供给丧事。"或编曲，李云："曲，蚕薄。"或鼓琴，相和而歌曰："嗟来桑户乎！嗟来桑户乎！而已反其真，而，汝。而我犹为人猗！"成云："猗，相和声。"子贡趋而进曰："敢问临尸而歌，礼乎？"二人相视而笑，曰："是恶知礼意！"是，谓子贡。子贡反，以告孔子曰："彼何人者邪？修行无有，无自修之行。而外其形骸，临尸而歌，颜色不变，无以命之。崔云："命，名也。"彼何人者邪？"孔子曰："彼游方之外者也，而丘游方之内者也。成云："方，区域也。"外内不相及，而丘使女往吊之，丘则陋矣。彼方且与造物者为人，王引之云："为人，犹言为偶。中庸'仁者人也'，郑注：'读如"相人偶"之人，以人意相存偶之言。'公食大夫礼注：'每曲揖，及当碑揖，相人偶。'是人与偶同义。淮南原道篇：'与造比者为人。'义同。齐俗篇'上与神明为友，下与造化为人'。尤其明证。"而游乎天地之一气。彼以生为附赘县疣，成云："气聚而生，譬疣赘附县，非所乐。"以死为决疣溃痈。释文："疣，胡乱反。"宣云："疽属。"成云："气散而死，若疣痈决溃，非所惜。"夫若然者，又恶知死生先后之所在！宣云："一气循环。"假于异物，托于同体，宣云："即圆觉经地、风、水、火四大合而成体之说。盖视生偶然耳。"忘其肝胆，遗其耳目，宣云："外身也，视死偶然耳。"反覆终始，不知端倪，往来生死，莫知其极。芒然彷徨乎尘垢之外，逍遥乎无为之业。成云："芒然，无知貌。放任于尘累之表，逸豫于清旷之乡。"彼又恶能愦愦然为世俗之礼，以观众人之耳目哉！"成云："愦愦，烦乱。"释文："观，示也。"子贡曰："然则夫子何方之依？"成云："方内方外，未知夫子依从何道？"孔子曰："丘，天之戮民也。成云："圣迹礼仪，乃桎梏形性。夫子既依方内，是自然之理，刑戮之人也。故德充篇云'天刑之，安可解乎'！"虽然，吾与汝共之。"宣云："己之所得不欲隐。"子贡曰："敢问其方。"孔子曰："鱼相造乎水，人相造乎道。造，诣也。造乎水者鱼之乐，造乎道者人之乐。相造乎水者，穿池而养给；相造乎道者，无事而生定。释文："池，本亦作地。"案：两本并通。鱼得水则养给，人得道则性定。生、性字通。故曰：鱼相忘乎江湖，人相忘乎道术。"宣云："愈大则愈适，岂但养给、生定而已。"子贡曰："敢问畸人。"司马云："畸，不耦也。"郭云："问向所谓方外而不偶于俗者安在？"曰："畸人者，畸于人而侔于天。司马云："侔，等也。"成云："率其本性，与自然之理同。"故曰：天之小人，人之君子；

宣云："拘拘礼法，不知性命之情，而人称为有礼。"人之君子，天之小人也。"案：各本皆同。疑复语无义，当作"天之君子，人之小人也"。成云："子反、琴张，不偶于俗，乃曰畸人，实天之君子。"案不偶于俗，即谓不借于礼，则人皆不然之，故曰"天之君子，人之小人也"，文义甚明。苏舆云："以人之小人断定畸人，则琴张、孟孙辈皆非所取，庄生岂真不知礼者哉！"

颜回问仲尼曰："孟孙才，名才。其母死，哭泣无涕，中心不戚，居丧不哀。无是三者，以善处丧盖鲁国。固有无其实而得其名者乎？回壹怪之。"郭、陆、成本"丧"字绝句。李桢云："文义未完。'盖鲁国'三字当属上句，与应帝王篇'功盖天下'义同。释言：'弇，盖也。'释名：'盖，加也。'并有高出其上之意。言才以善处丧名盖鲁国也。"仲尼曰："夫孟孙氏尽之矣。进于知矣。成云："进，过也。"宣云：其尽道过于知丧礼者。"唯简之而不得，宣云：简者，略于事。世俗相因，不得独简，故未免哭泣居丧之事。"夫已有所简矣。宣云："然已无涕、不戚、不哀，是已有所简矣。"苏舆云："二语泛言，不属孟孙氏说。"姚云："常人束于生死之情以为哀痛，简之而不得，不知于性命之真，已有所简矣。"似较宣说为优。孟孙氏不知所以生，不知所以死，宣云："生死付之自然，此其进于知也。"不知就先，不知就后，成云："先，生；后，死。既一于死生，故无去无就。"若化为物，以待其所不知之化已乎！宣云："顺其所以化，以待其将来所不可知之化，如此而已。"案：死为鬼物，化也。鼠肝、虫臂，所不知之化也。且方将化，恶知不化哉？方将不化，恶知已化哉？宣云："四语正不知之化，总非我所能与。"吾特与汝其梦未始觉者邪！宣云："未能若孟孙之进于知也。"且彼有骇形而无损心，彼孟孙氏虽有骇变之形，而不以损累其心。有旦宅而无情死。成云："旦，日新也。宅者，神之舍也。以形之改变，为宅舍之日新耳。"姚云："情，实也。言本非实有死者。"孟孙氏特觉，人哭亦哭，是自其所以乃。乃，犹言如此。人哭亦哭，己无容心。苏舆云："'孟孙氏特觉'句绝。言我汝皆梦，而孟孙独觉，人哭亦哭，是其随人发哀。"且也，相与吾之耳矣，庸讵知吾所谓吾之乎？人每见吾暂有身，则相与吾之。岂知吾所谓吾之，果为吾乎，果非吾乎？且汝梦为鸟而厉乎天，厉、戾同声通用，至也。梦为鱼而没于渊，不识今之言者，其觉者乎，梦者乎？未知鱼鸟是觉邪梦邪，抑今人之言鱼鸟者是觉邪梦邪？造适不及笑，献笑不及排，宣云："人但知笑为适意，不知当其忽造适意之境，心先喻之，不及笑也。及忽发为笑，又是天机自动，亦不及推排而为之，是适与笑不自主也。"安排而去化，乃入于寥天一。"宣云："由此观之，凡事皆非己所及排，冥冥中有排之者。今但当安于所排，而忘去死化之悲，乃入于空虚之天之至一者耳。"

　　意而子见许由，许由曰："尧何以资汝？"成云："意而，古之贤人。"郭云："资者，给济之谓。"意而子曰："尧谓我：'汝必躬服仁义，而明言是非。'"成云："必须己身服行，亦复明言示物。"许由曰："而奚为来轵？而，汝也。轵同只。夫尧既已黥汝以仁义，而劓汝以是非矣，宣云："如加之以刑然。"汝将何以游夫遥荡、恣睢、转徙之途乎？"成云："恣睢，纵任也。转徙，变化也。"案：言汝既为尧所误，何以游乎逍遥放荡、纵任变化之境乎？意而子曰："虽然，吾愿游于其藩。"宣云："言虽不能遵途，愿涉其藩篱。"许由曰："不然。夫盲者无以与乎眉目颜色之好，瞽者无以与乎青黄黼黻之观。"意而子曰："夫无庄之失其美，成云："无庄，古之美人，为闻道，故不复庄饰，而自忘其美色。"据梁之失其力，成云："据梁，古之多力人，为闻道守雌故，失其力。"黄帝之亡其知，成云："黄帝有圣知，亦为闻道，故能亡遣其知。"皆在炉捶之间耳。释文："捶，本又作锤。"成云："炉，灶也。锤，锻也。三人以闻道契真，如器物假炉冶打锻，以成用耳。"庸讵知夫造物者之不息我黥而补我劓，使我乘成以随先生邪？"宣云："乘，犹载也。黥劓则体不备，息之补之，复完成矣。天今使我遇先生，安知不使我载一成体以相随邪？"许由曰："噫！未可知也。我为汝言其大略。吾师乎！吾师乎！赍万物而不为义，泽及万世而不为仁，司马云："赍，碎也。"卢文云："说文作赍，亦作斋。隶省作赍。"成云："素秋霜降，碎落万物，非有心断割而为义。青春和气，生育万物，非有情恩爱而为仁。"长于上古而不为老，成云："万象之前，先有此道，而日新不穷。"案：语又见前。覆载天地、刻雕众形而不为巧。成云：天覆地载，以道为原，众形雕刻，咸资造化，同禀自然，故巧名斯灭。"此所游已。"宣云："应上游。"

　　颜回曰："回益矣。"仲尼曰："何谓也？"曰："回忘仁义矣。"曰："可矣，犹未也。"他日复见，曰："回益矣。"曰："何谓也？"曰："回忘礼乐矣。"曰："可矣，犹未也。"他日复见，曰："回益矣。"曰："何谓也？"曰："回坐忘矣。"司马云："坐而自忘其身。"仲尼蹴然曰："何谓坐忘？"颜回曰："堕肢体，黜聪明，成云："堕，毁废。黜，退除。"离形去知，宣云："总上二句。"同于大通，成云："冥同大道。"此谓坐忘。"仲尼曰："同则无好也，宣云："无私心。"化则无常也。宣云："无滞理。"而果其贤乎！丘也请从而后也。"尔诚贤乎！吾亦愿学。极赞以进回。

子舆与子桑友，而霖雨十日。雨三日以往为霖。子舆曰："子桑殆病矣！"裹饭而往食之。至于桑之门，则若歌若哭，鼓琴曰："父邪母邪！天乎人乎！"有不任其声，而趋举其诗焉。崔云："不任其声，惫也。"成云："趋，卒疾也。"子舆入，曰："子之歌诗，何故若是？"成云："歌诗似有怨望，故惊怪问其所由。"曰："吾思乎使我至此极者而弗得也。父母岂欲吾贫哉？天无私覆，地无私载，天地岂私贫我哉？求其为之者而不得也。然而至此极者，命也夫！"知命所为，顺之而已。

内篇 应帝王第七
郭云："无心而任乎目化者，应为帝王也。"

啮缺问于王倪，四问而四不知。见齐物论。啮缺因跃而大喜，行以告蒲衣子。释文："尸子云：'蒲衣八岁，舜让以天下。'崔云：'即被衣，王倪之师也。'淮南子曰：'啮缺问道于被衣。'"蒲衣子曰："而乃今知之乎？而，汝。有虞氏不及泰氏。成云："泰氏，即太昊伏羲也。"有虞氏，其犹藏仁以要人，亦得人矣，而未[1]始出于非人。崔云："怀仁心以结人也。"宣云："非人者，物也。有心要人，犹击于物，是未能超出于物之外。"泰氏，其卧徐徐，其觉于于，司马云："徐徐，安稳貌。于于，无所知貌。一以己为马，一以己为牛，成云："或马或牛，随人呼召。"其知情信，成云："率其真知，情无虚矫。"其德甚真，郭云："任其自得，故无伪。"而未始入于非人。"宣云："浑同自然，毫无物累，未始陷入于物之中。"

肩吾见狂接舆。狂接舆曰："日中始何以语女？"李云："日中始，人姓名，贤者也。"崔本无"日"字，云："中始，贤人也。"俞云："日，犹言日者也。义见左文七年、襄二十六年、昭七年、十九年传。"肩吾曰："告我：君人者，以己出经式义度，司马

---

[1] "未"原作"非"，据集释本改。

云:"出,行也。"王念孙云:"经式义度,皆谓法也。义读为仪,古字通。"人孰敢不听而化诸!"狂接舆曰:"是欺德也。成云:"以己制物,物丧其真,是欺诳之德,非实道。"其于治天下也,犹涉海凿河,涉海而凿为河。而使蚉负山也。夫圣人之治[1]也,治外乎?用法,是治外也。正而后行,正其性而后行化。确乎能其事者而已矣。李云:"确,坚也。"宣云:"不强人以性之所难为。"且鸟高飞以避矰弋之害,鼷鼠深穴乎神丘之下,以避熏凿之患,成云:"矰,网。鼷鼠,小鼠。神丘,社坛。"宣云:"物尚有知如此。"而曾二虫之无知!"曾是人之无知不如二虫乎!

天根游于殷阳,崔云:"地名。"至蓼水之上,李云:"蓼水,水名。"适遭无名人而问焉,曰:"请问为天下。"无名人曰:"去!汝鄙人也,何问之不豫也!俞云:"释诂:'豫,厌也。'楚词惜诵'行婞直而不豫兮',王注:'豫,厌也。'此怪天根之多问,犹云何不惮烦也!"子方将与造物者为人,人,偶也,详大宗师篇。厌则又乘夫莽眇之鸟,成云:"莽眇,深远。"案:谓清虚之气若鸟然。以出六极之外,成云:"六极,犹六合。"而游无何有之乡,说见逍遥游篇。以处圹埌之野。崔云:"圹埌,犹旷荡也。"汝又何帠以治天下感予之心为!"帠,徐音艺,未详何字。崔本作"为",当从之。又复问。无名人曰:"汝游心于淡,合气于漠,顺物自然,而无容私焉,宣云:"不用我智。"而天下治矣。"

阳子居见老聃曰:成云:"姓阳,字子居。"案:即杨朱,见寓言篇注。"有人于此,向疾强梁,向往敏疾,强干果决。物彻疏明,事物洞彻,疏通明达。学道不倦。如是者,可比明王乎?"老聃曰:"是于圣人也,胥易技系,劳形怵心者也。言此其学圣人,如胥之易,如技之系,徒役其形心者也。郭庆藩云:"胥徒,民给徭役者。易,治也。胥易,谓胥徒供役治事。技系,若王制'凡执技以事上者,不贰事,不移官',是为技所系也。"且也虎豹之文来田,以文致猎。猿狙之便、捷也。执嫠之狗来藉。司马云:"藉,系也。"案:猴、狗以能致系。二语亦见天地篇。如是者,可比明王乎?"阳子居蹴然曰:"敢问明王之治。"老聃曰:"明王之治,功盖天下而似不自己,成云:"圣人功成不居,似非己为之。"化贷万物而民弗恃,宣云:"贷,施也。"成云:"百姓谓不赖君之

---

[1]"治"原作"知",据集释本改。

能。"有莫举名，宣云："似有，而无能名。"使物自喜，成云："物各自得。"立乎不测，宣云："所存者神。"而游于无有者也。"宣云："行所无事。"

郑有神巫曰季咸，列子黄帝篇云："有神巫自齐来，处于郑，命曰季咸。"知人之生死存亡，祸福寿夭，期以岁月旬日，若神。或岁或月或旬日，无不神验。郑人见之，皆弃而走。宣云：惟恐言其不吉。"列子见之而心醉，向云："迷惑于其道也。"归以告壶子，列子作"壶邱子"。司马云："名林，郑人，列子师。"曰："始吾以夫子之道为至矣，则又有至焉者矣。"郭云："谓季咸之至，又过于夫子。"壶子曰："吾与汝既其文，未既其实，而固得道与？"成云："与，授。既，尽也。吾比授汝，始尽文言，于其妙理，全未造实。汝固执文字，谓言得道邪？"案：列子"既其文"作"无其文"，张湛注引向秀云："实由文显，道以事彰。有道而无事，犹有雌无雄耳。今吾与汝，虽深浅不同，无文相发，故未尽我道之实也。此言圣人之唱，必有感而后和。"众雌而无雄，而又奚卵焉！郭云："喻列子未怀道。"而以道与世亢必信，而，汝也。信读曰伸。言汝之道尚浅，而乃与世亢，以求必伸。列子"亢"作"抗"。夫故使人得而相女。故使人得而窥测之。尝试与来，以予示之。"明日，列子与之见壶子。出而谓列子曰："嘻！子之先生死矣，弗活矣，不以旬数矣！吾见怪焉，见湿灰焉。"宣云："言无气焰。"列子入，泣涕沾襟，以告壶子。壶子曰："乡吾示之以地文，列子注引向云："块然若土也。"萌乎不震不正。俞云："列子作'罪乎不诪不止'，当从之。罪读为辠，说文作𡸣，云：'山貌。'震即𡸣之异文。不诪不止者，不动不止也。故以𡸣乎形容之，言与山同也。今罪误作萌，止误作正，失其义矣。据释文，崔本作'不诪不止'，与列子同，可据以订正。"案：列子注引向云："不动，亦不自止，与枯木同其不华，死灰均其寂魄，此至人无感之时也。是殆见吾杜德机也。成云："杜，塞也。"列子"机"作"几"，下同。注引向云："德几不发，故曰杜。"尝又与来。"尝，亦试也。明日，又与之见壶子。出而谓列子曰："幸矣！子之先生遇我也。有瘳矣，全然有生矣。列子"全"作"灰"。吾见其杜权矣。"宣云："杜闭中觉有权变。列子入，以告壶子。壶子曰："乡吾示之以天壤，列子注引向云："天壤之中，覆载之功见矣。比地之文，不犹外乎！案：郭注"地之"作"之地"，"外"作"卵"，是误字。昔人谓郭窃向注，殆不然，此类得毋近是乎？名实不入，列子注引向云："任自然而覆载，则名实皆为弃物。"案：郭注"则"下，作"天机玄应，而名利之饰皆为弃物矣"。而机发于踵。宣云："一段生机，自踵而发。"是殆见吾善者机也。宣云："善即生意。"尝又与来。"明日，又与之见壶子。出而谓列子曰："子之先生不齐，释文："侧皆反，本又作齐。下同。"吾无得而相焉。试齐，且复相之。"列子入，以告壶子。壶子曰："吾乡示之以太冲莫胜。列子"胜"作"朕"，当从之。注引向云："居太冲之极，浩然泊心，玄同万方，莫见其迹。"案：郭注"莫见其迹"作"故胜负莫得厝其间也"。是殆见吾衡气机也。宣云："衡，平也。"列子注引向云："无往不平，混然一之。"案：郭注同。鲵桓之审为渊，止水之审为渊，流水之审为渊。渊有九名，此处三焉。列子"鲵桓之审"作"鲵旋之潘"，张注以为当作"蟠"，云："鲵，大鱼。桓，盘桓也。蟠，洄流也。言大鱼盘桓，其水蟠洄而成深泉。"渊有九名者，谓鲵桓、止水、流水、滥水（尔雅："水涌出也。"）、沃水（水泉从上溜下）、汍水（水泉从旁出）、雍水（河水决出，还复入也）、汧水（水流行也）、肥水（水所出异为肥）。是为九渊，皆列子之文。成云："水体无心，动止随物，或鲸鲵盘桓，或凝湛止住，或波流湍激。虽多种不同，而玄默无心一也。"尝又与来。"明日，又与之见壶子。立未定，自失而走。壶子曰："追之！"列子追之不及，反以报壶子，曰："已灭矣，已失矣，吾弗及也[1]。"壶子曰："乡吾示之以未始出吾宗。深根冥极，不出见吾之宗主。吾与之虚而委蛇，成云："委蛇，随顺貌。"郭云："无心而随物化。"案：列子"委蛇"作"猗移"，义同。不知其谁何，向云："泛然无所系。"案：郭注同。因以为弟靡，释文："弟音颓。弟靡，不穷之貌。"卢文弨云："正字通弟通作弟。后来字书亦因之，而于古无有也。类篇弟字下有徒回反一音，云：'弟靡，不穷儿。'正本此。列子作'茅靡'。"因以为波流，崔本作"波随"，云："常随从之。"王念孙云："崔本是也。蛇、何、靡、随为韵。蛇，古音徒禾反。靡，古音摩。随，古亦音徒何反。"故逃也。"成云："因任前机，曾无执滞，千变万化，非相者所知，故季咸逃逸也。"案：列子注引向云："至人其动也天，其静也地，其行也水流，其湛也渊嘿。渊嘿之与水流，天行之与地止，其于不为而自然，一也。今季咸见其尸居而坐忘，即谓之将死；见其神动而天随，即谓之有生。苟无心而应感，则与变升降，以世为量，然后足为物主，而顺时无极耳，岂相者之所觉哉！"然后列子自以为未始学而归，成云："始觉壶丘道深，自知未学。"三年不出。为其妻爨，向云："遗耻辱。"食豕如食人。释文："食音祀。"郭云：

---

[1] "也"，集释本作"矣"。

"忘贵贱也。"于事无与亲，不近世事。雕琢复朴，成云："雕琢华饰之务，悉皆屏除，复于朴素。"块然独以其形立。块然无偶。纷而封哉，释文："纷而，崔云：'乱貌。'哉，崔本作戎，云：'封戎，散乱也。'李桢云："崔本是也。列子作'忿然而封戎'。六句人、亲、朴、立、戎、终，各自为韵。"一以是终。宣云："道无复加也。引季咸、壶子事，明帝王当虚己无为，立于不测，不可使天下得相其端，以开机智。其取意微渺无伦。"以上引五事为证。

无为名尸，成云："尸，主也。无为名誉之主。"无为谋府，无为谋虑之府。无为事任，郭云："付物使各自任。"无为知主。释文："知音智。"成云："不运智以主物。"体尽无穷，体悟真源，冥会无穷。而游无朕，崔云："朕，兆也。"成云："朕，迹也。晦迹韬光，故无朕。"尽其所受于天，而无见得，全所受于天，而无自以为得之见。亦虚而已。郭云："不虚，则不能任群实。"至人之用心若镜，郭云："鉴物而无情。"不将不迎，应而不藏，成云："将，送也。物感斯应，应不以心，既无将、迎，岂有情于隐匿哉！"故能胜物而不伤。成云："用心不劳，故无损害。"此段正文。

南海之帝为儵，北海之帝为忽，中央之帝为浑沌。简文云："儵、忽，取神速为名。浑沌，以合和为貌。神速[1]譬有为，合和譬无为。"崔云："浑沌，无孔窍也。"儵与忽时相与遇于浑沌之地，浑沌待之甚善。儵与忽谋报浑沌之德，曰："人皆有七窍，以视听食息，此独无有，尝试凿之。"日凿一窍，七日而浑沌死。郭云："为者败之。"此段喻意。

---

[1]"神速"原作"儵忽"，据释文改。

附录二

《庄子》金句

1. 天地与我并生,而万物与我为一。(《齐物论》)

   白话:天地和我一同存在,万物和我本是一体。

   解读:人类不是自然的主宰,而应与花草树木、鸟兽鱼虫和谐共生。

2. 凫胫虽短,续之则忧;鹤胫虽长,断之则悲。(《骈拇》)

   白话:野鸭的腿虽短,接长一截它就会痛苦;鹤的腿虽长,截断一段它就会悲伤。

   解读:万物都有最适合自己的样子,不必盲目比较或改变。

3. 吾生也有涯,而知也无涯。(《养生主》)

   白话:人的生命是有限的,但知识却是无限的。

   解读:学习时要专注自己热爱的领域,不必贪多求全。

4. 夏虫不可以语于冰者,笃于时也。(《秋水》)

   白话:夏天的虫子无法理解冰雪,因为它被季节限制了见识。

   解读:多读书、多旅行,才能打破认知的局限。

5. 直木先伐，甘井先竭。(《山木》)

   白话：笔直的树木先被砍伐，甘甜的井水先被舀干。

   解读：才华外露可能招来麻烦，谦逊低调也是一种智慧。

6. 至人无己，神人无功，圣人无名。(《逍遥游》)

   白话：境界最高的人忘掉自我，超脱的人不求功劳，圣人不追求名声。

   解读：真正的自由来自内心的专注，而非外界的评价。

7. 鹪鹩巢于深林，不过一枝；偃鼠饮河，不过满腹。(《逍遥游》)

   白话：小鸟在森林筑巢，只需一根树枝；田鼠到河边喝水，只需喝饱肚子。

   解读：物质需求其实很简单，多余的欲望反而让人疲惫。

8. 巧者劳而智者忧，无能者无所求。(《列御寇》)

   白话：灵巧的人总在忙碌，聪明的人总有忧虑，平凡的人反而自在。

   解读：不必强迫自己成为"完美的人"，轻松生活也很重要。

9. 北冥有鱼，其名为鲲。鲲之大，不知其几千里也。(《逍遥游》)

   白话：北海有一条叫"鲲"的大鱼，它的身体大到几千里。

   解读：庄子用奇幻的想象打破常识，提醒我们：世界远比看到的更辽阔！

10. 罔两问景曰：曩子行，今子止，曩子坐，今子起，何其无特操与？(《齐物论》)

    白话：影子外的微影问影子："你一会儿走，一会儿停，一会儿坐，一会儿站，怎么这么没主见？"

    解读：庄子借影子对话告诉我们：盲目跟随他人，会失去自己的方向。

11. 人生天地之间，若白驹之过隙，忽然而已。(《知北游》)

    白话：人活在天地间，就像白马飞驰过门缝，只是一瞬间。

    解读：生命短暂，与其焦虑未来，不如珍惜当下的每一刻。

12. 泉涸，鱼相与处于陆，相呴以湿，相濡以沫，不如相忘于江湖。(《大宗师》)

    白话：泉水干涸后，鱼儿用唾沫互相湿润求生，但不如在江湖中自由自在地彼此忘记。

    解读：困境中的互助虽可贵，但更向往彼此独立又自在的关系。

13. 不精不诚，不能动人。(《渔父》)

    白话：不投入真诚的情感，就无法打动他人。

    解读：无论是交朋友、写作文还是做演讲，发自内心才能获得共鸣。

14. 子非鱼，安知鱼之乐？(《秋水》)

    白话：你不是鱼，怎么知道鱼的快乐？

    解读：不要用自己的标准评判他人，学会尊重差异。

15. 庖丁解牛，技经肯綮之未尝，而况大軱乎！(《养生主》)

    白话：庖丁宰牛时，刀刃连经络都不碰，何况是大骨头！

    解读：做事要像庖丁一样，找到规律就能事半功倍。

16. 呆若木鸡 (《达生》)

    白话：训练斗鸡的最高境界，是让它看起来像只木鸡。(现多用于贬义，形容因恐惧或惊讶而发呆的神态。)

    解读：真正的强者不靠虚张声势，专注和沉稳才是关键。

17. 井蛙不可以语于海者，拘于虚也。(《秋水》)
    白话：不可与井底之蛙谈论大海，因为它的眼界受狭小居处的局限。
    解读：不要做井底之蛙，多看看广阔的世界才能增长见识。

18. 大块噫气，其名为风。(《齐物论》)
    白话：大地呼出一口气，这就是我们感受到的风。
    解读：庄子把自然现象比作生命的呼吸，万物皆有灵性。

19. 林焚而泽焚，鱼相与处于陆。(《大宗师》)
    白话：森林和湖泊都干涸了，鱼儿只能困在陆地上。
    解读：生态破坏会让所有生命陷入困境，保护环境就是保护自己。

20. 知不可奈何而安之若命。(《德充符》)
    白话：明知事情无法改变，就坦然接受它如同命运。
    解读：面对考试失利、朋友误会等挫折时，学会接纳比抱怨更有用。

21. 褚小者不可以怀大，绠短者不可以汲深。(《至乐》)
    白话：小布袋装不下大东西，短绳子打不到深井水。
    解读：承认自己的能力有限，也是一种成长的勇气。

22. 泽雉十步一啄，百步一饮，不蕲畜乎樊中。(《养生主》)
    白话：沼泽边的野鸡走十步才啄一口食，走百步才喝一口水，也不愿被关在笼子里。
    解读：自由比安逸更重要，就像小鸟宁愿飞翔也不做宠物。

23. 忘足，履之适也；忘要，带之适也。(《达生》)
    白话：忘记脚的存在，是因为鞋子合脚；忘记腰的存在，是因为腰带舒适。
    解读：真正的自在，是让一切成为自然而然的状态。

24. 藐姑射之山，有神人居焉，肌肤若冰雪，淖约若处子。(《逍遥游》)
    白话：遥远的姑射山上住着神仙，皮肤像冰雪般透亮，姿态像少女般轻盈。
    解读：这是中国文学中最早的"神仙姐姐"形象，想象力突破天际！

25. 指穷于为薪，火传也，不知其尽也。(《养生主》)
    白话：木柴会烧尽，但火种可以一直传递下去。
    解读：生命如同传递的火种，个体的消逝不影响精神的永恒。

26. 哀莫大于心死，而人死亦次之。(《田子方》)
    白话：最悲哀的是心灵麻木，身体的死亡反而在其次。
    解读：保持对世界的好奇与热情，比追求长寿更重要。

27. 以无厚入有间，恢恢乎其于游刃必有余地矣！(《养生主》)
    白话：用薄薄的刀刃插入骨节缝隙，就能轻松游走有余地！
    解读：庖丁解牛的秘诀——找到问题的关键点，就能轻松解决难题。

28. 朝菌不知晦朔，蟪蛄不知春秋。(《逍遥游》)
    白话：朝生暮死的菌菇不懂一个月的时间，夏蝉不懂四季的变化。
    解读：知识盲区并不可笑，重要的是保持开放的学习心态。

29. 螳螂捕蝉，黄雀在后。(《山木》)
    白话：螳螂盯着眼前的蝉，却不知道黄雀正在身后盯着它。
    解读：做事不能只顾眼前利益，要警惕背后的风险。

30. 宋人资章甫而适诸越，越人断发文身，无所用之。(《逍遥游》)

　　白话：宋国人带着帽子去越国卖，可越人剪短发、纹身，根本不需要帽子。

　　解读：适合别人的东西未必适合你，不必盲目跟风。

附录三

《庄子》外杂篇所记载的庄周故事

著者按：

  《庄子》外杂篇的作者是庄周还是其后学，现在难以断定。但是，其中所记载的庄周故事，是我们了解庄周其人的第一手资料，故摘录于此，以飨读者。由此可见庄周的生活情趣与行为准则。

  ①《天运》
  宋国的太宰官荡向庄子请教什么是仁。庄子说："虎狼也有仁爱。"太宰惊讶地问："这怎么说？"庄子解释道："虎狼父子之间互相亲爱，怎么不算仁呢？"
  太宰继续追问："那最高境界的仁是什么？"庄子回答："至仁是不分亲疏的。"太宰困惑地说："如果对亲人都不偏爱，那不就是不孝了吗？这样还能称为仁吗？"庄子用比喻开导他："就像往南走到郢都的人，反而看不见北方的冥山，这是因为距离太远了。真正的仁爱超越孝道的层面，就像用敬礼来尽孝容易，用真心去爱父母难；用爱行孝容易，自然到忘记刻意尽孝更难；让父母忘记自己在尽孝难上加难；最终达到让天下都忘记仁爱痕迹的境界，才是至仁。"
  庄子最后总结道："尧舜那样的德行都不值得标榜，真正的德泽润物无声。世人追捧的孝悌仁义，其实都是给自己套上的道德枷锁，并不值得过度推崇。"

（商太宰荡问仁于庄子。庄子曰："虎狼，仁也。"曰："何谓也？"庄子曰："父子相亲，何为不仁？"曰："请问至仁。"庄子曰："至仁无亲。"太宰曰："荡闻之：无亲则不爱，不爱则不孝，谓至仁不孝，可乎？"庄子曰："不然。夫至仁尚矣，孝固不足以言之。此非过孝之言也，不及孝之言也。夫南行者至于郢，北面而不见冥山，是何也？则去之远也。故曰：以敬孝易，以爱孝难。以爱孝易，以忘亲难。忘亲易，使亲忘我难。使亲忘我易，兼忘天下难。兼忘天下易，使天下忘我难。夫德遗尧舜而不为也，利泽施于万世，天下莫知也，岂直太息而言仁孝哉！夫孝悌仁义，忠信贞廉，此皆自勉以役其德者也，不足多也。"）

② 《秋水》

庄子在濮水边垂钓时，楚王派了两位大夫前去邀请。使者恭敬说道："楚王愿将国家大事托付给您。"庄子头也不回地握着钓竿，忽然讲起故事："我听说楚国有个三千年神龟，死后被供奉在庙堂金匣中。你们觉得，这龟是宁愿死后留着尊贵骨骸，还是活着在泥潭里摇尾巴？"两位大夫脱口而出："当然愿意活着在泥潭里！"

（庄子钓于濮水。楚王使大夫二人往先焉。曰："愿以境内累矣。"庄子持竿不顾，曰："吾闻楚有神龟，死已三千岁矣，王巾笥而藏之庙堂之上。此龟者，宁其死为留骨而贵乎？宁其生而曳尾于涂中乎。"二大夫曰："宁其生而曳尾于涂中。"）

③ 《秋水》

惠子在梁国当宰相时，庄子前去拜访。有人悄悄对惠子说："庄子这次来，怕是要取代你的相位。"惠子慌了神，派人在都城里搜了三天三夜。

庄子却主动找上门，开口问道："你听说过南方有一种叫凤凰的神鸟吗？这凤凰从南海出发，要飞到北海去。它只肯栖息在梧桐树上，只吃竹子的果实，只喝甘甜的泉水。有只猫头鹰捡到只腐烂的老鼠，正巧凤凰从它头顶飞过，猫头鹰立刻炸了毛，仰着脖子发出'嚇！嚇！'的威吓声——"说到这儿庄子笑了,"老友啊,你现在是打算用梁国这只'死老鼠'来吓唬我吗?"

(惠子相梁,庄子往见之。或谓惠子曰:"庄子来,欲代子相。"于是惠子恐,搜于国中,三日三夜。庄子往见之,曰:"南方有鸟焉,其名为鹓䴔,子知之乎?夫鹓䴔发于南海,而飞于北海,非梧桐不止,非练实不食,非醴泉不饮。于是鸱得腐鼠,鹓䴔过之,仰而视之,曰:'吓!'今子欲以子之梁国而吓我邪?")

④《秋水》

庄子和惠子在濠水的石桥散步时,看到一群白鲦鱼在水中游弋。庄子扶着栏杆说:"你看这些鱼儿摇着尾巴多自在,这就是它们的快乐啊!"

惠子故意反问:"你又不是鱼,怎么知道鱼快不快乐?"庄子立刻用同样的逻辑回应:"你也不是我,怎么知道我不懂鱼的快乐?"

"我确实不是你,所以不了解你,"惠子笑着摊开手,"但你终究不是鱼,说鱼会快乐这件事,根本站不住脚嘛!"

庄子突然收起笑容,认真说道:"让我们回到对话的起点吧。当你问'你哪里知道鱼的快乐'时,其实已经默认我知道答案了。至于答案的来源——"他指了指桥下的粼粼波光,"我站在濠水桥上看着游鱼,自然就明白了。"

(庄子与惠子游于濠梁之上。庄子曰:"儵鱼出游从容,是鱼之乐也。"惠子曰:"子非鱼,安知鱼之乐?"庄子曰:"子非我,安知我不知鱼之乐?"惠子曰:"我非子,固不知子矣,子固非鱼矣。子之不知鱼之乐,全矣。"庄子曰:"请循其本。子曰:汝安知鱼乐云者,既已知吾知之而问我,我知之濠上也。")

⑤《至乐》

庄子的妻子去世了,惠子前来吊唁,却见庄子叉开腿坐在地上,敲着瓦盆唱歌。惠子忍不住责备:"你们夫妻相伴多年,她为你生儿育女直至年老。如今去世不哭也罢,竟还敲盆唱歌,太过分了吧?"

庄子平静回应:"你误会了。她刚离世时,我何尝不悲痛?但细想生命的本质:最初她本不存在,不仅没有生命,连形体都没有;不仅无形体,连构成生命的气息都不存在。在混沌之中，气息凝聚成形体，形体孕育出生命。如今生命又回归死亡，这就像四季轮回般自然。"

"此刻她安眠在天地构筑的居所里，若我还哭哭啼啼，岂不是不懂生命真谛？"说罢，瓦盆又发出清越的声响，仿佛应和着亘古不变的自然节律。

（庄子妻死，惠子吊之，庄子则方箕踞，鼓盆而歌。惠子曰："与人居，长子、老。身死，不哭亦足矣，又鼓盆而歌，不亦甚乎？"庄子曰："不然。是其始死也，我独何能无概然。察其始而本无生，非徒无生也，而本无形；非徒无形也而本无气。杂乎芒芴之间，变而有气，气变而有形，形变而有生。今又变而之死，是相与为春秋冬夏四时行也。人且偃然寝于巨室，而我嗷嗷然，随而哭之，自以为不通乎命，故止也。"）

⑥《至乐》

庄子游历楚国时，见到一具枯骨暴露荒野，形体尚存轮廓。他用马鞭敲了敲白骨问道："先生是因贪恋生命违背天理丧命的吗？是遭遇亡国战祸被处决的吗？是做了愧对父母妻儿的丑事自尽的吗？是饥寒交迫冻饿而死的吗？还是寿数已尽自然亡故的？"说罢便将白骨当作枕头躺下。

深夜白骨入梦，声音清朗："你方才的追问像极了雄辩家，但所言尽是活人的烦恼。死后这些桎梏都不复存在。要听听死后的光景吗？"庄子应允。白骨娓娓道来："九泉之下没有君王管束，没有臣民劳心，四季更迭与我无关，只觉天地永恒如春日。纵使南面称王的快乐，也不及这般自在。"

庄子质疑道："若我让司命之神重塑你的骨血，使你重获人形，回到父母妻儿故友之间，你可愿意？"白骨忽然皱起眉头："我怎会舍弃胜过君王的逍遥，再去承受人间疾苦呢？"

（庄子之楚，见空髑髅，髐然有形。撽以马棰，因而问之曰："夫子贪生失理，而为此乎？将子有亡国之事、斧钺之诛，而为此乎？将子有不善之行，愧遗父母妻子之丑而为此乎？将子有冻馁之患而为此乎？将子之春秋，故及此乎？"于是语毕，援髑髅枕而卧。夜半，髑髅见梦曰："子之谈者似辩士，视子之言，皆生人之累也。死则无此矣。子欲闻死之说乎？"庄子曰："然。"髑髅曰："死无君于上，无臣于下，亦无四时之事，从然以天地为春秋。虽南面，乐不能过也。"庄子不信，曰："吾使司命复生子形，为子骨肉肌肤，反子父母妻子闾里知识，子欲之乎？"髑髅矉深矉蹙额曰："吾安能弃南面王乐，而复为人间之劳乎？"）

⑦《山木》

庄子在山中漫步，见一株枝繁叶茂的大树，伐木工围着树转了几圈却不砍伐。他好奇地询问，工人摆摆手："这木头纹理歪斜，做不成好材料。"庄子抚着树干感叹："你正因为不成材，才躲过了斧头啊。"

下山后庄子借宿友人家，主人热情招呼仆人杀鹅款待。仆人拎着两只鹅请示："一只能叫，一只哑嗓子，宰哪只？"主人挥挥手："留有用的，杀哑的。"随行弟子大感不解，次日追问："昨日山中树因无用得活命，今日哑鹅因无用被宰杀，人到底该怎么做？"

庄子拢袖笑道："若死守'有用'便招祸，强求'无用'也未必周全。你看屋檐下的燕子，春来筑巢不贪高枝，秋去南飞不恋旧梁——顺应四时翱翔，何曾计较自己有没有用？真正的逍遥，是像流水绕过山石，像清风穿过竹林，不拘泥于'材与不材'的算计啊。"

（庄子行于山中，见大木枝叶茂盛，伐木者止其旁，而不取也。问其故，曰："无所可用。"庄子曰："此木以不材得终其天年。"夫子出乎山，舍于故人之家，故人喜，命竖子杀雁而烹之。竖子请曰："其一能鸣，其一不能鸣，请奚杀？"主人曰："杀不能鸣者。"明日，弟子问于庄子曰："昨日山中之木，以不材得终其天年，今主人之雁，以不材死。先生将何处？"庄子笑曰："周将处于材与不材之间。材与不材之间，似之而非也，故未免乎累。若夫乘道德而浮游则不然。"）

⑧《山木》

庄子穿着打补丁的粗布衣，用麻绳系紧草鞋去见魏王。魏王打量着他笑道："先生怎么落魄成这样？"

庄子挺直腰杆答道："这是贫穷，不是落魄。读书人胸怀大道却无处施展，才是真正的落魄。您看那山间的猿猴——当它们在楠木林间攀援时，轻灵如飞鸟穿梭，纵是神箭手也难瞄准；可一旦困在荆棘丛里，连挪步都得战战兢兢。难道是筋骨变僵硬了吗？不过是处境不同罢了。"

他拂了拂衣襟的补丁，目光灼灼："如今君王昏聩，朝堂混乱，我就像落在荆棘丛中的猿猴，纵有满身本领，又怎能不显得困顿呢？"

（庄子衣大布而补之，正廪系履而过魏王。魏王曰："何先生之惫也？"庄子曰："贫也，非惫也。士有道德不能行，惫也。衣弊履穿，贫也，非惫也。此所谓非遭时也。王独不见夫腾猿乎，其得楠梓豫章也，揽蔓其枝，而王长其间，虽羿逢蒙，不能眄睨也。及其得柘棘枳枸之间也，危行侧视，振动悼栗。此筋骨非有加急而不柔也，处势不便，未足以逞其能也。今处昏上乱相之间，而欲无惫，奚可得邪？"）

⑨《山木》

庄子在雕陵山林间漫步时，忽然望见一只奇异的鹊鸟从南方飞来。这鸟双翼展开足有七尺宽，眼睛大如铜钱，掠过他额角时掀起一阵凉风，最后停在了栗子林里。庄子举起弹弓悄悄靠近，却瞧见更惊心的画面——树荫下有只蝉正惬意乘凉，全然不知身后螳螂正举着刀臂逼近；螳螂专注盯着猎物，却没发现鹊鸟已在自己头顶盘旋。

"原来万物都在互相牵制啊！"庄子扔了弹弓转身就跑，守林人追着骂他偷栗子。回家后他闭门静思两个月，弟子蔺且忍不住问："老师最近怎么总在屋里发呆？"

"那天我举着弹弓时，和那只盯着螳螂的鹊鸟有何分别？"庄子望着窗外的流云叹息，"守着外物却忘了自身安危，就像盯着浑水反而看不清清泉。我们总笑话蝉儿糊涂，可世人哪个不是在利益面前昏了头呢？"

（庄周游乎雕陵之樊，睹一异鹊，自南方来者，翼广七尺，目大运寸，感周之颡，而集于栗林。庄周曰："此何鸟哉？翼殷不逝，目大不睹。"蹇裳躩步，执弹而留之。睹一蝉，方得美荫，而忘其身。螳螂执翳而搏之，见得而忘其形。异鹊从而利之，见利而忘其真。庄周怵然曰："噫！物固相累，二类相召也。"捐弹而反走，虞人逐而谇之。庄周反入，三月不庭。蔺且从而问之："夫子何为顷间甚不庭乎？"庄周曰："吾守形而忘身，观于浊水而迷于清渊。且吾闻诸夫子曰：入其俗，从其俗。今吾游于雕陵而忘吾身。异鹊感吾颡，游于栗林而忘真。栗林虞人，以吾为戮，吾所以不庭也。"）

⑩《田子方》

庄子拜见鲁哀公时，鲁哀公得意地说："我们鲁国遍地都是儒生，街上穿儒服的人比麻雀还多。"庄子却摇头："依我看，真正的儒士少得可怜。"

鲁哀公不服气，指着宫门外熙熙攘攘的人群："满大街都穿着宽袍大袖，这还能有假？"庄子捻须笑道："戴草帽的不一定是农夫，穿白大褂的未必是郎中。真正的儒士戴圆帽通晓天象，穿方鞋熟知地理，佩戴玉玦象征果断——但挂着玉佩的，可不见得都有真学问。"

见国君仍不信，庄子提议："您不妨发道旨意：凡穿儒服却无真才实学者，一律问斩。"鲁哀公当即下令，不出三日，满城宽袍大袖消失得无影无踪。唯有个布衣男子仍穿着儒服立于宫门，应对国事对答如流。

庄子指着那人笑道："诺大鲁国，真儒士不过沧海一粟，何来遍地之说？"

（庄子见鲁哀公，哀公曰："鲁多儒士，少为先生方者。"庄子曰："鲁少儒。"哀公曰："举鲁国而儒服，何谓少乎？"庄子曰："周闻之，儒者冠圜冠者，知天时，履句屦者，知地形，缓佩玦者，事至而断。君子有其道者，未必为其服也，为其服者，未必知其道也。公固以为不然，何不号于国中曰：无此道也为此服者，其罪死。"于是哀公号之三日，而鲁国无敢儒服者，独有一丈夫，儒服而立乎公门，公即召而问以国事，千转万变而不穷。庄子曰："以鲁国而儒者一人耳，可谓多乎？"）

⑪《知北游》

东郭子问庄子:"人们说的道,究竟在哪里呢?"庄子回答:"无处不在。"

"能不能说具体些?"东郭子追问。

"在蚂蚁窝里。"

"怎么说得这么卑微?"

"在野草丛中。"

"怎么越说越低了?"

"在碎瓦片里。"

"这简直太离谱了!"

"在粪坑尿池中。"

东郭子不说话了。

庄子说:"你的提问方式本就没触及本质。就像屠夫检查猪的肥瘦,越往腿脚处按压越能看清肉质。别固执己见,万物都逃不开道的存在。最深刻的道理往往最朴实,最宏大的真理也最寻常。涵盖、普遍、全体这些词,虽然名字不同,说的都是同一个真相。试着想象我们漫步在虚无的宫殿,把万物看作整体,哪里会有尽头?试着与自然同呼吸,感受淡泊中的宁静,混沌中的清明,从容中的悠闲?我的心就像辽阔的天空,不刻意去往何方,却到达该去的地方。来来往往间,不知停驻何处。经历过许多,却不知终点在哪儿。在浩瀚天地间遨游,即便拥有大智慧,也摸不透它的边际。创造万物的本源,与万物没界限。人们看到的分界,不过是事物表面的区隔。真正的道,既在界限之中,又超越所有界限。"

(东郭子问于庄子曰:"所谓道,恶乎在?"庄子曰:"无所不在。"东郭子曰:"期而后可。"庄子曰:"在蝼蚁。"曰:"何其下邪?"曰:"在稊稗。"曰:"何其愈下邪?"曰:"在瓦甓。"曰:"何其愈甚邪?"曰:"在屎溺。"东郭子不应。庄子曰:"夫子之问也,固不及质。正获之问于监市履狶也,每下愈况。汝唯莫必,无逃乎物。至道若是,大言亦然。周、遍、咸三者,异名同实,其指一也。尝相与游乎无何有之宫,同合而论,无所终穷乎?尝相与无为乎?淡而静乎？漠而清乎？调而闲乎？寥已吾志，无往焉，而不知其所至。去而来，而不知其所止。吾已往事焉，而不知其所终。彷徨乎冯闳，大知入焉，而不知其所穷。物物者，于物无际。而物有际者，所谓物际者也。不际之际，际之不际者也。"）

⑫《徐无鬼》

庄子送葬时经过惠子墓前，回头对随行的人讲起故事：

"郢都有个人鼻尖沾了苍蝇翅膀薄的石灰，请匠石帮他削去。匠石抡起斧头带起风声，那人纹丝不动任他劈砍。石灰削得干干净净，鼻子毫发无伤。后来宋元君让匠石表演这绝活，匠石却说：'我能做到，可那个敢站着让我劈的人早已不在了。'"

风吹过墓前的草叶沙沙作响，庄子轻抚墓碑："自从惠子离世，我便像失去箭靶的神箭手。不是技艺生疏了，而是再找不到能接住我言语锋芒的人了。"

（庄子送葬，过惠子之墓，顾谓从者曰："郢人垩慢其鼻端，若蝇翼，使匠石斫之。匠石运斤成风，听而斫之。尽垩而鼻不伤，郢人立不失容。宋元君闻之，召匠石曰：'尝试为寡人为之。'匠石曰：'臣则尝能斫之，虽然，臣之质死久矣。'自夫子之死也，吾无以为质矣。吾无与言之矣。"）

⑬《外物》

庄子衣衫破旧站在河边，烈日晒得他额头冒汗。他拦住巡查的监河官："家里快揭不开锅了，能借些粮食吗？"

监河官捋着胡须打官腔："等年底收了封地租税，借你三百两黄金如何？"

庄子忽然指着车辙笑出声："昨天我路过这里，听见坑洼里有扑腾声——"他蹲下身比划着，"竟是条鲫鱼在泥浆里挣扎！鱼说它本是东海龙宫的臣子，求我给点水救命。"

"我当时拍胸脯保证：'我这就去游说吴越两国，让他们开凿运河引长江水来救你！'"庄子突然沉下脸盯着监河官，"您猜那鱼怎么说？"

"鱼瞪着眼睛骂我：'如果像你这么说，等你们引来大江大水，还不如早点去干鱼铺子找我！'"

（庄周家贫，故往贷粟于监河侯。监河侯曰："诺。我将得邑金，将贷子三百金，可乎？"庄周忿然作色曰："周昨来，有中道而呼者，周顾视车辙中，有鲋鱼焉。周问之曰：鲋鱼来，子何为者邪？对曰：我东海之波臣也，君岂有斗升之水，而活我哉？周曰：诺。我且南游吴越之王，激西江之水而迎子，可乎？鲋鱼忿然作色曰：吾失我常与，我无所处，吾得斗升之水然活耳，君乃言此，曾不如早索我于枯鱼之肆。"）

⑭《外物》

惠子对庄子说："你的言论毫无用处。"庄子答道："唯有明白无用的真谛，才配谈论有用之理。你看那广袤大地，人类实际需要的不过是方寸立足之地。但若将立足之外的土壤尽数挖空，直掘到黄泉深处，原本立足之处还能供人使用吗？"惠子坦言："自然不能。"庄子顺势点破："这不正是无用之物存在的价值所在么？看似多余的部分，恰恰支撑着有用之处的存续啊。"

（惠子谓庄子曰："子言无用。"庄子曰："知无用，而始可与言用矣。夫地非不广且大也，人之所用容足耳。然则，厕足而垫之，致黄泉，人尚有用乎？"惠子曰："无用。"庄子曰："然则无用之为用也亦明矣。"）

⑮《列御寇》

宋国有个叫曹商的人，替宋王出使秦国。出发时，宋王给了他几辆马车；到了秦国后，曹商百般讨好秦王，哄得秦王高兴，又额外赏赐他一百辆马车。回到宋国后，他得意洋洋地对庄子炫耀："住在破巷子里，穷得编草鞋为生，饿得面黄肌瘦——这种日子我过不来！但说服大国君主，带着百辆马车回来，这才是我的本事！"

庄子冷笑着回应："听说秦王生病召医生时，挑破脓疮的人赏一辆车，舔痔疮的人赏五辆车。治的病越恶心，赏赐就越多——你该不会舔了秦王的痔疮吧？否则怎么赚到这么多车？赶紧走，别脏了我的地方！"

（宋人有曹商者，为宋王使秦，其行也，得车数乘，王说之，益车百乘，反于宋，见庄子曰："夫处穷闾厄巷，困窘织屦，槁项黄馘者，商之所短也。一悟万乘之主，而从车百乘者，商之所长也。"庄子曰："秦王有病召医，破痈溃痤者，得车一乘，舐痔者得车五乘，所治愈下，得车愈多。子岂治其痔邪？何得车之多也。子行矣！"）

⑯《列御寇》
有人受宋王召见，得了十辆马车的赏赐，便得意洋洋向庄子炫耀。庄子开口道："河边住着个编芦苇帘糊口的穷人，他儿子潜入深潭，捞到一颗价值千金的宝珠。父亲却厉声说：'拿石头来砸碎它！千金宝珠必定藏在九层深渊的黑龙下巴底下，你能得手，不过是趁龙打盹罢了。若黑龙醒着，你早被撕成碎片了！'"

庄子盯着对方冷笑："如今宋国的凶险胜过九层深渊，宋王的残暴赛过黑龙。你能骗到马车，无非是撞上他犯糊涂。等宋王清醒那天——你连骨头渣都剩不下！"

（人有见宋王者，锡车十乘，以其十乘骄稚庄子。庄子曰："河上有家贫，恃纬萧而食者，其子没于渊，得千金之珠，其父谓其子曰：'取石来锻之。夫千金之珠，必在九重之渊，而骊龙颔下，子能得珠者，必遭其睡也。使骊龙而寤，子尚奚微之有哉。'今宋国之深，非直九重之渊也，宋王之猛，非直骊龙也。子能得车者，必遭其睡也。使宋王而寤，子为齑粉夫。"）

⑰《列御寇》
庄子面对使者邀请，扬起衣袍笑道："见过祭祀用的牛吗？平日披着锦绣绸缎，吃着草料豆子，何等风光？可等到被牵进太庙宰杀时——它哪怕只想当只没人管的野牛，还来得及吗？"

（或聘于庄子，庄子应其使曰：子见夫牺牛乎，衣以文绣，食以刍叔，及其牵而入于太庙，虽欲为孤犊，其可得乎？）

⑱《列御寇》

庄子临终前，弟子们商量着要给他办隆重的葬礼。他躺在草席上笑道："天地就是我的棺材，日月是双璧，星辰是珠宝，万物都来给我当陪葬——这排场还不够气派吗？"

弟子们急得直跺脚："可您的尸身会被乌鸦啄食啊！"庄子眯起眼睛："放在地上被鸟吃，埋进土里被蚂蚁啃。硬要从鸟嘴里抢肉喂蚂蚁，你们也太偏心了！"

（庄子将死，弟子欲厚葬之。庄子曰："吾以天地为棺椁，以日月为连璧，星辰为珠玑，万物为赍送，吾葬具岂不备邪。何以加此。"弟子曰："吾恐乌鸢之食夫子也。"庄子曰："在上为乌鸢食，在下为蝼蚁食，夺彼与此，何其偏也。"）

附录四

《史记·庄子传》

著者按：

《史记·老子韩非列传》中有《庄子传》，对庄子的为人与学问有所记述。虽然过于简略，无法窥见庄子生平，但是，毕竟是研究庄子必读的资料，故附录于此。

庄子者，蒙人也。名周。周尝为蒙漆园吏。与梁惠王、齐宣王同时。其学无所不窥。然其要本归于老子之言。故其著书十余万言，大抵率寓言也。作《渔父》《盗跖》《胠箧》，以诋訾孔子之徒，以明老子之术。畏累虚，亢桑子之属，皆空语无事实。然善属书离辞，指事类情，用剽剥儒墨。虽当世宿学，不能自解免也。其言洸洋自恣以适己。自王公大人不能器之。楚威王闻庄周贤，使使厚币迎之，许以为相。庄周笑谓楚使者曰："千金、重利、卿相，尊位也。子独不见郊祭之牺牛乎。养食之数岁，衣以文绣，以入太庙。当是之时，虽欲为孤豚，岂可得乎？子亟去，无污我。我宁游戏污渎之中自快，无为有国者所羁，终身不仕，以快吾志焉。"